BIBLIOTECA ERA

José Sotelo Marbán

Oaxaca: insurgencia civil y terrorismo de Estado

José Sotelo Marbán

Oaxaca: insurgencia civil y terrorismo de Estado

EDICIONES ERA

Fotografías entre pp. 64 y 65 © 2008, Antonio Turok

Primera edición: 2008
ISBN: 978-607-445-002-6
DR © 2008, Ediciones Era, S.A. de C.V.
Calle del Trabajo 31, 14269 México, D.F.
Impreso y hecho en México
Printed and made in Mexico

www.edicionesera.com.mx

ÍNDICE

Para Sylvia Schmelkes, la mujer que amo, madre de mis hijos y que me ha acompañado en toda mi vida y siempre me ha fortalecido en la lucha por la justicia social.

RECONOCIMIENTOS

Este libro no es neutral, pero intenta ser objetivo. Busca darles voz a quienes nunca la han tenido. Presenta los testimonios de miles de héroes anónimos que han sacrificado todo lo que tienen, su comodidad y su patrimonio; la serenidad de su quehacer cotidiano y su libertad; que han arriesgado y ofrendado incluso su vida por estar en una trinchera, en una barricada, con utopías de justicia.

Cuando utilizo mi voz en denuncia de lo ocurrido a lo largo de todo el relato, soy agente que habla por este pueblo agraviado que ha obtenido como respuesta el terrorismo de Estado: para quienes me confiaron sus testimonios y sus vivencias; para quienes desde una aparente impotencia frente al apabullante aparato de Estado –incluidas todas las policías de Oaxaca y la Federal, el Ejército y la Marina, los órganos de procuración y administración de justicia, así como sicarios terroristas que actuaron como comandos ulisistas– han mantenido su rebeldía y exigencia de justicia, con gran dignidad.

Este libro es también para quienes han apoyado este proceso del despertar de nuestro pueblo: los integrantes del Jurado Popular; los profesores Carmen López, Germán Mendoza y Efraín Galicia que aportaron tanta información, hilvanaron estos relatos y corrigieron tantas veces los manuscritos. Y para quienes nos aportaron su análisis, su experiencia y el valor de su palabra para que este libro se editara, particularmente Ediciones Era y el gran amigo Carlos Montemayor, a quien mucho agradezco que lo haya prologado.

PRÓLOGO

por Carlos Montemayor

El proceso social que vivió el estado de Oaxaca en el año 2006 fue particularmente complejo por la movilización popular y su relevancia política, por la represión a nivel estatal y federal y por el interés nacional e internacional que mereció de medios informativos y de organizaciones internacionales de defensa de derechos humanos. Pocos movimientos de inconformidad social han captado, en efecto, tanto interés de medios y analistas como el surgimiento de las barricadas populares en la Oaxaca del 2006. Pocos procesos sociales han tenido la capacidad de convertirse en una advertencia de los movimientos que podrían presentarse en el futuro. El libro *Oaxaca: insurgencia civil y terrorismo de estado* de José Sotelo Marbán demuestra la magnitud de la movilización popular y de la represión de estado con una abundante información testimonial y un importante análisis jurídico y político. Es un valiente recuento de hechos que confirma la experiencia acuciosa del autor como analista e investigador de procesos conflictivos de México.

Durante el año 2007 se celebraron tres encuentros del Foro Internacional de Defensa de los Derechos Humanos con motivo de la represión que sufrió el movimiento oaxaqueño en el año 2006. El primero tuvo lugar el 9 de enero; el segundo, los días 8 y 9 de febrero; el tercero, el 21 de abril en la ciudad de Oaxaca. En el segundo encuentro se convocó a la formación de un *jurado popular* que analizara los testimonios y pruebas de violaciones a los derechos fundamentales cometidas por servidores públicos, y en el tercero el jurado pronunció el veredicto siguiente:

> Se mandata éticamente al sentenciado (*Ulises Ruiz*) a liberar de inmediato a todos los presos políticos y a que presente con vida a todos los desaparecidos del estado de Oaxaca; se le exige que renuncie a la titularidad del Ejecutivo del estado por ser un sujeto repudiado por

13

la mayoría del pueblo soberano, y lo declaramos persona *non grata*, lo que quiere decir que es indeseable dondequiera que se presente. Se insta a personas, organizaciones y partidos que se identifiquen como progresistas a promover juicio político en contra del tirano, para lograr no solamente su destitución del puesto de gobernador del estado, sino su enjuiciamiento penal y su inhabilitación de por vida para desempeñar algún cargo público o función relacionada con la docencia o la investigación; [también] se faculta al pueblo de Oaxaca para que continúe en la lucha de liberación de esta tiranía por los medios jurídicos que considere convenientes.

José Sotelo Marbán fue integrante de ese llamado Tribunal Popular de Moral Pública. Lo conformaron diversos intelectuales, académicos, escritores, juristas y defensores de derechos humanos: Miguel Concha Malo, Guillermo García Romero, José Enrique González Ruiz, Eduardo Miranda Esquivel, Elena Poniatowska, Ernesto Sánchez Aguilar, Fausto Trejo, Pablo Franco Hernández, Horacio Gaspar Luna, Gilberto López y Rivas, Carlos Payán, Samuel Ruiz García y el autor de *Oaxaca: insurgencia civil y terrorismo de estado*. Como él lo explica, el análisis jurídico y circunstancial para el veredicto del tribunal popular es el contenido central de este libro.

La minuciosidad y agudeza de esta obra se explica por la experiencia previa de José Sotelo Marbán como director del Proyecto de Investigación Histórica de la Fiscalía Especial para Movimientos Sociales y Políticos del Pasado (FEMOSPP). Fue el coordinador, en efecto, del Informe *¡Que no vuelva a suceder!*, entregado a la Fiscalía Especial el 15 de diciembre del año 2005, base del *Informe histórico a la sociedad mexicana 2006* que el 18 de noviembre de 2006, once meses después, sensiblemente modificado, la Fiscalía subió a la red de internet en el portal de la Procuraduría General de la República (PGR). El informe modificado carecía del capítulo 14, "Conclusiones y Recomendaciones", donde se analizaban los motivos de la rebelión y la violencia estructural a la que ella respondía; ahí se describía el uso innecesario, excesivo y criminal de la fuerza por parte del Estado y la gravedad de que el Estado mismo hubiera incurrido en crímenes de lesa humanidad; en él se trataba también de la necesidad de revisar y modificar el marco institucional del ejército, como el DN-II y el código militar, que posibilitan la incorporación del ejército en tareas de seguridad pública y de policía; se planteaba, igualmente, la imperiosa necesidad de que el Estado diera cuenta del destino de los detenidos desaparecidos y su obligación de reparar en lo posible el daño a las víctimas.

Durante su estancia en la FEMOSPP pudo concretar además una investigación pionera y reveladora: *El ejército mexicano y la guerra sucia en Guerrero*, obra donde se sistematiza la información disponible en varias fuentes para conocer a fondo la actuación del Ejército frente a la guerrilla en la década de los setenta. La tarea inicial de esta obra fue la revisión y análisis de los legajos de la Secretaría de la Defensa Nacional que fueron entregados al Archivo General de la Nación (AGN) y abiertos al dominio público por disposición del Ejecutivo Federal. Pero el procedimiento esencial consistió en que el autor confrontó esta información con la que tiene la Comisión Nacional de Derechos Humanos abierta al público en internet, que contiene las quejas por presunta desaparición forzosa de varios centenares de personas; también, con los testimonios de personas y documentos del Centro de Investigación y Seguridad Nacional (CISEN) que han sido desclasificados; igualmente, con referencias periodísticas y hemerográficas.

A las tareas de José Sotelo Marbán como director del Proyecto de Investigación Histórica de la Fiscalía Especial me he referido con amplitud en varios ensayos que reúno en la última sección de mi libro *La guerrilla recurrente*. Ahí refiero que a finales del mes de febrero del año 2006, la periodista estadounidense Kate Doyle hizo pública cierta documentación relacionada con las tareas de investigación histórica de la Fiscalía Especial. No se trataba de una documentación completa ni unitaria, sino de varios capítulos con distinto nivel de avance pertenecientes al primer borrador que el grupo de historiadores de la Fiscalía había preparado para integrar el mencionado informe *¡Que no vuelva a suceder!* Tres meses antes de que los borradores iniciales fueran difundidos en el portal de los National Security Archives, el fiscal había recibido ya el informe definitivo que en esta materia el presidente de la República debía presentar a la nación como resultado de las investigaciones generales de la Fiscalía.

15

La difusión de tales borradores por Kate Doyle produjo reacciones encontradas en las oficinas de la Presidencia, en la PGR y en la propia FEMOSPP, visiblemente más preocupados todos por el origen de la filtración que por los asuntos de fondo del informe.

La señora Doyle apuntó, sin explicar razones ni contexto, que varias personas conocíamos ya esos documentos. En efecto, varios conocíamos parte de esa importante y fundamental documentación porque habíamos participado como lectores de los avances de los historiadores de la Fiscalía, o porque habíamos respondido a consultas concretas que nos planteaban sobre nuestras propias investigaciones anteriores o publicaciones relacionadas con estos temas. Yo había participado desde hacía muchos años en esfuerzos análogos de instituciones públicas y privadas compartiendo investigaciones de campo y archivos. Los resultados obtenidos por los historiadores de la Fiscalía eran ya documentación institucional, puesto que fueron realizados en la PGR por instrucciones del Poder Ejecutivo Federal para cumplir con un compromiso de campaña y de ejercicio de responsabilidad pública. Esa investigación, lograda a pesar de la falta de apoyo, de recursos, incluso de sueldos, constituyó un avance importantísimo en el esclarecimiento de nuestra historia reciente.

Ahora, con esta obra, *Oaxaca: insurgencia civil y terrorismo de estado*, y mientras se hacen públicos sus anteriores trabajos en la Fiscalía Especial, José Sotelo Marbán se revela como uno de los investigadores y analistas más relevantes de los movimientos sociales de México en las postrimerías del siglo XX y los inicios del siglo XXI.

Abril de 2008

INTRODUCCIÓN

A nuestros pueblos les tocó forjar, desde antiguo, su historia. Una historia que se pierde en la memoria, cuando el tiempo todavía no era tiempo, cuando los dioses eran nativos de esta tierra, cuando nuestros pueblos se asentaban al lado de "donde estaba el cielo" y en donde, por siglos, vivieron en gran contento.

Conforme a la cosmogonía mixteca,

En el año y en el día de la oscuridad y tinieblas, antes de que hubiere días ni años, estando el mundo en grande obscuridad, que todo era un caos o confusión, estaba la tierra cubierta de agua, sólo había limo y lama, sobre la faz de la tierra.

En aquel tiempo... aparecieron visiblemente.

Un dios que tuvo por nombre 1-Ciervo y sobrenombre Culebra de León.

Y una diosa muy linda y hermosa que su nombre fue 1-Ciervo y por sobrenombre, Culebra de Tigre.

Estos dos dioses dicen haber sido principio de los demás dioses... Luego aparecieron estos dos dioses visibles en el mundo y con figura humana.

Cuentan las historias de esta gente, que con su omnipotencia y sabiduría, hicieron y fundaron una grande peña, sobre la cual edificaron muy suntuosos palacios... Esta peña y palacios estaban en un cerro muy alto, junto al pueblo de Apoala...

Esta peña tenía por nombre "lugar donde estaba el cielo", adonde estuvieron muchos siglos en gran descanso y contento, como un lugar ameno y deleitable.

> Relato recogido por fray Gregorio García, vicario del convento de Cuilapa (Miguel León-Portilla, Earl Shorris 2004, pp. 768-69)

Los tiempos han cambiado. Los invasores llegaron, saquearon el territorio y sometieron la raza bravía de nuestros padres a la explotación y a la pobreza de bienes materiales que, por herencia y por su trabajo, pertenecen a nuestro pueblo. Los caciques actuales se mantienen de la explotación y del crimen, usurpando el poder, mientras que el pueblo resiste.

¿Quiénes somos?, ¿Cuál es nuestro nombre?
Víctor de la Cruz

¿Quién puso estas palabras sobre el papel?
¿Por qué se escribe sobre el papel en vez de escribir sobre la tierra?
Ésta es grande, es ancha, es larga.
¿Por qué no escribimos bajo la superficie del cielo todo lo que dicen
   nuestras mentes, lo que dicen nuestros corazones?
¿Por qué no escribimos sobre las verdes hojas, sobre las nubes, sobre
   el agua, en la palma de la mano?
¿Por qué sobre el papel?
(Miguel León Portilla, Earl Shorris 2004, p. 790)

La lucha constante de quienes se han atrevido a reclamar lo que es suyo, siempre ha desatado la represión. Gregorio Regino, poeta mazateco, vaticina que la memoria de nuestras luchas quedará registrada en la memoria del tiempo, que es la memoria de nuestro pueblo. Estas luchas quedarán grabadas con el lápiz de la ternura y de la bondad que develarán los fusiles criminales y la justicia llegará porque es sagrada:

Nada quedará al vacío
Gregorio Regino

Nada quedará al vacío. Nada quedará olvidado.
Hay un lugar en el Universo donde está registrada
La memoria del tiempo. Ahí quedarán registradas mis palabras...
Porque no son palabras vacías. Porque no son palabras huecas...
Porque estoy hablando con humildad. Porque estoy pidiendo
   clemencia.
Porque estoy pidiendo justicia. No estoy hablando al vacío....
Tengo mi lápiz de ternura. Tengo mi lápiz de bondad.
Tengo mi lápiz de luz. Tengo mi lápiz retoño.

Entre mis manos está. Entre mi puño está.
Llegarán a la casa limpia. Llegarán a la casa blanca.
Llegarán a la casa celestial. Llegarán a la casa de flores.
Porque estoy rogando clemencia. Porque estoy pidiendo justicia.
Nada oculto existe. Nada escondido existe.
Estas imágenes hablan. Estas imágenes abogan.
Entre tantas letras muertas. Entre tantos fusiles criminales...
Ahora lo entrego. Ahora lo envío.
Hasta donde llega la luz infinita... En la casa celestial.
Allá llegarán mis palabras. Porque no hay mentiras.
Porque no hay maldad. Porque lo entrego humildemente.
Porque lo pido con palabras justas. Porque mi lenguaje es puro.
Porque mi palabra es sabia. Porque mi oración es sagrada.
Porque mi aliento es fresco. Serán recibidas, serán escuchadas.
(Miguel León Portilla, Earl Shorris 2004, pp. 783-785)

Este esfuerzo de recoger la historia de quienes buscan cambiar la historia por la justicia de su pueblo requiere de oídos atentos porque el alma de los luchadores sociales es pura como el espíritu del pueblo de Oaxaca, soberbia, bravía y digna. Quien lucha por su pueblo tiene, a flor de pecho, el grito de

Acércate
    Andrés Henestrosa

Ven a mí, acércate, acércate más, más cerca.
Dame tu mano y por el camino de mi mano,
Pásate y éntrate a mi corazón.
Escucha lentamente para que puedas entender estas palabras
Que en mis labios tiemblan.
Verás mis palabras caer en el aire, como si fueran pequeñas balsas
Próximas a naufragar su contenido. Acógelas.
(Miguel León Portilla, Earl Shorris 2004, p. 791)

I. INSURGENCIA CIVIL

1. LA DOMINACIÓN POLÍTICA

El pueblo de México está mal informado respecto al conflicto que estalló en Oaxaca en 2006. La televisión y la mayor parte de la prensa nacional han difundido imágenes de violencia que le atribuyen a la Asamblea Popular de los Pueblos de Oaxaca (APPO), a quien responsabilizan de los hechos. A pesar de que muchos reporteros y camarógrafos fueron agredidos y conocen de donde provino la violencia, los medios distorsionaron la interpretación de lo sucedido. Para un segmento importante de la población en México, la imagen de la APPO, se asocia a la de un grupo de vándalos que no tienen otro propósito que sembrar el caos social. Uno de los propósitos de este trabajo es presentar la cara oculta de lo sucedido, lo que no se informó, la versión que el pueblo tiene de los hechos. Dar a conocer lo que fue censurado, la información que los medios callaron.

La crisis política que cimbró Oaxaca en el segundo semestre del 2006 continuó como guerra sorda, plagada de violaciones a los derechos humanos por parte del gobierno de Ulises Ruiz Ortiz en contra del pueblo de Oaxaca, ampliamente organizado en la APPO, y tiene, como antecedente inmediato, el periodo de administración pública a partir del 1° de diciembre de 2004 en que asumió la gubernatura del Estado. Durante ese periodo, Ulises Ruiz concitó el hartazgo, el repudio y la rebeldía popular ante la forma escandalosa en que ejerció el poder utilizándolo en beneficio propio para enriquecerse desmedidamente, al abandonar su obligación de gobernar para el bien común actuando sólo en beneficio de los caciques y por la forma autoritaria de actuar en contra del movimiento popular, asediándolo, asesinando y encarcelando a dirigentes y activistas, a los que trató como sus enemigos con una represión sistemática, de que han sido objeto cada vez que se organizan para detener tales abusos.

Este modo de ejercer el poder y el golpeteo constante con el que hostilizó a las organizaciones sociales agravó la crisis de legitimidad política en Oaxaca. En estas condiciones, la lucha sindical del magisterio fue el detonante para organizar la resistencia frente al poder que se ejerce de manera despótica. Al agudizarse esta contradicción, Ulises Ruiz recurrió a la represión y el pueblo a la insurgencia pacífica, que fue acometida por parte del gobierno con el uso innecesario, excesivo y criminal de la fuerza, utilizando métodos de contrainsurgencia, como el uso de sicarios, para delinquir. El propio aparato del Estado operó escuadrones o convoyes "de la muerte"; y utilizó el engranaje completo de su estructura administrativa para pervertir la justicia, criminalizando al inocente y brindando impunidad al criminal.[1]

El surgimiento de la APPO respondió a la necesidad de hacer frente a la represión que se desató en contra de las distintas organizaciones sociales que exigían sus derechos y planteaban sus demandas de manera aislada. La represión, como única respuesta que los gobiernos del estado y el federal han dado al movimiento social, convirtió a la APPO en un movimiento emergente de resistencia civil pacífica que ha desafiado el poder caciquil, ha mantenido su lucha a pesar de los métodos criminales con los que el Estado la ha querido aniquilar, y se ha abocado a la tarea de acumular fuerza suficiente para modificar las condiciones de opresión que el pueblo ya no soporta.

El gobierno federal ha venido actuando en Oaxaca a lo largo de todo el conflicto con un doble estándar. Respecto a la organización, se ha negado a reconocerle la legitimidad de sus demandas –de libertad, democracia y justicia social– y de su representatividad; mientras que en sus actos de gobierno no sólo ha sido omiso en proteger a la ciudadanía de la política represiva de Ulises Ruiz –inadmisible en un

---

[1] "Cuando quieres dar a conocer una situación que pone en riesgo a la clase política, es cuando se preocupan y prefieren acabar un movimiento que lo único que está pidiendo es una reforma política, una reforma electoral, una ley de transparencia y que quitaran a un gobernante que lo único que vino a hacer es a reprimir, a castigar, a encarcelar, a tomar un medio de comunicación, a hostigar a reporteros, a encarcelar a líderes... en su administración de año y medio hubo más de 30 muertos que tenían influencia en cuestiones agrarias o políticas. La gente ya está harta" (Testimonio 102, CCIODH 2007, p. 49).

estado de derecho–, sino que ha participado activamente en escalar la violencia y violación de los derechos humanos de los mexicanos oaxaqueños. Se ha negado a responder a las demandas del movimiento popular, ha soslayado su obligación de buscar una solución política al conflicto y, en su lugar, ha implementado una "solución de fuerza" mediante la represión con la que ha violado palmariamente los derechos humanos y desatado un terrorismo de estado.

Oaxaca es el estado de la República con mayor diversidad de lenguas, y aporta enorme riqueza cultural a la humanidad.[2] Los pueblos zapotecas que vivieron en los Valles centrales fueron artífices de la primera alta civilización que surgió en el continente,[3] antes que otras culturas mesoamericanas, como la maya.[4] Europa, por ejemplo, no originó la alta cultura que posteriormente desarrolló, sino que importó tales elementos del medio oriente y del norte de África.[5] Los pueblos de Oaxaca fueron artífices de alta cultura

[2] Amuzgos, cuicatecos, chatinos, chinantecos, chocholtecos, chontales, cuicatecos, huaves, ixcatecos, mazatecos, mixes, mixtecos, nahuas, tacuates, triquis, zapotecos, zoques. Su población indígena es de más de un millón de hablantes en 2,563 localidades. Representa el 33% de su población total.

[3] La cultura zapoteca, en Oaxaca, es la primera de la que tenemos registro en el continente que contaba, ca. 600 a.C., con los tres elementos que constituyen alta cultura: escritura, calendario y numeración (Caso 1946, p. 9). Sus vestigios se encuentran en Monte Albán, y dan cuenta de un Estado con gran centralización del poder y alta tecnología agrícola. Esta ciudad, surgida ca. 900 a.C., fue contemporánea de la fundación de conocidas ciudades en el Mediterráneo como Jerusalén por el rey David (ca. 1015 y 975) y Cartago en el norte de África (814 a.C.).

[4] Otros pueblos de Mesoamérica además de los zapotecas, que también desarrollaron alta cultura fueron los mayas, los mixtecas, los matlalzincas y los nahuas.

[5] Aunque todos los pueblos del mundo tienen tradiciones y cultura, pocos pueblos en la historia de la humanidad han podido generar y desarrollar por sí mismos los tres elementos que determinan la formación de una alta cultura. Hasta donde sabemos, fueron los sumerios los primeros que inventaron la escritura hacia la segunda mitad del cuarto milenio antes de Cristo. En la India, 3 000 años antes de Cristo, "pobladores drávidas del valle del Indo construyeron alrededor de un centenar de ciudades, edificaron grandes templos, crearon una escritura –que aún no ha sido descifrada– y tallaron sellos cilíndricos de rara perfección" (Moreira 1984, p. 163). La escritura China, entre 1 300 y 1 000 años antes de Cristo, también estaba sumamente evolucionada y contaba ya con caracteres parecidos a los actuales que, conforme a los vestigios encontrados, acreditan continuidad con su escritura contemporánea.

antes que otros pueblos mesoamericanos.[6] En lo político, Oaxaca mantuvo uno de los aparatos de gobierno que han tenido mayor longevidad en la historia de la humanidad; más duradero aún que los imperios romano, árabe y chino.[7] Así pues, los pueblos que hoy conforman el estado de Oaxaca se han distinguido históricamente a lo largo de decenas de siglos, por ser independientes, organizados, orgullosos y sabios.

¿Cómo es que esos pueblos indígenas, que mantuvieron su pujanza económica, su independencia política y su sabiduría intelectual, siendo ricos, pasaron a una condición de pobreza y dominación?

CACIQUISMO, CONTROL Y DESPOJO

No podríamos interpretar lo sucedido sin analizar las estructuras formales e informales del poder, éstas últimas no por ello menos reales. Si creemos, candorosamente, que el gobierno de Oaxaca se organiza como lo establecen sus leyes y que funciona como estado de derecho, caeremos en todas las trampas que el gobierno del estado y el federal nos tienden para entender de manera equivocada el comportamiento que han tenido las autoridades. Si atendiendo al paradigma formal, queremos interpretar las acciones que el Estado realiza, creyendo que son ciertas las apariencias con las que actúa, sería imposible explicar las razones que el movimiento popular tuvo para emerger con tanta fuerza social.

Es por ello necesario analizar las estructuras informales de funcionamiento y relacionarlas con las estructuras formales. Escrutar y

---

[6] La primera cultura en Mesoamérica de cuya escritura hoy tenemos registro, ca. 1,100 a.C., es la olmeca en La Venta. Esta civilización florecía ya cuando en Grecia ocurría la guerra de Troya, en Egipto gobernaban los grandes faraones, los hebreos vivían su éxodo y se establecían las leyes mosaicas. Desarrolló escritura pero no tenemos registro de que contara con numeración y calendario astronómico.

[7] La civilización de Monte Albán es la de mayor duración política de la que tenemos registro en el mundo, llegaría a su primer apogeo entre los años 650 y 200 a.C.; perduraría como capital política, cultural y religiosa de la cultura zapoteca hasta el año 750, por más de un milenio y medio, y subsistiría todavía como centro militar al dominio de los mixtecos y de los aztecas hasta ser destrozada por los españoles.

encontrar a quienes realizan cada uno de los hechos que suceden en esta trama, y no dejarnos llevar sólo por las apariencias, debido a que los agentes del Estado han encubierto sus actos en este conflicto, cometiendo delitos como si fueran parte de la organización popular para provocar que el gobierno reprima. Muchos delitos cometidos a lo largo del conflicto son doblemente criminales si se conoce el entramado de cómo los realiza el Estado para culpar a la organización y pervertir la justicia. Sólo así podremos entender las estructuras regionales de poder, las alianzas que tejen entre sí, la impunidad que de otra manera resulta incomprensible, y los intereses económicos y políticos que subyacen a ciertos actos de gobierno que, de otra forma, parecerían inocuos.

El mecanismo[8] que España introdujo para arrebatar el poder y la riqueza a los pueblos originarios en estas tierras fue el caciquismo, una estructura corrupta de poder que utiliza la legitimidad sólo como apariencia. El cacique utiliza el aparato del Estado para servirse de la política en beneficio propio; sabe que su poder político no lo deriva del pueblo, sino de sus intereses que, como hilos del poder, maneja a costa del pueblo, por lo que no aspira a gobernar para el pueblo.

Oaxaca se convirtió, desde hace quinientos años, en tierra de caciques. Al cobijo de los españoles –que llegaron a dominar nuestros pueblos, a usurpar el poder despojándolos de sus derechos políticos y reduciéndolos a un carácter de súbditos de un dominio extranjero– se fomentó el caciquismo que suplantó a los gobernantes que servían a su pueblo. A cambio de lo cual, el poder hegemónico les reconoció injerencia y control en el poder político local y beneficios económicos que podían obtener ilícitamente, originando una simbiosis de poder que se refuerza internamente en beneficio del cacique y de la estructura hegemónica que lo cobija.

Si analizamos esta estructura política del cacicazgo, encontraremos que el cacique, como araña, teje su red de poder ubicándose en el enclave desde el cual sella sus alianzas con otros que tienen sus reductos de poder y aprovechándose, en beneficio propio, de

---

[8] Se entiende por estructura una forma de funcionamiento. Se entiende por mecanismo una forma de operar para que se logren determinados resultados.

los recursos del pueblo. Estas alianzas que la clase política hila para conservarse en el poder incluyen a los que manejan las estructuras económicas y los poderes federales. Son los grupos que necesitan apoyarse entre sí, para usufructuar de este negocio patrimonialista.[9]

Es una forma de gobernar tan perversa que, obviamente, deja fuera de esta alianza al pueblo, sólo utilizado como pretexto para que el gobernante obtenga recursos en la estructura del Estado. Es una clase política hegemónica de pensamiento arcaico que percibe el poder como binomio gobernador-gobernado, que se siente con el derecho de mandar y espera que el pueblo le obedezca. Ni siquiera conciben que, por el contrario, la soberanía radica en el pueblo, y hacen caso omiso –aun sabiéndolo– que el buen gobierno persigue el bien común y la justicia.

Oaxaca es "un estado donde la división de poderes prácticamente no existe, porque prevalece una estructura vertical y autoritaria, que permite al poder Ejecutivo sujetar a los poderes Legislativo y Judicial".[10] El gobernador ejerce un control piramidal como poder unipersonal que no respeta ni la soberanía ni el libre ejercicio del poder municipal. A la Comisión Estatal de Derechos Humanos de Oaxaca (CEDHO) la tiene sin autonomía y con graves limitaciones de funcionamiento y competencia, dado que quien debería fungir como ombudsman es un empleado sumiso nombrado por el gobernador. Aun frente a violaciones palmarias, "la institución que debería velar por los derechos humanos, la CEDHO guarda silencio" (RODH 2005, p. 11). El 29 de marzo de 2005, el presidente de la CEDHO, Sergio Segreste Ríos, en una denuncia sin precedentes, acusó a diversos organismos civiles de derechos humanos de quererse apoderar de ese organismo y hacer que respondiera a intereses particulares y de presión. Los grupos acusados son el Colectivo por la Democracia, Consejo Indígena Popular de Oaxaca "Ricardo Flores Magón" (CIPO-RFM), Comité de Defensa de los Derechos del Pueblo-Coordinadora Oaxaqueña Magonista Popular Antineo-

[9] Patrimonialismo es la utilización del poder para beneficiarse de los bienes públicos como si fueran propios.

[10] RODH de Derechos Humanos, VI Informe, *Situación de los Derechos Humanos en Oaxaca*, 2005, p. 9.

liberal (CODEP-COMPA); Liga Mexicana por la Defensa de los Derechos Humanos (LIMEDDH) y Red de Organismos de Derechos Humanos de Oaxaca (RODH).

El propósito fundamental del poder político en todo Estado legítimo es perseguir el bien común, mediante la justicia y logrando que su población progresivamente tenga niveles mayores de calidad de vida. Por eso el Estado tiene bajo su responsabilidad el manejo de los aparatos de ejercicio formal del poder político, el monopolio del uso legal de la fuerza, y es el encargado de regular las estructuras socio económicas y de servicio. Cuando un gobernante se apodera del control de estas instancias y contraviene el propósito fundamental del Estado, pierde legitimidad si alguna vez la tuvo de origen, y se convierte de esa manera en un poder tiránico.

Recordemos que, en nuestro sistema político, la legitimidad se consigue a partir del momento en que se obtiene mayoría de votos en la elección y se logra así el mandato del pueblo. A esta forma de llegar al poder se le conoce en la doctrina política como legitimidad *ab origine*, de origen, por la forma en que se obtuvo el poder.[11] Además, es necesario aclarar que la "legitimidad de origen", una vez obtenida en las elecciones, no tiene la magia de convertir un gobierno en legítimo de una vez para siempre o desde el principio al final del mandato, sino que la legitimidad se confirma o se pierde en cada acto de gobierno por el uso que se hace del poder. A este ejercicio del poder, actuando con legitimidad, se le conoce como legitimidad *a regimine* o *a regimine principium* que equivale a vivir en democracia. Un gobierno que asume el poder con un mandato que sea legítimo de origen, puede también perderlo por el uso perverso que haga de él. San Agustín, desde el siglo V, al referirse en su aná-

---

[11] Legalidad y legitimidad son dos cosas distintas. La formalidad –que es el reconocimiento que le confiere legalidad al mandato– no significa la legitimidad, ni endereza una elección viciada, por lo que una elección puede aparentar ser legítima y ser legalmente declarada como tal, pero de hecho –en el fondo– ser ilegítima. Un gobierno es legal cuando su llegada al poder cumplió los requisitos formales de la normatividad vigente; es legítimo cuando responde a los intereses esenciales de la población, mandando conforme a las órdenes que provienen de su mandante: el pueblo.

lisis a este tema, lo hacía de este modo: ¿Si suprimimos la justicia, qué son entonces los reinos sino grandes latrocinios?[12]

En 2004 una coalición opositora enfrentó al Partido Revolucionario Institucional (PRI). Las denuncias de fraude electoral no se hicieron esperar. Ulises Ruiz y el ex gobernador José Murat gastaron millones de pesos. Lanzaron una campaña de intimidación contra opositores y en algunas regiones llegó a haber homicidios. La gente se movilizó en todo el estado; pero en lugares como San Blas Atempa, San Juan Lalana, Juquila, Jalapa del Marqués, Santiago Xanica y Huautla de Jiménez la policía y los caciques reprimieron abiertamente a la población.[13] El Tribunal Electoral reconoció algunas irregularidades, incluso sugirió hacer una investigación de los posibles desvíos de fondos públicos para la campaña de Ruiz, pero acabó reconociendo su triunfo (Informe CCIODH, 2007).

La elección que llevó a Ulises Ruiz a la gubernatura estuvo plagada de irregularidades. No hay siquiera modo de comprobar el monto de los recursos utilizados por el PRI en sus campañas; además de los permitidos que se estipulan para los partidos, el Estado destinó

[12] "¿Si suprimimos la justicia, qué son entonces los reinos sino grandes latrocinios? ¿Y qué son pues los latrocinios sino pequeños reinos? La propia banda está formada por hombres; es gobernada por la autoridad de un príncipe, está entretejida por el pacto de la confederación, el botín es dividido por una ley convenida. Si por la admisión de hombres abandonados, crece este mal a un grado tal que tome posesión de lugares, fije asientos, se apodere de ciudades y subyugue a los pueblos, asume más llanamente el nombre de reino, porque ya la realidad le ha sido conferida manifiestamente al mismo, no por la eliminación de la codicia, sino por adición de la impunidad. De hecho, esa fue una respuesta elegante y verdadera que le dio a Alejandro Magno un pirata que había sido capturado. Y es que cuando ese rey le preguntó al hombre qué quería significar al tomar posesión del mar con actos hostiles, éste respondió, 'Lo mismo que tú quieres significar cuando tomas posesión de toda la tierra; pero por el hecho de que yo lo hago con una nave pequeña, se me llama ladrón, mientras que a ti, que lo haces con una gran flota, se te llama emperador'." San Agustín, *La ciudad de Dios*, Libro IV, cap. 4.
[13] "El Ayuntamiento Popular de San Blas Atempa sufrió el asesinato de Faustino Acevedo Bailón y la detención de 10 de sus miembros; de esto último se responsabiliza a la cacique del pueblo, la diputada local por el PRI, Agustina Acevedo Gutiérrez" (Martínez 2007, p. 37).

de manera directa recursos a la campaña de Ulises Ruiz, y politizó la obra pública manejándola con favoritismo partidista. En el proceso electoral en el que Ulises Ruiz participó como candidato a la gubernatura se observaron:

> a] irregularidades en las casillas. Esto consistió en la imposición de funcionarios de casilla o desconocimiento de los mismos sobre el procedimiento de la votación, problemas con las boletas electorales y con la tinta indeleble, b] compra y condicionamiento del voto. La Nueva Fuerza Oaxaqueña llegó a intimidar a los votantes; además de la típica promoción de los desayunos en casas de candidatos o entrega de despensas o materiales de construcción, de hecho todos los programas sociales se ponen al servicio de las campañas políticas, c] acciones de proselitismo abierto durante el día de la jornada electoral (RODH 2005, p. 102). Otros aspectos de las mencionadas elecciones son: el carácter ríspido que tuvo la contienda caracterizada por el énfasis en los insultos e invectivas personales hacia el candidato opositor; la falta de debate público de los contendientes; la escasa difusión de las propuestas; el derroche de recursos financieros; las dádivas materiales; la intimidación y la coacción del voto; el dudoso desempeño del órgano electoral; el papel polarizado que jugaron los medios –más cargados por supuesto a apoyar al candidato del PRI (Martínez 2007, p. 32).

Durante la campaña, el gobierno y su partido de Estado recurrieron al asesinato de candidatos de oposición, como Guadalupe Ávila, candidata del PRD en Estancia Grande, Región de la Costa. "El autor material, el presidente municipal priista saliente, nunca fue detenido. El asesinato de Essaú Hernández Altamirano, en Miahuatlán, tampoco ha sido aclarado ni castigado. También existen sospechas sobre la muerte del precandidato del PRI, Aquiles López Sosa, quien falleció en un extraño accidente tres días después de haber anunciado una organización, que se suponía sería su plataforma para buscar la gubernatura. López Sosa tenía un perfil negociador y mucho más abierto e incluyente que los otros precandidatos priistas" (Martínez 2007, p. 30). También ultimaron a cuadros políticos de oposición como el profesor Serafín García Contreras, militante del PRD en Huautla de Jiménez, y Leoncio Luna Antonio, de San Agustín Loxicha, promotor de la coalición Todos Somos Oaxaca. Caso muy difundido fue el asesinato del profesor jubilado y partidario del PRD Serafín García Contreras que fue apaleado hasta la muerte por varios activistas del PRI.[14] "Su asesinato fue filmado y varios priistas fueron detenidos en los días posteriores y después liberados. Con la intención de criminalizar a la víctima, el Gobierno de Ulises Ruiz abrió proceso en contra del activista y líder local del PRD Agustín Sosa, cuya causa fue asumida por Amnistía Internacional (AI) (Martínez 2007, p. 17)."

El PRI-Gobierno practicó sistemáticamente el artilugio de simulación perfecta que Mario Vargas Llosa llamó "la dictadura perfecta" como mecanismo de arrebatarle al pueblo su soberanía. En el espejismo de las elecciones del año 2000 parecía que habíamos desterrado definitivamente esa práctica de nuestro escenario político. Esta quimera se esfumó pues el pueblo no tiene aún los instrumentos efectivos y reales para designar a sus gobernantes y para controlar paso a paso el ejercicio del poder. La elección del 2000 no fue una transición política de un régimen autoritario e ilegítimo a otro con vocación democrática y de servicio al pueblo. Fue simplemente una alternancia de un partido político autoritario en el poder a otro igualmente autoritario.

En Oaxaca persiste la estructura caciquil que propicia la sobrevivencia de las prácticas fraudulentas del estilo priista: corrupción, corporativismo y represión, adecuadamente combinadas. Funcionó el fraude al viejo estilo: "a pesar de las irregularidades, las manifestaciones y los recursos interpuestos por la coalición Todos Somos Oaxaca, el Tribunal Electoral del Poder Judicial de la Federación (TEPJF) declaró a Ulises Ruiz como gobernador electo del estado, a quien reconoció 3% de votos de diferencia sobre Gabino Cué" (Martínez 2007, p. 33). Ulises Ruiz tomó posesión como gobernador el 1° de diciembre de

---

[14] "Murió a palos a manos de un grupo de priistas, encabezados por el entonces diputado federal Elpidio Concha Arellano –los opositores se habían resistido al arribo de Ulises Ruiz a un acto de campaña en Huautla de Jiménez, por lo que fueron golpeados salvajemente–. El periódico *Reforma* aportó en su primera plana evidencias fotográficas de esta paliza al profesor. Los asesinos fueron liberados, como en otros casos ocurridos en este periodo aciago de la vida política oaxaqueña" (Martínez 2007, p. 30).

2004 en el Auditorio de la Guelaguetza, en medio de un fuerte dispositivo de seguridad, repudiado por el pueblo que realizaba marchas y movilizaciones de protesta por el fraude cometido.

Cuando un Estado se propone instrumentar sus políticas y encara la disidencia social, puede aplicar diversos métodos como son: a] La disuasión. Ostenta, sin utilizar, una fuerza muy superior a la requerida para contener la inconformidad y disuadir a la población de realizar ciertas acciones. b] La persuasión. Trata de inducir a la gente a que actúe de cierta manera que convenga a sus intereses. c] El uso legal de la fuerza para inhibir y castigar a quienes no se disuaden ni persuaden de contener su inconformidad. Antes de utilizar la fuerza se deben de agotar los medios pacíficos del diálogo y la debida advertencia, y sólo después de que estos medios pacíficos hayan resultado infructuosos, se podrá utilizar únicamente la fuerza proporcional que sea indispensable. Más allá de estos recursos, sólo los Estados autoritarios utilizan métodos como: d] La represión o uso innecesario o inmoderado de la fuerza, ya sea por no haber agotado previamente los medios políticos pacíficos de control, ya sea por el exceso de la fuerza a la que recurre el Estado con el propósito de inhibir la participación a que tiene derecho la sociedad y ejemplarizar el castigo. e] La anulación de las libertades de los activistas, mediante su encarcelamiento como presos políticos o provocando su exilio forzoso. f] La eliminación o asesinato político de aquellos a quienes considera sus "enemigos internos".

Los mecanismos que el poder caciquil ha utilizado en Oaxaca para eliminar el peligro que representan estas organizaciones incluye los medios legales pero aplicándolos de manera corrupta, como es el caso de la estructura de mediación, que es la cooptación de los dirigentes y la utilización de la estructura de estas organizaciones aparentando que se sirve a los intereses del pueblo pero, en realidad, sirviendo a los intereses de quienes hegemonizan el poder. Éste es, por ejemplo, el caso de los sindicatos charros, de las organizaciones populares llamadas corporativas, y de las "regalías" que van a dar a los líderes de las organizaciones populares. Los otros medios son los que utilizan únicamente los estados autoritarios, empezando por la represión. Deshacerse de la dirigencia que no se deja corromper, y golpear a las organizaciones que no se doblegan y que defienden los intereses de los sectores del pueblo que las constituyen. Casi siempre el poder político utiliza las dos maneras, alternada o simultáneamente. Ésta es la contradicción principal que se ha vivido en Oaxaca y, mientras no se resuelva, el gobierno en turno seguirá causando graves violaciones a los derechos humanos.

Todas las organizaciones sociales, por trayectoria histórica y por los intereses a los que el gobierno sirve, han entrado en contradicción con el poder. Por ejemplo el transporte comunitario está en manos del monopolio Coordinadora del Transporte (COTRAN) que, durante el periodo de José Murat, fue controlado por la esposa de Heliodoro Díaz, quien fue secretario de Gobierno con Ulises Ruiz. Ella cometió fraude comprobado que ha quedado impune. Una de las demandas sociales más extendidas del pueblo ha sido que este transporte pase a sus manos, en contradicción con los intereses del monopolio que, por su parte, promueve acciones represivas en contra de las comunidades que se organizan con esta demanda. El gobierno del Estado no quiere que el pueblo se organice ni que tenga el control de sus bienes; por el contrario, ofrece facilidades indebidas y en exceso al empresariado, al que le concede hasta los espacios públicos, como es el caso de la calle Pirús en Jalatlaco, que cedió a la empresa de transportes ADO a pesar de que es una calle del pueblo.

El magisterio en Oaxaca es un sector lleno de contradicciones internas pero su tradición de lucha lo ha convertido en "intelectual orgánico" del pueblo. Muchos maestros se han comprometido hasta el martirio. Las contradicciones que el magisterio vive están marcadas por el sindicalismo oficial al que están forzados a pertenecer y que, al constituir una "estructura de mediación", corrompe a muchos dirigentes y maestros que derivan de ello ganancias ilícitas o poder ilegítimo. Sin embargo, la tradición de lucha del magisterio oaxaqueño ha creado una sinergia, en la que su compromiso adquirido al involucrarse en las luchas populares también lo ha llevado a luchar por la democratización de su sindicato.[15]

[15] La lucha del magisterio merece un análisis aparte, pues la estructura de mediación ha estado presente desde los orígenes del sindicato. Sin embargo, también

Así pues, del magisterio han salido miles de líderes que, junto con el pueblo, han hecho suyas las demandas de servicios médicos, tiendas de consumo, servicios básicos, carreteras y obra pública. A partir de este trajinar haciendo gestiones en las oficinas y toparse con la oposición de los cacicazgos –que bloquean las gestiones y aprovechan en su beneficio los recursos y los cargos públicos–, dan un paso más y se topan: con los intereses que gobierno y caciques tienen en los recursos naturales de los poblados, con la explotación a que someten a los productores con los bajos precios que pagan por los productos que acaparan; con los altos intereses que cobran en el manejo de los préstamos, con el monopolio que usufructúan con los

ha persistido un sector democrático. De manera sucinta exponemos algunos hechos relevantes. En 1980 cae el charrismo sindical en Oaxaca. Se forma el Comité Ejecutivo Seccional (CES) formado por el 50% de integrantes del Sindicato Nacional de Trabajadores de la Educación (SNTE) y el 50% de la Sección 22. En 1983 se realiza el Primer Congreso democrático sin la presencia del Congreso Nacional, que elige el primer CES democrático para el periodo 1983 a 1986. De 1983 a 1986 funge Pedro Martínez Noriega como secretario general del Sindicato Sección 22. Durante ese periodo Vanguardia Revolucionaria mantuvo en Oaxaca otro CES paralelo. Para el periodo de 1986 a 1989 no se permiten elecciones y se prorroga el periodo de Pedro Martínez Noriega. Entre 1980 y 1989 se contabilizan más de cien maestros asesinados, presos y desaparecidos en Oaxaca. 1989-1992. En la primavera de 1989 se logra el reconocimiento del CES que encabeza Aristarco Aquino Solís. Elba Esther Gordillo le dio posesión para el periodo. Con este reconocimiento del Comité Ejecutivo Nacional (CEN) termina la lucha política al interior del SNTE con el CES de Sección 22 y empieza la lucha sindical. Inicia un periodo de estabilidad al interior del movimiento; 1992-1995 es electo al CES Erangelio Mendoza González. Durante este periodo se sintetizan las principales demandas y se logran importantes conquistas laborales como aguinaldo de 90 días, becas para hijos de trabajadores, un fideicomiso de préstamos, espacios educativos para el movimiento, bonos y gratificaciones para el magisterio; 1995-1998 es electo Luis Fernando Canseco Girón. Es un periodo ya marcado por la corrupción y de regreso a las prácticas que se habían combatido con el charrismo; 1998-2001 con Humberto Alcalá Betanzos se acentúa la crisis de confianza de la base en la dirigencia. Crece la corrupción. 2001-2004 Con Alejandro Leal Díaz sigue la corrupción y crisis de confiabilidad de las bases hacia sus dirigentes del sindicato. Se logran conquistas laborales pero en las bases hay un gran conflicto político. Con Enrique Rueda Pacheco, 2004-2007, se establecen criterios para superar la crisis de corrupción que venía acentuándose entre 1995 y 2004, pero no se cumplen.

transportes, con el uso faccioso que hacen de la policía y, de esta manera, entran a la vorágine del autoritarismo, cuando el Estado intenta atajar su actividad al lado del pueblo mediante la represión. Estos maestros adquieren conciencia de que su labor es, hasta cierto punto, misionera en el sentido gramsciano, de actuar en yermo frente a estructuras que afectan intereses del pueblo, del que forman parte, como intelectuales orgánicos.

Muchos de los maestros provienen de familias indígenas y campesinas.

La resistencia de los grupos étnicos, el trabajo disciplinado y de conjunto en las tareas colectivas, la austeridad en el modo de vida, el tesón, la capacidad de resistencia frente a la adversidad natural o social, son algunos de los elementos que caracterizan la lucha de los maestros de Oaxaca y que se observan en sus tácticas: en las marchas a la ciudad de México, en los largos plantones en el D. F. y en la ciudad de Oaxaca, en los llamados "precongresos". Existe una alta disposición a la lucha, al sacrificio individual... Muchas de las tácticas de los maestros han sido típicas de las que han utilizado los movimientos estudiantiles; las pintas, los carteles, volanteos, perifoneos, interrupción de tráfico vehicular en ciudades y carreteras (Martínez Vásquez 2006, pp. 131, 132).

Las organizaciones que defienden las demandas e intereses del pueblo entran en contradicción frente a las políticas del Estado. Los escenarios en donde se expresa esta contradicción son los de la gestión social, la lucha económica, las demandas políticas, la democratización de los espacios municipales, la defensa de la tierra, el transporte comunitario, la comercialización justa, la defensa de los migrantes. Ulises Ruiz, por servir únicamente al sector hegemónico, no puede ver a la organización popular como su aliada. Desde que asumió el control del estado, empezó a agredir y golpeó a los ayuntamientos que no controla el PRI. En Santiago Xanica envió a la policía a reprimir a la población; en Santa Catarina Juquila, Sierra Sur, impuso un cabildo paralelo para después reprimir con un saldo de cuatro muertos, 12 heridos, más de setenta detenidos; en Villa de Etla (Valles Centrales) por la presión del gobierno del estado, el presidente municipal se cambió de un partido de oposición al PRI para no tener que rendir cuentas. Aquí los regidores siguieron siendo hostigados y manifestaron temor por su seguridad física. En Villa de Tututepec de Melchor Ocampo (Juquila) por primera vez ganó la oposición y desde entonces ha sufrido un constante hostigamiento, bloqueo, suspensión de recursos y decomiso de la radiodifusora comunitaria. El presidente municipal de Tututepec fue destituido por la Cámara de Diputados sin que se probaran acusaciones en su contra.

Se han utilizado muchos y variados mecanismos en Oaxaca para someter y quitarle al pueblo la riqueza que ha heredado de sus antepasados y la que ahora produce. La terca memoria del pueblo recuerda la burda explotación a que eran sometidos los peones acasillados en los campos tabacaleros controlados por las viejas haciendas porfiristas de Santa María Jacotepec y Valle Nacional, con sus memorias de asesinato de los indígenas; la tala inmoderada de los bosques de maderas preciosas en los Chimalapas ambicionados por las transnacionales; las históricas luchas de los ejidatarios y peones por la caña de azúcar en Tuxtepec; el acaparamiento de la tierra donde se siembran sandía, melón, pepino y plátano en Juchitán e Ixtepec; la extracción del petróleo con sus refinerías de Salina Cruz, sin dejar beneficios a la región; el control del mercado y producción de piña, chile serrano y vainilla; los convenios rapaces de empresas papeleras en Tuxtepec para hacerse de la riqueza forestal, con inversiones españolas e italianas en las sierras norte y sur del Estado. Incluso el viento es visto por los políticos de la región como un recurso que no es del pueblo, que ellos pueden dar en usufructo[16] en lugar de aprovecharlo como una opción para mejorar la calidad de vida y la economía de los pueblos.

Lo que la oligarquía disputa con el apoyo del Estado es arrebatarle su riqueza al pueblo, por medios que son ilícitos en el fondo, aunque se cubran de legalidad en la forma. Por ejemplo, despojar de la tierra a los pueblos; manejar las remesas de dólares que los migrantes envían de Estados Unidos; beneficiarse de las grandes inver-

---

[16] Es el caso de la empresa de energía eólica ibérica Iberol.

siones y de las ventajas que pueden obtener, por su posición política, del proyecto hegemónico Sur Sureste y el Plan Puebla Panamá (PPP); aprovecharse de los fondos de los Ramos 28 (para el desarrollo regional) y 33 (para el desarrollo social y el fortalecimiento de los municipios) que la Federación aporta a los estados; manejar los recursos generados en la administración del estado, con discrecionalidad y sin rendición de cuentas, en beneficio personal de los funcionarios corruptos; utilizar la fuerza pública y la justicia del estado de manera gangsteril, contra los propósitos intrínsecos del buen gobierno.

Un hecho paradigmático sucedió el 31 de mayo de 2002, fecha en que fueron masacrados en el paraje de Agua Fría 26 trabajadores de la comunidad de Santiago Xochitepec que laboraban en el aserradero La Cofradía, ubicado en San Pedro El Alto, Zimatlán de Álvarez, territorio de Santiago Textitlán. El entonces gobernador José Murat responsabilizó por esta masacre a los habitantes y autoridades agrarias de Santo Domingo Teojomulco, aduciendo que peleaban por una controversia de límites entre las comunidades. Sin embargo, ninguna de las dos comunidades inculpa de estos hechos a la otra, porque saben que los acusados son inocentes y que un pueblo puso los muertos y otro los encarcelados. Las mujeres de ambos lados han quedado con maridos, hijos, yernos y nietos muertos o presos, haciendo frente a la manutención de sus hogares. Todo apunta a que los culpables fueron asesinos contratados por el gobierno del estado que son señalados por los lugareños como responsables. Esta imputación se fortalece con los resultados de las investigaciones en que las armas sembradas resultaron ser de la propia Procuraduría General de Justicia del Estado (PGJE).

Esa estrategia busca que las comunidades entren en conflictos entre sí, unas con otras, para que haya una excusa para la intervención del Estado en los lugares donde existen recursos estratégicos que ambicionan los grupos caciquiles. Esa región es abundante en biodiversidad, mantos acuíferos, recursos forestales y yacimientos de plata y oro. La concesión del hierro la tienen empresas ligadas al Plan Puebla Panamá como son el Grupo Acerero del Norte y Aceralia de España. También el grupo de Diódoro Carrasco ligado a la minería en Santo Domingo Teojomulco y Santa Cruz Zenzontepec. Como lo señaló una comisión de mujeres mixtecas del Comité de Defensa de los Derechos del Pueblo de Oaxaca: "en la masacre de Agua Fría, por la forma como actuaron, pensamos que se ha tratado de paramilitares. Nosotras creemos que esos son los medios que se emplean en una guerra de baja intensidad, para desplazar a los pueblos, en represión evidente: desplazar a las organizaciones para poder saquear las riquezas del lugar: agua, bosques y minas".

Las organizaciones campesinas de la región, como la Coordinadora Nacional Plan de Ayala (CNPA), la Coalición Obrero Campesina Estudiantil del Istmo (COCEI), y la Unión de Comunidades Indígenas de la Zona Norte del Istmo (UCIZONI) surgieron de los conflictos agrarios que se generaron en esa región y articularon las luchas en los setentas del siglo XX para defender los recursos,[17] despertar conciencia de la ciudadanía por sus intereses y por la lucha democrática, lo que trajo por reacción del Estado una secuela de asesinatos y desapariciones.

En las décadas de los setentas y ochentas esta explotación se vistió de legalidad mediante los convenios rapaces de empresas como Papelera Tuxtepec, con inversiones italianas y españolas en las sierras norte y sur para la sobreexplotación de la madera y el despojo que beneficiaba a familias priistas. Esta situación continúa hasta nuestros días, como se advierte en la denuncia siguiente:

El Consejo Indígena Popular de Oaxaca "Ricardo Flores Magón" (CIPO-RFM), hace la denuncia sobre el peligro que corre la comunidad indígena zapoteca de San Isidro Aloapam por parte de los talamontes priistas de San Miguel Aloapam que amenazan con encarcelarlos si se oponen a la explotación del bosque virgen, en complicidad con la Secretaría de Medio Ambiente y Recursos Naturales

[17] "De los 9 millones 536 mil 400 hectáreas que constituyen el estado, 5 millones 469 mil 719 –esto es el 57.36%– están en régimen de comunidad, y un millón 603 mil 459 –el 16.81%– son ejidales, lo que nos dice que el 74.17% de la tierra es de propiedad social. Dentro de estas tierras, que en su mayoría pertenecen a las comunidades indígenas, [en el 2005] se registran 656 conflictos agrarios: 44 en la región de la Cañada, 61 en la región del Istmo, 102 en la región de la Mixteca, 109 en el Papaloapan, 108 en Los Valles, 50 en la Sierra Norte y 106 en la Sierra Sur" (RODH 2005, p. 85).

(SEMARNAT), Comisión Nacional Forestal (CONAFOR), Procuraduría Federal de Protección al Ambiente (PROFEPA), y el gobierno del estado de Oaxaca.

El 3 de junio del 2007 el presidente municipal de San Miguel Aloapam Fidel Alejandro Cruz Pablo amenaza a Ricardo Alavez Méndez, agente municipal de San Isidro Aloapam, y a su cabildo diciéndoles que ellos van a obtener el permiso para la explotación forestal con o sin el permiso de la agencia de San Isidro Aloapam, porque la SE-MARNAT ya se los prometió y en esta semana va a salir el permiso y les advirtieron de no hacer escándalo porque, de lo contrario, tomarían represalias para todo San Isidro Aloapam.

Piden que las autoridades federales les solucionen sus demandas y se evite la explotación del bosque ya que a pesar de las denuncias realizadas siguen insistiendo en talar en zonas que no fueron autorizadas y de esta forma están causando un daño mayor e irreversible al medio ambiente.

Además de los bosques, ahora están en juego los litorales, que son territorios con enorme potencial y ya forman parte de un proyecto de corredor turístico costero. Oaxaca cuenta con sitios muy hermosos, incluyendo las lagunas de Chacahua, Puerto Escondido, Huatulco y muchos otros que actualmente no tienen explotación turística. El proyecto abarca veinte litorales y playas en donde hay intereses de la clase política para hacerse de los terrenos ejidales mediante procesos poco claros de expropiación o de asociación mercantil.[18] En Santa María Colotepec hay más de 18 mil hectáreas de las que los empresarios se quieren apropiar de los terrenos comunitarios. Esas tierras se encuentran en litigio. 9 600 hectáreas de tierras fueron dotadas al ejido Río Grande Oaxaca, y otorgadas por sentencia del Tribunal Unitario Agrario (TUA) del Distrito XXI, con sede en Oaxaca; sin embargo, no han sido entregadas en favor de las 264 familias de ejidatarios que las han venido peleando desde hace 60

---

[18] El turismo en Oaxaca capta 283 millones de dólares que ingresan a los grupos económicos del estado: hoteleros, restauranteros, empresarios del turismo, multinacionales que administran como enclave la costa de Huatulco y que ahora con el corredor turístico Huatulco-Pinotepa Nacional buscan expandirse. Éste no es un ingreso que se refleje en el bienestar y desarrollo del pueblo.

años. La mayoría de los beneficiarios ha muerto. Ya sólo quedan 38 vivos que piden hacer valer su derecho histórico y legal a la ejecución de la sentencia, a la que se han opuesto los finqueros que conservan las tierras afectadas. Esta dilación en la entrega, que no tiene visos de resolverse por la vía legal administrativa, sólo se explica por la complicidad de los gobiernos federal y estatal, para proteger los intereses ilegítimos de los latifundistas.

Hay un lugar primoroso de Río Grande o Cerro Hermoso, en Villa de Tututepec, donde se localiza la laguna de Chacahua, cercana a San Pedro Mixtepec. Esa belleza, con las utilidades que genere, no puede ser para el pueblo. Tres ex gobernadores de Oaxaca y Guerrero, Israel Nogueda Otero, José Murat y Rubén Figueroa se han unido para despojar al pueblo y quedarse con las tierras. Los convenios de compraventa comercial se hicieron por medio de corrupción de las autoridades agrarias, con la complicidad de autoridades estatales, municipales y ejidales. Junto con la tierra entran en juego los contratos de construcción de la infraestructura. El corredor turístico tiene prevista ya una inversión inicial de 3 547 millones de dólares.[19]

Desde la visión patrimonialista, el desarrollo de estos proyectos es visto por la clase política como negocio personal, del que obtienen beneficios adicionales en permisos, favores y otras corruptelas. No se les ocurre siquiera pensar, en la base de estos proyectos, que los pueblos son los dueños originales de esa riqueza y que el mayor beneficio debería ser para ellos.

Otro lucrativo negocio es el manejo de las remesas que los migrantes envían a sus familiares para paliar las condiciones de injusticia que se viven en sus pueblos. Son controladas por el grupo de Alfredo Harp Helú. La población utiliza estas remesas para mejorar su nivel de vida, lo que se traduce en compra de bienes de sobrevivencia, alimento, educación, vivienda, comercio, desarrollo familiar. Sin embargo, los porcentajes de estas remesas con que se quedan los banqueros y casas comerciales son elevadísimos y nada se destina para

---

[19] Hernández, Samuel; *Los intereses que se esconden en la política del gobierno de Oaxaca*; ponencia del Comité de Defensa de los Derechos del Pueblo: 8 de marzo de 2007, México.

programas sociales de desarrollo. Las comunidades migrantes hacen llegar a sus pueblos un peso de cada tres que envían para obras de beneficio social. El pueblo directamente acuerda cómo utilizarlas.

José Murat se encargó de hacer las reformas a la Constitución del estado y de adecuar las leyes secundarias para hacer realidad el proyecto Sur Sureste que incluye el Parque Eólico de la Venta, el corredor turístico Costa-Pacífico, el corredor textil entre Guerrero y Oaxaca y el proyecto de la Cuenca del Papaloapan que une al Golfo con Tuxtepec, la Ruta Dominica en la Mixteca y la privatización del Centro Ceremonial de Monte Albán, en Valles Centrales. Proyecto que implica carreteras, hidroeléctricas, explotación minera, construcción y operación del ferrocarril transístmico, manejo de mercancías de libre comercio, control fiscal aduanal del peaje, de importaciones y exportaciones, de puertos de descarga.

Cada una de estas áreas significa el manejo de cantidades sustanciales de recursos. Por ejemplo, el anteproyecto de la Comisión Federal de Electricidad para construir una hidroeléctrica en las colindancias de los municipios de Santiago Ixtayutla, Santa Cruz Zenzontepec y Santiago Amoltepec tiene contemplada una inversión superior a los 600 millones de dólares. En su realización se afectarían las tierras de El Ocote o La Palma, La Tuza, Plan del Aire, El Ocotillo, Paso de la Reina, Santa Cruz Tehuixte y San Luis Chatañu.[20]

¿Quién pensó que la República mexicana podía dividirse en dos: de Puebla al sur y de Puebla al norte? ¿Qué nos hace pensar que tal división debe de aceptarse como si fuese natural? ¿Qué principio de geopolítica alienta semejante proyecto? ¿Podemos considerar, realmente que los diseñadores de un proyecto estratégico internacional de esa envergadura fueron Vicente Fox, José Murat o, ahora, Ulises Ruiz? ¿Es acaso pura coincidencia que una cuestión política, como los resultados de las votaciones de 2006, claramente indique una tendencia electoral más conservadora de la mitad del territorio al norte, y con más tendencia a la inconformidad al sur? ¿No hay acaso una política para dividir internamente al Estado mexicano para buscar la confrontación interna, activando los intereses del imperialismo in-

[20] *Noticias de Oaxaca*, 23 de marzo de 2006.

ternacional? ¿Quién dividió a Corea? ¿Quién a Vietnam? Esa visión geopolítica del proyecto Plan Puebla Panamá que la administración de Bush impuso a la administración de Fox ¿carece acaso de una visión histórica de los dividendos que esta "partición" de territorio le rindió en el siglo XX? ¿Carecemos de memoria histórica? Así, sin más, porque los gobernantes carecen de un proyecto histórico que dignifique las condiciones de nuestro país, ¿le toca el turno ahora a México?

Las partidas presupuestarias que la Federación aporta a los estados para fortalecer el desarrollo municipal a través del Fondo de Aportaciones para la Infraestructura Social Municipal (FAISM) y el Fondo de Aportaciones para el Fortalecimiento de los Municipios (FORTAMUN) del Ramo 33, así como el Ramo 28, destinado al desarrollo regional, se han convertido en botín de enriquecimiento ilícito por parte del gobierno del estado y de caciques que aprovechan el cargo en beneficio propio.

La incursión de los gobernantes en los mecanismos patrimonialistas de aprovechamiento indebido de los recursos públicos puede hacerse de manera burda o encubierta. Las sociedades anónimas empresariales y los prestanombres son un recurso que suele utilizarse para hacer menos visible la estructura caciquil. A José Murat se le atribuye su participación en el Grupo Gurrión y el Grupo Montealbán que, en el Istmo, tiene el monopolio de la construcción y comercio con empresas, inmobiliarias, maquinaria y venta de materiales industrializados a todo el estado de Oaxaca. Estas empresas, con distintos prestanombres, se distribuyeron la ejecución de la obra social del Ramo 33, para el manejo de las inversiones millonarias de los programas federales de introducción de agua, construcción de infraestructura, caminos y carreteras. Toda la obra que se construyó fue controlada por estos grupos sin que se hubieran hecho las debidas licitaciones. Ni el gobierno del estado ni los de los municipios corruptos cuidaron ni exigieron calidad que, al parecer, era lo que menos les interesaba. Las obras estaban mal hechas y debían ser continuamente reparadas, mostrando la falta de calidad en materiales que no correspondían al costo que se había pagado.

Con el Ramo 33 se han reactivado los grupos caciquiles en varios municipios. Un gran porcentaje de los recursos públicos que se invierten en obras de infraestructura ha sido acaparado por el Grupo Gurrión y por otras empresas constructoras propiedad de diversas autoridades. Las maneras de apropiación ilícita de estos recursos públicos han consistido en manipular la licitación de obras, sobrevaluarlas, hacerlas de mala calidad y reportar un nivel mayor; reportar como realizadas obras que no se hicieron y quedaron como obras fantasmas. Otro factor adicional de corrupción es la decisión de dónde ubicar las obras: se realizan en los lugares donde radican los caciques o donde a ellos les beneficia directamente y no donde más se necesitan. Así, por lo limitado del recurso, dejan sin obra pública a las localidades indígenas aunque tengan necesidades más urgentes e importantes, o una mayor densidad demográfica. Para completar este cuadro, hay un desvío de estos recursos para fines electorales financiando campañas, comprando votos y "engrasando el aparato priista" –es decir, se hace llegar parte de estos recursos a los priistas que se movilizan y, peor aún, a los que cometen ilícitos y crímenes para imponer este sistema. Hay también desvío de dinero para la compra ilícita de armas y para el pago de sicarios utilizados en la guerra sucia.

Por ejemplo, el titular de la obra de remodelación del Centro Histórico de Oaxaca es hermano del gobernador Ulises Ruiz quien, por tráfico de influencias, "ganó" un contrato sin licitación, quedó como titular y presentó una obra sobrevaluada en 780 millones de pesos que, en términos reales, incluso con materiales de lujo hubiera salido en diez millones de pesos.[21] No hay claridad en la cuenta pública. Los gobernantes roban abierta y descaradamente los dineros del erario.

La entrega de los recursos de la Federación a través del gobierno del estado ha generado problemas en prácticamente todos los 570 municipios de Oaxaca.[22] La federación asigna el Ramo 33 con cri-

---

[21] "Empresa beneficiaria de múltiples obras públicas en Oaxaca, entre las que se encuentra la construcción del palacio municipal en la capital de la entidad, durante la gestión de Ulises Ruiz: Vilayaa S.A. de C.V. Propietario de la compañía constructora: el hermano del gobernador". (Hernández Navarro, Luis, "Numeralia oaxaqueña", *La Jornada* 24 julio 2007).

[22] De 570 municipios que hay en el Estado 420 eligen sus autoridades por usos y costumbres.

terios de índice poblacional, marginalidad, aportación al fisco para que cada municipio tenga recursos para infraestructura; mientras que el gobierno del estado privilegia su asignación a través de los cacicazgos que se han fortalecido con el desvío de estos fondos. De esta forma, la gestión de las comunidades para controlar este presupuesto y usarlo directamente en servicios como agua potable y caminos entra en contradicción con los intereses caciquiles.

Por ejemplo, el municipio de Tataltepec que recibe anualmente 5.8 millones de pesos del Ramo 33, y 2.6 millones del Ramo 28, tiene tres agencias y dos rancherías. Uno de sus pueblos, Santa Cruz Tepenixtlahuaca tiene 3 000 habitantes y se equipara a la cabecera; sin embargo, no se le entregan los recursos del Ramo 28 para el gasto de funcionamiento ordinario de la agencia, ni los que necesita para invertir en apertura de caminos, reconstrucción de aulas, cambio de línea eléctrica de monofásica a trifásica, calles y agua potable.

Las organizaciones sociales buscan ahora arrebatar presupuesto estatal y municipal al poder caciquil. Si no luchan por la obtención de estos recursos, no logran que se invierta en obras de sus comunidades para atender sus necesidades y hay desvío para otros fines. Las comunidades, al hacer valer el derecho que tienen a que les entreguen estos recursos, quitan poder al control caciquil. Los caciques que buscan enriquecerse ilícitamente se confrontan con los pueblos, que a su vez buscan el control de sus recursos. La tragedia es que al entrar estos intereses en contradicción, la resolución del conflicto se traduce, muchas veces, en violencia.

En cuanto al manejo faccioso de los recursos del Estado, el proyecto de gobierno, los planes económicos, los permisos, las concesiones y todos los actos de servicio que deberían contribuir a un buen gobierno terminan convirtiéndose en una gran red de corrupción debido a los intereses patrimonialistas de los caciques.

Desde que Ulises Ruiz ganó de manera fraudulenta la gubernatura hizo gala impúdica de que ya le había llegado su turno para beneficiarse personalmente, en todo lo que le fuera posible, mediante el manejo de todos los fondos sobre los que pudiera maniobrar: del Ramo 33, de las remesas, de los recursos públicos que el estado ingresa por impuestos y servicios y que él utiliza con criterio patrimonialista; de controlar el destino de las tierras de los pueblos que pueden ser afectadas por proyectos gubernamentales, de manejar la infraestructura del turismo y de concesionarse a sí mismo las obras, mediante prestanombres o familiares.

En cuanto al manejo de la justicia, el gobernador reprimió brutalmente a su pueblo, mostró su absoluta falta de respeto a la ley. Contrató sicarios y vistió a la policía de civil para delinquir. Comandó escuadrones de la muerte. Incurrió en crímenes de lesa humanidad. Indujo a la Federación a enviar a la Policía Federal Preventiva (PFP) en la que insertó a su policía formada por delincuentes y, júntos, implantaron en Oaxaca el terrorismo de Estado, mediante operativos desmesurados en contra de la población civil: detenciones masivas y arbitrarias; tortura sistemática; abuso sexual y violación; tratos crueles, inhumanos y degradantes; asalto a hospitales; asesinatos, y ausencia total de garantías en el proceso judicial.

Durante 2007 el gobierno mantuvo como rehenes a varios presos políticos, algunos de ellos en cárceles de alta seguridad. Su interés último –como el de cualquier tirano– ha sido el de quebrar la voluntad del pueblo. Su política de contrainsurgencia ha estado dirigida a crear un nuevo imaginario social en el que la brutalidad y violencia con que fueron tratados los ciudadanos aprehendidos –sin motivo alguno y como escarmiento a quienes se oponen a su política– sirviera como referente para propiciar miedo e inmovilidad de la población. Conforme a la Comisión Civil Internacional de Observación por los Derechos Humanos (CCIODH), el objetivo final de toda esta violencia ha sido el de "lograr el quiebre de la identidad personal del torturado... un proceso de demolición de sus rasgos de identidad" (p. 193). En los testimonios recibidos, lo expresa el torturador frente a su víctima, como acto reflejo: "Te vas a morir. Finalmente tú ya estás muerto. Todos los que están en este movimiento ya están muertos" (Testimonio 415, p. 195). Es la expresión impúdica de quien se propone y ejecuta un genocidio. O bien, percibido en la expresión de rebeldía de quien ha sido arbitrariamente detenido: Ulises Ruiz te está "dando a entender 'eres mío. Tú estás en mi poder. Yo te meto, te saco y te vuelvo a meter cuando a mí se me dé la gana'" (Testimonio 18, p. 184).

POLÍTICA REPRESIVA DE ULISES RUIZ

La Red de Organismos de Derechos Humanos de Oaxaca (RODH) documenta en su informe varias agresiones a defensores y a organismos de derechos humanos desde el inicio de la gestión de Ulises Ruiz, el 1° de diciembre de 2004 cuando tomó posesión (2005, pp. 21-22). Haciendo un balance general, que da idea del clima de terror que Ulises Ruiz implantó, en sus primeros seis meses de gobierno hubo más represión que en los doce años de gobiernos anteriores.

Su gestión se ha caracterizado por la utilización de métodos gangsteriles para contener el movimiento social. Sus dos grandes contrarios han sido la prensa que no puede controlar, a la que ha reprimido desde el inicio de su gestión, y las organizaciones sociales a las que ha considerado siempre sus enemigas frontales. Desde su campaña se propuso coartar las libertades civiles y no permitir marchas ni plantones. Su *modus operandi* ha sido el de: a] criminalizar toda forma de protesta pública; b] utilizar a la policía como una banda de delincuentes que se mezcla con otros criminales no inscritos formalmente en las corporaciones, para realizar ilegalmente operativos conjuntos; c] transgredir, por completo, el marco legal de protección a los derechos humanos golpeando, torturando, privando de la libertad y asesinando a quienes considera sus enemigos –así sean niños de cuatro años[23] o gente que nada tenía que ver con el aparente motivo de la represión, que aleatoriamente pasaba por el lugar y momento equivocados sin haber participado en la protesta–;[24] d] torcer los procedimientos de la procuración y la administración de justicia, inventando crímenes, elaborando procedimientos penales al arbitrio de la autoridad totalitaria que tiene el poder, logrando que los agentes del ministerio público, los jueces, las autoridades de los penales, los responsables de las instituciones de salud y los ayun-

[23] Como es el caso de los menores de cuatro años Yoana León Reyes, Gustavo Reyes Barrios, Adán Reyes León, Mayra Reyes Pérez e Ixel Reyes, de la Comunidad Indígena de San Isidro Vistahermosa, agredidos el 4 de julio de 2005 por el presidente municipal de Santa Cruz Nundaco, detenidos y torturados (RODH 2005, p. 172).

[24] Como fueron muchos detenidos el 25 de noviembre del 2006, conforme a los testimonios incluidos en los expedientes que se presentan en este informe.

tamientos de filiación priista funcionen con un patrón de terrorismo de Estado que, de manera sistemática, culpe al inocente; golpee y hiera al débil e indefenso; agreda sicológica y sexualmente a los detenidos a quienes convierte en sus víctimas, mantenga a los detenidos fuera de las garantías procesales a que tienen derecho, ocasione desapariciones forzadas, asesinatos, "levantones" y otros crímenes de lesa humanidad.

La historia documentada de la que disponemos para realizar este informe del gobierno de Ulises Ruiz refleja la imagen del tirano que implanta un sistema totalitario y roba a manos llenas; que –aun así– cuando es incapaz de mantenerse en el poder, utiliza a priistas de su partido político como mafia gangsteril para operar graves crímenes; que ha recurrido al chantaje político con la Federación cuando estos medios le han resultado insuficientes. El gobierno de Ulises Ruiz se mantuvo en el poder a pesar de sus crímenes. El control que ha ejercido ha estado basado en las peores injusticias. Resulta increíble que todo esto no sea historia de un lejanísimo y remoto pasado de tiranías militares, sino de un político actual arropado por la Presidencia de la República tanto de Vicente Fox como de Felipe Calderón.

Éstos son, sin duda, tiempos de ignominia.

Ulises Ruiz estableció una clara política de no permitir la libre expresión, controlando la información que difunden los medios, torciéndola para que dijera lo que a él le convenía y ocultando lo que no quiere que se sepa. Desde su campaña había advertido: "me tienen que aguantar seis años. A ver de a cómo nos toca".

Dos días antes de que Ulises Ruiz asumiera la gubernatura, pero ya en control de la situación política, el 28 de noviembre de 2004, porros de la Confederación Revolucionaria de Obreros y Campesinos (CROC) invadieron las bodegas del periódico *Diario Noticias*, el único que en el estado denunció abiertamente el fraude electoral. Ante esta agresión, el pueblo se solidarizó con el periódico. El 9 de diciembre de 2004 se realizó una marcha de organizaciones políticas, estudiantiles, campesinas, obreras, sociales y civiles en apoyo al *Diario Noticias* y en defensa de la libertad de expresión.

Al medio año, el 17 de julio de 2005, los porros de la CROC ocuparon otra vez las instalaciones del periódico estallando ilegalmente una huelga y reteniendo a 31 periodistas (RODH 2005, p. 159). A pesar de ello el periódico logró salir por internet y ser impreso en Tuxtepec. La policía fue utilizada entonces para interceptar y asaltar las camionetas que llevaban el periódico a Oaxaca capital. Aun así se seguía imprimiendo y era llevado a la capital por avioneta a un costo muy alto. El 18 de julio del 2005, policías y sicarios de Ulises Ruiz entraron disparando a las instalaciones del periódico. Destruyeron las computadoras y expulsaron a los periodistas con lujo de violencia. A Ismael Sanmartín le reventaron un ojo y le dañaron un riñón. Incluso los voceadores encargados de vender el *Diario Noticias* fueron golpeados y heridos. La policía no intervino ante estas agresiones. La situación llegó a tal extremo que el mismo secretario de Gobernación le pidió al gobernador terminar con el secuestro del *Diario Noticias* (CCIODH 2007, p. 47 y RODH, pp. 23, 24).

El 31 de octubre de 2005 la Comisión Interamericana de Derechos Humanos (CIDH) requirió al gobierno mexicano medidas cautelares por seis meses de protección a Ericel Gómez Nucamendi, presidente del Grupo Noticias, y a otros 116 trabajadores del diario, pidiendo que se tomaran las medidas necesarias para garantizar la vida, la integridad personal y la libertad de expresión de directivos y trabajadores, además de realizar la investigación de los hechos que motivaron la adopción de tales medidas, a fin de identificar a los responsables e imponerles las sanciones correspondientes.

Aun así, uno de los trabajadores del *Diario*, Florentino Héctor Velasco Zárate, fue detenido y acusado de narcotráfico por ser el testigo presencial que inculpó a Jesús Miguel Garza Quintana, presidente municipal de Santa Cruz de Amilpas, y Agustín Morales Morales, su suplente, como responsables directos de la agresión armada al predio del *Diario Noticias* (RODH 2005, p. 152).

La política de Ulises Ruiz hacia las voces independientes en la prensa fue, desde un inicio, de absoluta intolerancia. El 22 de marzo de 2005 el columnista político Juan Pérez Audelo, del diario *Imparcial*, fue amenazado de muerte por el secretario de Salud Juan Díaz Pimentel y por su guardaespaldas Jorge Julián Notni Ahuet, debido a que informó sobre su enriquecimiento ilícito; el 15 de noviembre de 2005 fue balaceado Benjamín Fernández González, del noticiero radiofónico *Poder Informativo* en Loma Bonita, después de haber criticado a varios funcionarios públicos y haberlos ligado con el narco; Abraham Cruz García, articulista de noticias en las revistas *Tucán* y *Área Chica* (San José California), recibió amenazas telefónicas y le robaron documentos de su vehículo en noviembre y diciembre de 2005 (RODH 2005, p. 24).

Las radios comunitarias también fueron hostigadas sistemáticamente. Radio Calenda, La Nopalera Radio, Radio Guetza 94, Radio Jen Poj, Radio Nguixo, Estéreo Lluvia (Tututepec), Radio Plantón y Radio San Jacinto fueron tratadas como si fueran radios "piratas", les incautaron equipos e intimidaron a su personal. A Radio San Jacinto entraron 50 policías de la PFP encañonando a los locutores (RODH 2005, pp. 24 y 25).

Las organizaciones populares, los dirigentes de los movimientos y los pueblos indígenas que intentaron actuar con independencia fueron por ello blanco de la represión del gobierno de Ulises Ruiz.

A menos de una semana de que Ulises Ruiz asumiera la gubernatura, el 6 diciembre del 2004, fueron detenidos los hermanos Santiago y Miguel González Aquino, integrantes del Frente Popular Revolucionario (FPR) –ex comisariado de bienes comunales y regidor del cabildo municipal de la comunidad de Santa Catalina Quierí, Oaxaca–, a causa de un conflicto agrario que lleva 40 años, por límite de tierras con la comunidad vecina. Siendo inocentes, fueron acusados de homicidio. Agustín Sosa, del Frente Único Huautleco, fue detenido el 10 de diciembre de 2004, "durante los meses siguientes fue acusado de cargos penales infundados, al parecer en represalia por oponerse a la elección del gobernador del estado Ulises Ruiz Ortiz (AI 2000, p. 17)". "Se le consideró el primer preso político del actual gobierno" (RODH 2005, p. 19). Otro preso político es Abraham Cruz, de la Organización Indígena de Derechos Humanos de Oaxaca (OIDHO), que fue detenido el 19 de enero, día en que una caravana de San Isidro Vistahermosa partía a la ciudad de México (RODH 2005, p. 157).

Las agresiones a las organizaciones sociales, a las comunidades que el gobierno consideraba opositoras y a sus dirigentes fueron continuas y sistemáticas.

El 22 de diciembre de 2004, el Consejo Indígena Popular de Oaxaca (CIPO) fue desalojado del plantón que tenían instalado en el zócalo de la ciudad. Veintitrés personas fueron detenidas acusadas de robo de energía eléctrica y daños.

El 5 de enero de 2005 la Procuraduría General de Justicia del Estado (PGJE) consignó la averiguación previa en contra de Gabino Cué, quien fue el contendiente de Ulises Ruiz en las elecciones, por peculado en su gestión como presidente municipal. Esta acción se interpretó como represalia política. El 23 de ese mes, Gabino Cué se fue a entregar voluntariamente con un numeroso grupo de simpatizantes, pero ese día cerraron el juzgado. El 25 de enero rindió su declaración previa; sin embargo, el juez omitió cumplimentar la orden de aprehensión en su contra (RODH 2005, p. 160).

El 27 de febrero, se concentraron más de setecientos integrantes del Frente Popular Revolucionario –hombres, mujeres, jóvenes, niños, ancianos, maestros y campesinos de las comunidades y colonias populares– en la ciudad de Tuxtepec para trasladarse a la ciudad de Oaxaca en autobuses. Cuando menos 150 elementos de la policía ministerial, preventiva y de la Unidad Policial de Operaciones Especiales (UPOE) –armados con R-15, AK-47 y con pistolas de distintos calibres– los interceptaron, bloquearon la carretera con sus patrullas y grúas, y los amenazaron con golpearlos aduciendo que tenían órdenes de no permitir que llegaran a la ciudad de Oaxaca.

El 29 de marzo salieron libres bajo fianza el ex agente de San Isidro Aloapan José Cruz Cruz y Dolores Villalobos Cuamatzi. Ella fue amenazada de ser reaprehendida, después de haber pagado 35 mil pesos, debido a que el tribunal le incrementó arbitrariamente la fianza otros 15 mil pesos (RODH 2005, p. 158). El 30 de marzo el diputado Rufino Merino Zaragoza, del Partido Unidad Popular (PUP), denunció que la Unidad de Bienestar Social de la Región Triqui (UBISORT) había ofrecido medio millón de pesos a quien lo asesinara (RODH 2005, p. 158). El 14 de abril, con motivo de un plantón del Comité de Defensa Ciudadana (CODECI), Catarino Torres Pereda, dirigente de la organización, fue detenido por agentes de la AFI acusado de privación ilegal de la libertad del personal de la Secretaría de Agricultura, Ganadería, Desarrollo Rural, Pesca y Alimentación (SAGARPA) y ataques a las vías públicas de comunicación (RODH 2005, p. 158). También fue detenido por la AFI Renato Cruz, líder de la Central Campesina Independiente (CCI) el 2 de junio, acusado de privación ilegal de la libertad al personal de la Procuraduría Agraria (RODH 2005, p. 158). El 12 de mayo, el regidor de derechos humanos del ayuntamiento de la capital, Alberto Esteva Salinas, fue agredido por diez personas, seis de las cuales tras ser detenidas, en seguida fueron puestas en libertad. El 16 de junio se desató, durante un mes, una campaña en contra de organizaciones del Colectivo por la Democracia, especialmente de Servicios para una Educación Alternativa (EDUCA) por promover el relevo del titular de la Comisión Estatal de Derechos Humanos de Oaxaca (CEDHO).

El 12 de julio, horas antes de que la Promotora por la Unidad Nacional en Contra del Neoliberalismo (PUNCN) iniciara su jornada de lucha en el marco de la Guelaguetza 2005, fueron detenidos los líderes Germán Mendoza Nube, Zenén Bravo Castellanos y Bertín Reyes Ramos acusados de diversos delitos.

El 4 de agosto, le robaron su computadora a Aline Castellanos, del Colectivo por la Democracia cuando estaba en el Foro Nacional de Derechos Humanos en el Senado de la República. El 15 de agosto, un grupo de agentes de la Unidad Policial de Operaciones Especiales (UPOE) ingresó a la Universidad Autónoma Benito Juárez de Oaxaca (UABJO) para desalojar a los estudiantes que ocupaban Radio Universidad. Dos días después, setecientos efectivos de corporaciones policiacas –250 de los cuales iban vestidos de civil pero armados con garrotes y armas cortas– sitiaron a 300 estudiantes que estaban en plantón en el campus universitario frente a la rectoría en demanda de la solución de ocho mil rechazados (RODH 2005, p. 159). El 22 de agosto elementos de la UPOE se instalaron nuevamente en la rectoría de la UABJO para impedir una marcha en memoria del décimo aniversario del asesinato de Nahum Carreño Vázquez. En septiembre, la Procuraduría General de Justicia del Estado libra una orden de aprehensión en contra de César Chávez, dirigente del CIPO, por robo de energía eléctrica durante el plantón de dicho organismo en el zócalo. El 3 de octubre, el Centro de Prevención y Readaptación Social Federal se niega a poner en libertad a tres personas de los Loxichas que habían cumplido su condena por la muerte de dos marinos en un enfrentamiento con el EPR. La administración de Ulises Ruiz utilizó, desde el inicio, la represión selectiva. El 30 de octubre de 2005 elementos de la policía preventiva detuvieron ilegalmente y vejaron a Yésica Sánchez de la Liga Mexicana por la Defensa de los Derechos Humanos (LIMEDDH) en San Lorenzo Lalana. Raúl Gatica, dirigente del Consejo Indígena Popular de Oaxaca "Ricardo Flores Magón" (CIPO-RFM) salió exiliado a Canadá ante la negativa del gobierno del Estado de garantizar su seguridad, misma que fue requerida como medida cautelar por la Comisión Interamericana de Derechos Humanos.[25] El 7 de noviembre, Hugo Jarquín, secretario general del Frente Amplio Democrático de Colonias y Comerciantes de Mercados, Vía Pública y anexos del estado de Oaxaca (FADCC) y presidente del Comité Municipal del PRD sufrió un atentado mortal por parte de la lideresa Sara Reyes Barroso que, al frente de porros, irrumpió en su domicilio (RODH 2005, p. 161).

En Santiago Xanica, el 15 de enero de 2005, un grupo de 80 personas que realizaban un tequio comunitario fue agredido por la policía preventiva del estado. Tres personas fueron heridas con balas R-15: Abraham Ramírez Vásquez, Juventino García Cruz y Noel García Cruz y, al ser llevados al hospital regional del Distrito de San Pedro Pochutla para ser atendidos, fueron detenidos por la Policía Ministerial del Estado y conducidos al penal de Santa María Ixcotel y de allí al de San Pedro Pochutla, a donde fueron trasladados arbitrariamente el 15 de marzo de 2006 sin que durante este tiem-

---

[25] "Durante los primeros días de su mandato... Ulises Ruiz recibió la visita del líder opositor, quien llevaba en la mano una orden de protección girada por la Comisión Interamericana de Derechos Humanos (CIDH); la orden demandaba al gobierno de Oaxaca asignar a Gatica una guardia permanente de dos policías ministeriales, así como una subvención pues, decía la orden, su vida se encontraba en peligro. 'A mí, pueden venirme la Interamericana, la Nacional, la Estatal y hasta la Interplanetaria, y yo las mando a chingar a su madre. Tú me haces un desmadre y yo te meto a la cárcel. Óyelo bien, cabrón', respondió el gobernador. Pocos días después, Gatica recibió amenazas anónimas y terminó yéndose a Vancouver, Canadá, donde poco tiempo después fue catalogado como refugiado político" (Osorno, p. 31).

po –de esa fecha a febrero de 2007, cuando presentaron su testimonio al Jurado Popular– hubiera avance alguno en su expediente. A Abraham lo querían asesinar, le atinaron el balazo sólo en la pierna. Ese día, como advertencia, al salir de una reunión del CIPO-RFM le rompieron el parabrisas de su automóvil a Eréndira Cruzvillegas, entonces directora del Centro Nacional de Comunicación Social (CENCOS). El 20 de enero de 2005 el Comité por la Defensa de los Derechos Indígenas (CODEDI) realiza una marcha en protesta por la agresión sufrida en Santiago Xanica, por el cese de la campaña de persecución en su contra y por la destitución del presidente municipal del lugar, Antonio García, responsable de la agresión. El 25 de enero la Coordinadora Oaxaqueña Magonista Popular Antineoliberal (COMPA) se entrevistó con José Luis Soberanes, presidente de la Comisión Nacional de Derechos Humanos (CNDH) para tratar la situación de Santiago Xanica y la persecución de dirigentes sociales. Soberanes arregló una reunión en Oaxaca con el gobernador Ulises Ruiz quien, de manera cobarde, aprovechó la ocasión para tenderles una trampa. El 3 de febrero fueron detenidos integrantes de la COMPA después de haber tenido una reunión con Joaquín Rodríguez Palacios, subsecretario de Desarrollo Político en la Secretaría General de Gobierno. Samuel Hernández Morales y Jacqueline López Almazán, Gilberto Canseco Carmona y Aurora Cruz García del Comité por la Defensa de los Derechos Indígenas (CODEDI) fueron detenidos cuando sostenían una reunión con tres observadores de la CNDH, Jesús Bustos Ángeles, Fernando Mendoza Elvira y Víctor Audirac Ochoa.

La represión a los pueblos no quedó en Santiago Xanica, ni en Juquila, donde mataron a los dos dirigentes del Movimiento Ciudadano Juquileño ya referidos. El 7 de febrero en Tepelmeme, Villa de las Flores, tres personas fueron heridas por la policía municipal. En San Jerónimo Etla hubo disturbios por la imposición de un consejo de administración municipal, por lo que encarcelaron a 9 integrantes del Ayuntamiento Popular de Lalana, liberados el 18 de marzo por falta de elementos para procesarlos (RODH 2005, p. 167). El 15 de marzo las oficinas del Tequio Jurídico fueron allanadas. Robaron equipo de cómputo y documentos de trabajo.

La represión a las comunidades se intensifica. El 18 de abril la policía entra a Santa María Jacatepec para detener a los líderes del Consejo Regional Obrero Campesino Urbano de Tuxtepec (CROCUT) de la mixteca. César Toimil Roberts, dirigente de la organización, es herido por la policía ministerial cuando intentaban detenerlo. Ese día, en Rancho Nuevo Faisán, fueron detenidos Vicente Martínez y otros nueve integrantes de la organización, acusados de lesiones, robo calificado, daños, despojo y asalto. El 22 de abril fueron detenidos otros 69 integrantes del CROCUT (RODH 2005, p. 158). El 27 de abril el gobierno provoca un zafarrancho entre el oficial del ayuntamiento municipal de Juquila y el Movimiento Ciudadano Juquileño. Hay dos muertos, 12 heridos y 71 detenidos que, como siempre, son del lado del movimiento popular. Los muertos son Juan Carlos León Sánchez y Paulino Cruz. De los 71 detenidos, 68 fueron puestos en libertad (RODH 2005, p. 167).

El 4 de julio, el presidente municipal de Santa Cruz Nundaco, con cerca de 500 seguidores, entra por la fuerza en terrenos de la agencia de San Isidro Vista Hermosa de ese municipio para abrir un camino con maquinaria pesada. Se suscita un zafarrancho en el que la agencia municipal es saqueada; varios vehículos son destruidos, al igual que siete casas y una tienda. En la balacera, un menor es herido gravemente. El presidente detiene a 38 personas ilegalmente por más de 24 horas en la cárcel municipal.

El asesinato de opositores se convirtió en otra de las prácticas que Ulises Ruiz convirtió en política de Estado. El 28 de diciembre de 2004 fue asesinado Ángel Prieto Ortega por denunciar el tráfico de armas provenientes de la República Checa. El 31 de enero de 2005 fue asesinado José Cruz Salinas y el 17 de febrero José Quintas Cortés, ambos militantes del Movimiento Ciudadano Juquileño (RODH 2005, p. 157). El 9 de febrero fue amenazada de muerte Isabel Herrera Molina, presidenta municipal de Santa María Huazolotitlán. Su antecesor, Pedro Román Sánchez, quería cubrir sus malos manejos del Ayuntamiento (RODH 2005, p. 160). El 27 de abril, como ya se informó, fueron asesinados Juan Carlos León Sánchez y Paulino Cruz en Juquila.

El 23 de julio Beatriz López Leyva, secretaria municipal de San Pedro Jicayan, municipio perredista, fue víctima de un atentado a la altura de San Miguel Tlacamama (RODH 2005, p. 158). El 3 de agosto fue asesinado Hilario González Domínguez, asesor de los regidores de Putla y líder del Movimiento Unificado de Lucha Triqui (MULT) por presuntos integrantes de la Unidad de Bienestar Social de la Región Triqui (UBISORT); dos de ellos fueron detenidos. El 29 de octubre fue asesinado el líder de los colonos de Zaachila, Luis Torres Martínez; ya había sido amenazado por funcionarios de la administración municipal (RODH 2005, p. 160). El 10 de noviembre fue asesinado Misael Alejandro Merino, joven de 17 años, por ser hijo de un activista triqui que había denunciado prácticas antidemocráticas. El 30 de noviembre fue asesinado por sicarios Marcelino Sánchez Martínez, coordinador municipal del Programa de Fortalecimiento de Empresas y Organizaciones Rurales (PROFEMOR) del municipio de Santa María Huazolotitlán, y militante del PRD (RODH 2005, p. 161).

Protesta y resistencia del pueblo

Aparentemente, el pueblo de Oaxaca está desorganizado y se mueve anárquicamente. Pero en la realidad sucede lo contrario. En cada pueblo hay una red de organizaciones de todo tipo: algunas formales que tienen registro, otras son tradicionales y de servicio. Algunas operan durante un periodo determinado, como las mayordomías, los comités de aseo, el comité de padres de familia en la escuela, el comité de obras, el comité de salud, los topiles, los comités de barrio, la policía del pueblo; otras funcionan como organización comunitaria que responde a las necesidades del momento como el tequio, la mano vuelta, las tandas.

Las marchas, plantones y manifestaciones son formas de expresión pública de los sectores de la población –cuyos intereses no son representados por el Estado–, como medida de presión social para que éste realice o deje de hacer determinados actos de gobierno. Los aliados de los caciques no necesitan movilizarse para ser oídos; pero el pueblo, cuyos intereses entran en contradicción con los de este tipo de gobernantes autoritarios, necesita de mecanismos estridentes de lucha para hacerse visible.[26] "Para las organizaciones sociales movilizarse es una forma de agilizar la respuesta a sus demandas, de presionar a las autoridades y dependencias. Oaxaca es un estado donde esta relación entre organizaciones y gobierno se ha dado de esta manera por muchos años, y no se trata únicamente de las organizaciones opositoras, sino también de las de filiación priista" (RODH 2005, p 25). Sin embargo, la administración de Ulises Ruiz criminalizó, sin más y sin haber convenido mecanismos alternos, este mecanismo de expresión pública.

Las organizaciones populares que buscan el bien común y la justicia, cuestionando la legitimidad del ejercicio autoritario del poder, entran en contradicción principal con la estructura caciquil. Por ello, los tiranos han visto como a sus enemigos acérrimos a las organizaciones que defienden los intereses auténticos del pueblo y a los luchadores sociales que sirven a estas organizaciones.

La respuesta pacífica pero decidida de las organizaciones populares a esta represión nunca se hizo esperar. El 18 de febrero de 2005 se realizó la mayor manifestación convocada hasta ese momento en la ciudad de Oaxaca: 85 mil manifestantes marcharon por la liberación de los detenidos y la solución a las demandas de las comunidades. La megamarcha fue convocada por varias organizaciones sociales y la Sección 22 del Sindicato Nacional de Trabajadores de la Educación (SNTE) para detener la persecución a líderes sociales y exigir solución a los conflictos postelectorales en varios municipios (RODH 2005, p. 162). Del 28 de febrero al 4 de marzo se registraron movilizaciones del Frente Popular Revolucionario (FPR) en demanda de la libertad de 24 presos políticos, entre ellos los dirigentes de la Coordinadora Oaxaqueña Magonista Popular Antineoliberal (COMPA), y de los hermanos Santiago y Miguel González Aquino. El 4 de marzo, agentes de la Unidad Policial de Operaciones Especiales (UPOE) impidieron que la marcha llegara al zócalo. El 8 de marzo, integrantes de la Organización Agraria Municipal de Pueblos Indí-

[26] "El gobierno siempre defiende los intereses de la clase o del grupo que gobierna, menos en las cosas influidas por el miedo de perder el poder" (Bertrand Russell).

genas de la Mixteca (OAMPIM) tomaron la Cámara de Diputados, cerraron la calle Madero y tomaron la Secretaría General de Gobierno. Nicolás Salva Barrera de la Organización Agraria Municipal de Pueblos Indígenas de la Mixteca (OAMPIM) fue detenido por bloquear el acceso a la Secretaría General de Gobierno (RODH 2005, pp. 157 y 162). Ese día, mujeres del Istmo de la Nueva Izquierda y del Frente por la Democracia y el Desarrollo realizaron otra marcha del parque del Llano al zócalo para exigir apoyos al gobierno estatal. El 10 de marzo, 45 comunidades de la Mixteca organizaron su marcha en demanda de mayor presupuesto a programas de mejoramiento ambiental (RODH 2005, p. 162). El 18 de marzo marcharon el Frente Sindical de Organizaciones Democráticas de Oaxaca (FSODO) y varias organizaciones sociales para exigir el cese a la represión y la libertad de 20 presos políticos (RODH 2005, p. 162). El 21 de marzo hubo otra marcha del Consejo Indígena Popular de Oaxaca "Ricardo Flores Magón" (CIPO-RFM) para exigir la destitución del secretario general de Gobierno, Jorge Franco Vargas, y de la procuradora de Justicia, Patricia Villanueva. Agentes de la Unidad Policial de Operaciones Especiales (UPOE) les impidieron el paso al zócalo (RODH 2005, p. 162).

Las marchas y plantones han sido recurrentes mecanismos pacíficos de presión del movimiento popular para influir en las decisiones políticas que le afectan: El 1° de mayo del 2005 se realizó la marcha por la unidad sindical y contra el neoliberalismo. Al día siguiente marchó la caravana Ejército Libertador del Sur en Huajuapan de León, en la que participaron la Organización Campesina Emiliano Zapata (OCEZ), el Movimiento Campesino Regional Independiente (MOCRI), la Coordinadora Nacional Plan de Ayala (CNPA), la Organización Proletaria Emiliano Zapata (OPEZ), la Central Independiente de Obreros Agrícolas y Campesinos (CIOAC), y las secciones 22 y 7ª del sindicato de maestros de Chiapas. El 12 de mayo marchó la Organización de Voceadores Independientes y Democrática de Oaxaca (OVIDEO) para respaldar al *Diario Noticias*; se manifestaron por la libertad de expresión y el derecho al trabajo y protestaron porque se pusiera en riesgo la fuente de ingresos de 300 personas (RODH 2005, p. 162). Más de 15 mil maestros de la Sección 22 marcharon el 15 de mayo por el Centro Histórico terminando con un mitin en la Alameda. El 17 de mayo marchó el Frente Amplio de Lucha Popular (FALP) para que se le entregaran recursos del Ramo 28 a 210 comunidades por 100 millones de pesos para proyectos productivos y obras de infraestructura (RODH 2005, p. 163). El 22 de mayo se realizó una marcha de protesta en contra de las obras que el gobierno realizaba en el Centro Histórico (RODH 2005, p. 163). El 23 de mayo los maestros instalaron su plantón en el Centro Histórico con una gran marcha de unos 50 mil docentes. Ese día el Comité de Vigilancia Ciudadana realizó otra marcha de Santo Domingo a la Alameda en protesta por las obras del gobernador en el Centro Histórico (RODH 2005, p. 163). El 24 de mayo hubo otra marcha del magisterio desde el Instituto Estatal de Educación Pública de Oaxaca (IEEPO) a la Alameda. A las demandas del magisterio se unieron varias organizaciones sociales como el Frente Popular Revolucionario (FPR), el Comité de Defensa de los Derechos del Pueblo (CODEP), la Coordinadora Oaxaqueña Magonista Popular Antineoliberal (COMPA), el Consejo Indígena Popular de Oaxaca "Ricardo Flores Magón" (CIPO-RFM), la Unión de la Juventud Revolucionaria de México (UJRM) y el Comité de Defensa Ciudadana (CODECI). El 26 de mayo el Frente Sindical de Organizaciones Democráticas de Oaxaca (FSODO) realizó una marcha en apoyo a la Sección 22 y el 28 de mayo se realizó otra mega-marcha magisterial (RODH 2005, p. 163). El 7 de junio los maestros bloquearon la central camionera en demanda de indemnización a dos profesores que murieron el 20 de mayo de 2005 en una volcadura. El 1° de julio diversas organizaciones sociales convocaron a un movimiento de resistencia social ante los abusos del gobierno; la iniciativa la suscribía el Movimiento al Desarrollo y la Democracia (MADD), la Corriente Democrática de los Trabajadores Universitarios (CDTU), el Frente Estatal de las Mujeres en Lucha (FEML), la Coordinadora de Organizaciones Populares y Trabajadores Jubilados de Oaxaca (COPTJO) y el Movimiento Unificador de Lucha Sindical (MULS) (RODH 2005, p. 162).

El 12 de julio fue interceptada –a la altura de San Felipe Ixtapa y Santiago Yolomécatl– la caravana de 400 integrantes de la Coordinadora Oaxaqueña Magonista Popular Antineoliberal (COMPA) que iba rumbo a México. Un convoy de 20 patrullas y 200 policías preventivos no les permitió seguir adelante y les quitaron sus mantas, comida y pertenencias.

El movimiento popular mantuvo sus protestas: el 24 de septiembre, pobladores de San Bartolo Coyotepec cerraron la carretera debido a que el gobierno había detenido a 6 pobladores (de una lista de 40 que llevaban) por bloquear un camino donde guardaban vehículos de la Procuraduría General de Justicia del Estado. El 12 de octubre se organizó una marcha de organizaciones sociales para despedir la caravana que partiría a México a pedir la liberación de presos políticos, en contra de la represión y por los derechos, las garantías y la libertad de expresión. El Frente Popular Revolucionario (FPR) se manifestó para exigir la liberación de sus dirigentes Germán Mendoza Nube y Bertín Reyes Ramos, detenidos el 11 de julio. Equipos antimotines impidieron que este contingente entrara a la Alameda o al zócalo. La gente del Comité de Defensa Ciudadana (CODECI) también fue interceptada y regresada a Santiago Xanica. En Miahuatlán se les impidió a miembros del FPR unirse a estas protestas (RODH 2005, p. 162).

Ante este clima de represión, la administración de Ulises Ruiz ha negado a las organizaciones populares su derecho a manifestarse públicamente: El 10 de diciembre, la Organización Nacional del Poder Popular y otros contingentes de Oaxaca, Michoacán y Chiapas marcharon por la ciudad, aunque se les impidió llegar al zócalo (RODH 2005, p. 163). El 15 de diciembre policías estatales disolvieron violentamente la manifestación de ecologistas que protestaban por la privatización del agua, la comercialización de la cultura y el alza al transporte urbano. El 21 de diciembre de 2005, agentes de la UPOE reprimieron al Sindicato Único de Trabajadores del Colegio de Bachilleres del Estado de Oaxaca (COBAO) que pedían nivelación salarial, aguinaldo y recategorización (RODH 2005, p. 163).

¿Qué sucede cuando las comunidades al defender sus intereses trastocan los intereses caciquiles y el gobierno del estado observa que su control se debilita? Las organizaciones sociales intervienen para que las comunidades y rancherías sean atendidas en sus necesidades y las partidas presupuestales sean ejercidas por las comunidades.

Debido a la gestión social de las organizaciones y de los maestros en las comunidades, los pueblos comienzan a tener una fuerza cada vez más importante que choca con la política gubernamental. Una táctica de contención del movimiento popular muy utilizada por los caciques es la de provocar un zafarrancho o enfrentamiento en el que haya muertos o heridos, tras lo cual se culpa a la organización popular tanto del saldo sangriento como de agredir a la policía. De esta forma, los pueblos que se resisten a la política del cacique ponen los muertos, los heridos y los detenidos que, casualmente, siempre son los enemigos políticos del cacique y únicamente ellos. Los ayuntamientos populares agredidos se movilizan en protesta y, dado que estas comunidades suelen ser las mismas donde las organizaciones sociales tienen su trabajo político, las protestas sirven de pretexto al cacique y al aparato del Estado para agredir a los dirigentes populares, para matarlos o, cuando menos, encarcelarlos. Así se ven limitadas las libertades democráticas.

No termina allí la represión: el siguiente paso se da con el aparato de justicia cuando la Procuraduría General de Justicia del Estado criminaliza a los inocentes. A los integrantes del movimiento popular se les acusa de los crímenes cometidos por los partidarios del cacique, fabricándoles delitos que no cometieron y, sin importar que no haya pruebas, los jueces envían a los inocentes a la cárcel. De esta manera, el Estado maneja su estrategia de sometimiento del pueblo en dos momentos. Cuando la gente está en libertad, intimida a la población, la agrede, la aterroriza, hiere, mata y detiene a quienes considera sus opositores; cuando tiene ya detenidos en la cárcel, los tortura, intenta quebrarles su voluntad, los aísla enviándolos a cárceles lejanas, les fija fianzas excesivamente elevadas. De esta forma, la gente que intenta hacer valer sus derechos, suele tener como respuesta del gobierno la represión con la cárcel o el asesinato. El Estado opera como poder totalitario y dictatorial. En 2005 el gobierno de Ulises Ruiz tenía 26 presos políticos, 46 órdenes de aprehensión y ocho muertos.

La política de Ulises Ruiz ha sido la de impedir que haya participación popular en las decisiones que les afectan. Santo Domingo Teojomulco tenía 10 000 hectáreas en disputa con San Lorenzo Texmelucan. Ulises Ruiz elaboró un convenio en que Teojomulco cedía a San Lorenzo 6 500 hectáreas. No permitió que las comunidades se pusieran de acuerdo: "O firman, o firman". Los yacimientos más ricos en uranio están en el territorio que Teojomulco cedía. Lo que ocultaba con esta decisión es que se quería ubicar toda esa riqueza donde la pudiera controlar. Su forma de hacer política es autoritaria y racista.

Este tipo de respuesta fue la misma para todos los movimientos. Todos fueron golpeados y perseguidos. Por eso les urgía la unidad. El pueblo se cansó de ser perseguido. Así fueron surgiendo los polos de unidad o frentes unitarios como la Promotora por la Unidad Nacional en Contra del Neoliberalismo (PUNCN), que agrupa organizaciones sociales, y el Frente Sindical de Organizaciones Democráticas de Oaxaca (FSODO), que agrupa a sindicatos y otras expresiones sociales. Cuando el 14 de junio de 2006 son reprimidos los maestros, la sociedad entera se da cuenta de que es posible unificar todo el descontento de la población organizada y de la sociedad civil en una sola lucha en contra de los caciques y del gobierno represor y espurio.

2. EL MOVIMIENTO POPULAR

La Asamblea Popular de los Pueblos de Oaxaca (APPO) surge de manera explosiva como instrumento que permitió, por una parte, la unión de diversas organizaciones sociales en una causa común y, por otra, la incorporación del pueblo a la lucha, motivado por sus enojos ancestrales que fueron revividos por la administración de Ulises Ruiz cuando hizo de lado el bien común como propósito fundamental del buen gobierno, y dejó de atender los urgentes problemas que se le planteaban, haciendo manifiesta su absoluta falta de sensibilidad política.

Coyunturalmente fueron dos los detonantes que propiciaron condiciones para la rebeldía del pueblo: el primero que Ulises Ruiz utilizara la obra pública de manera contraria al sentir y a los intereses del pueblo con el solo propósito de enriquecerse, de desviar recursos a la campaña de Roberto Madrazo Pintado, candidato del PRI a la presidencia, y de beneficiar a una oligarquía con la que estableció compromisos políticos; el segundo, que enfrentara con una política represiva al movimiento popular como si fuera su peor enemigo.

Ante la movilización popular, el Estado utilizó la fuerza dentro de una estrategia de contrainsurgencia que, contrariamente a lo que pretendía, fortaleció de manera impresionante el movimiento que quería destruir. El gobierno de Ulises Ruiz, al profundizar la gravedad de sus crímenes, en flagrante violación a los derechos humanos, propició una insurgencia pacífica generalizada. La violencia innecesaria y desmedida del Estado sirvió como aglutinador para que los movimientos populares organizados se unieran en una causa común, y tuvo efecto de imán en los sectores populares no organizados que, al abrírseles el espacio para que participaran con su peso específico propio en las decisiones de toda la organización general, se unieron al movimiento y han sido heroicos en la lucha.

La APPO, con la fuerza que logró acumular, pudo haber derrocado al tirano; sin embargo, cuando éste logró que la Federación no sólo enviara su fuerza disuasiva sino que se involucrara en la represión –cometiendo gravísimas violaciones a los derechos humanos–, estableció un contubernio para golpear masiva y selectivamente el movimiento popular, criminalizar la protesta social y establecer un pacto de impunidad. Obligaron, de esta manera a la APPO a transitar a otra etapa de lucha en la que tuvo que replegarse ante la cantidad de órdenes de aprehensión, detenidos, lesionados, muertos y la secuela de amedrentamiento que ha producido el terrorismo de Estado, y exigir desde otras plataformas –la visita de observadores internacionales, de relatores de organismos de los sistemas regional y de Naciones Unidas, de un jurado popular, de presión internacional provocada por visitas a varios países en busca de solidaridad– la salida y juicio político de Ulises Ruiz, la excarcelación de los presos políticos, la cancelación de órdenes de aprehensión de ciudadanos y dirigentes del movimiento popular, la presentación con vida de los desaparecidos, la indemnización de los que fueron afectados por el terrorismo de Estado, la investigación de las violaciones a los derechos humanos y la sanción a quienes resulten responsables. La restauración, en fin, del estado de derecho.

El fortalecimiento del movimiento popular frente a los golpes que el Estado le propinó no se explica sin la experiencia organizativa y de lucha previa que ya tenían las organizaciones que formaron la APPO, y sin la participación entusiasta del pueblo que carecía de organización formal y que encontró en esta organización amplia mecanismos que le dieran cauce al descontento generalizado que las políticas antipopulares de Ulises Ruiz habían despertado en el grueso de la población.

La APPO desarrolló mecanismos de operación "basista"[1] que le posibilitaron aprovechar las condiciones de participación masiva en su estructura tanto de las organizaciones preexistentes como de la espontaneidad del pueblo que se fue integrando al movimiento. La estrategia de la APPO fortaleció la organización popular, al integrar a

---

[1] "Aspecto característico del movimiento magisterial es lo que algunos denominan la 'democracia basista' que incide en el tipo de liderazgo, la estructura y el funcionamiento interno" (Martínez Vázquez 2006, p.133).

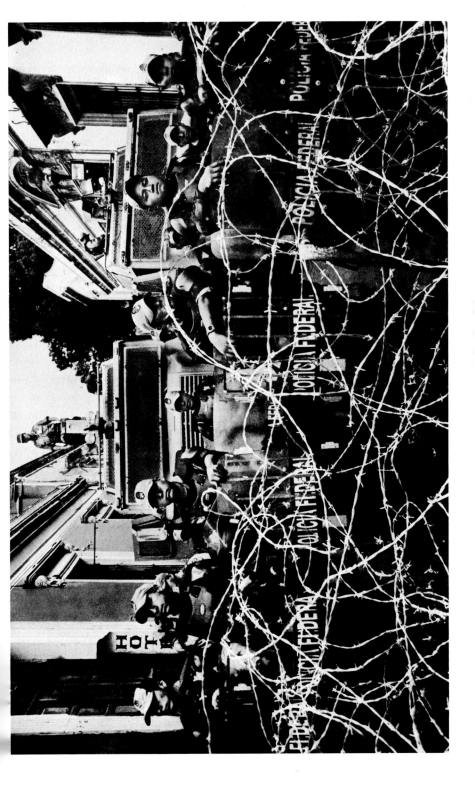

las organizaciones y al pueblo que se unió en su lucha, mediante mecanismos 1] que permitieron a los sectores organizados y emergentes la *expresión de sus ideas y sentimientos* –en marchas y medios de comunicación masiva–; 2] que posibilitaron la *integración masiva* de quien quisiera y pudiera hacerlo *en tareas de resistencia* de la APPO, desde acciones de inteligencia, hasta policía popular y hacerse cargo de las barricadas; 3] que posibilitaron las formas más variadas de *integración orgánica al movimiento* como comités –de barrio, de ejido, de sacristía, de sindicato, de sector, entre otros–; 4] que permitieron la *vinculación* de los participantes del movimiento como si fueran nodos de una estructura *reticular* entre las organizaciones que tenían la experiencia y las estructuras populares que surgían a raíz del movimiento; las primeras, constituidas por organizaciones gremiales, sindicales, indígenas y universitarias, tenían no sólo experiencia de lucha, sino también de resistencia al haber sido sistemáticamente golpeadas por el Estado; 5] que abrían *mecanismos de decisión* interpretando el sentir de las bases en asambleas, comités y consultas para tomar decisiones que interpretaban o intentaban interpretar el sentir de las bases.

LA HUELGA DEL MAGISTERIO Y EL PLANTÓN

El Comité Ejecutivo de la Sección 22 (CES-22) del SNTE se guía para su vida democrática por veinte "principios rectores"[2] y estable-

---

[2] Estas normas incluyen: "la no reelección de dirigentes; la participación de la base en las decisiones; la libre afiliación política; la rendición de cuentas a las bases; el rechazo a todo tipo de control político del Estado, los partidos o las corrientes ideológicas; la reivindicación de la democracia y la libertad sindical; el rechazo a la imposición, represión o corrupción de los dirigentes sindicales; el respeto a los derechos laborales, sindicales y profesionales de los trabajadores; la lucha por la democratización de la enseñanza en todos los niveles; la alianza con obreros y campesinos por sus reivindicaciones de clase; la Asamblea Estatal como máximo órgano sindical y el impulso a las coordinadoras delegacionales, sectoriales y regionales; la responsabilidad de la dirección en el fortalecimiento de la unidad dentro de la diversidad del movimiento y, finalmente, la revocabilidad de los dirigentes cuando no cumplieran con sus tareas o incurrieran en actos de corrupción, irresponsabilidad, negligencia o se dedicaran a labores contrarias al movimiento. Actualmente se pretende adicionar otros cuatro que tienen que ver con la cultura de los pueblos indios, la protección

ce como norma de cumplimiento obligatorio, no estipulada en los estatutos internos, convocar a mitad del periodo de gestión para el que fue electo a una asamblea interna llamada "prepleno democrático", con el objeto de evaluar, revisar y corregir la gestión sindical del CES-22. En el periodo 2004-2007, para el que Enrique Rueda fue electo secretario general, se tenía previsto realizar esta asamblea para diciembre de 2005. En esa ocasión los integrantes del seccional llegaron con dos posiciones tan confrontadas que se veía inminente un rompimiento. Un grupo minoritario solicitaba la destitución de Rueda alegando corrupción. Esta posición del grupo progubernamental formado por las corrientes políticas Frente Magisterial Primero de Mayo, Convergencia Magisterial Oaxaqueña (COMAO), y Coordinación de Bases estaba dirigida por líderes magisteriales que durante su gestión habían incurrido, al servicio del gobierno en turno, en las prácticas de corrupción que ahora denunciaban; mientras el grupo mayoritario proponía sanear las políticas corruptas del CES, pero se oponía a la destitución del secretario. El grupo pro gubernamental documentó ampliamente las corruptelas del CES en su funcionamiento interno. El motivo por el cual el sector mayoritario, democrático, se negaba a la destitución del secretario del CES era que, al destituirlo en una asamblea no estatutaria, se le daba injerencia para nombrar al interino al Comité Ejecutivo Nacional (CEN) del SNTE, en cuya dirección está Elba Esther Gordillo. Este sector planteaba que mediante controles más estrictos era posible erradicar la corrupción del secretario de la sección, y que era más difícil enfrentar una injerencia del CEN que, con su peso, podía condicionar el funcionamiento mismo de la sección, hacerles perder la autonomía y atentar contra la unidad y organización que habían ido construyendo desde 25 años atrás. Este conflicto no se logró resolver manteniendo la unidad de la sección y terminó en ruptura.[3] Esta crisis los hizo tomar la deci-

al medio ambiente, la equidad de género y los derechos humanos y de la niñez" (en Martínez 2007, pp. 54-55).

[3] Conforme a los principios rectores, se sanciona con la expulsión y revocación del cargo sindical, en caso de ser dirigente, si se incurre en indisciplina y prácticas claramente contrarias y por traición a la organización y unidad del movimiento. Los disidentes apoyados por la SNTE formaron, al salir, un Comité Central de Lu-

sión de convocar al Primer Congreso Político de la Sección 22 para definir las políticas que debían adoptar en temas cruciales, más allá de sus demandas laborales. La realización de dicho congreso quedó programada para abril de 2006. Enrique Rueda no fue destituido pero quedó muy condicionado en su gestión.

El 21 de marzo de 2006, el Frente Popular Revolucionario (FPR) realizó una movilización en Puerto Escondido y Santos Reyes Nopala que fue reprimida. Hubo presos, que obtuvieron su libertad con apoyo de movilizaciones del magisterio. Ulises Ruiz no quería movilizaciones, marchas ni plantones. Promovió una iniciativa de ley para criminalizar las manifestaciones públicas, pero no prosperó.

En abril de 2006, la Sección 22 realizó su Primer Congreso Político en el que, fundamentalmente 1] hizo un análisis coyuntural del gobierno de Ulises Ruiz hasta ese momento y evaluó el impacto negativo de la política del régimen; 2] definió el proyecto político de la Sección 22 y elaboró su plan de movilizaciones políticas, y 3] acordó sus resolutivos.

1] En cuanto a la evaluación de la política de Ulises Ruiz, el congreso lo caracterizó como gobierno autoritario y fascista que reprime y saquea el erario del estado. Se había dedicado a destruir las organizaciones políticas y sociales, así como a los opositores (autoridades y ayuntamientos populares), a detener dirigentes sociales, a desalojar plantones y contener las manifestaciones con violencia, a reprimir municipios autónomos que fueron continuamente hostigados como los de Oaxaca, Juchitán, Tequistepec, Amatitlán, Chazumba y Tacache de Minas, entre otros. A ese momento de su gestión se le contabilizaron "más de 600 detenidos, al menos 40 heridos, 33 procesados, 13 amenazados, 2 atentados, 10 asesinatos, 1 exiliado, todos ellos de organizaciones sociales y funcionarios municipales" (RODH 2005, p. 19). Estas cifras no consideraban los asesinatos no aclarados en contra de dirigentes municipales y la represión a las comunidades

cha (CCL), para vincularse con el CEN del SNTE y con el propio SNTE. Este CCL lo encabezan Humberto Alcalá Betanzos (ex secretario 1998-2001), Alejandro Leal Díaz (ex secretario 2001-2004), Erika Rapp Soto (del comité de finanzas de Enrique Rueda); Joaquín Echeverría Lara y Miguel Silva Silva que unificaron las corrientes gobiernistas.

indígenas. Desde su campaña Ulises Ruiz anunció que no permitiría plantones en el zócalo y que cancelaría permisos a las manifestaciones que entraran al centro. Amenazó con mano dura en contra de todos aquellos que infringieran la ley. Esto era su decir, ya que a sus aliados nunca los tocó, y a sus enemigos los reprimió aunque no violaran la ley. Su operador de la represión durante este periodo (los primeros quince meses de gobierno) fue Jorge Franco Vargas el Chucky.

Siguiendo el análisis que hacían los maestros, el gobernador motivó el repudio a su política al cambiar la fisonomía de la ciudad mediante una política de saqueo del erario y de patrimonialismo en beneficio propio. Con el pretexto de transformar la capital en una ciudad moderna, realizó varias obras públicas que adjudicó sin licitación a su familia. Destruyó la traza original del centro histórico que data del siglo XVI. El tradicional palacio de gobierno –que el pueblo respetaba como sede de gobierno– lo convirtió en salón de fiestas y en museo. Construyó un nuevo palacio de gobierno en un municipio conurbado "y transgredió la disposición constitucional de que la sede del Poder Ejecutivo debe residir en la capital del estado" (Sorroza 2006, p. 159). También reubicó las oficinas públicas sacándolas del centro. En el zócalo cambió la cantera verde por cemento. Levantó muros altos de lámina para que, mientras realizaba las obras, nadie pudiera ver lo que estaba haciendo. Otras obras que llevó a cabo con fuerte oposición ciudadana fueron la destrucción de la Plaza de la Danza, donde sustituyó la cantera verde por cemento; la afectación del Cerro del Fortín donde se ubica el Auditorio de la Guelaguetza; la destrucción de la famosa Fuente de las Siete Regiones, y las obras que realizó en el Paseo Juárez, mejor conocido como El Llano. Inició también un libramiento vial al norte de la ciudad que afecta los recursos naturales de la ciudad; amplió la terminal de la ADO cediendo espacios públicos en el histórico barrio de Jalatlaco, e instaló parquímetros en el centro de la ciudad, mientras que dejó de atender necesidades básicas como la escasez de agua en varias zonas. En cuanto a las obras para modificar el Jardín Conzatti, los vecinos se opusieron tenazmente y con éxito a que se realizaran. Con esta obra pública Ulises Ruiz buscaba cumplir sus compromisos la iniciativa privada, desviar dinero a la campaña de Roberto Madrazo y embolsarse él y su familia muchos millones.

2] En cuanto a las políticas que la Sección 22 debía de implementar, el Congreso acordó operar un modelo de educación alternativo, vincularse con la sociedad haciendo eco a sus demandas, incluyendo en el pliego petitorio solicitudes de libros, uniformes escolares, zapatos, desayunos gratuitos, becas para los hijos de las familias más pobres y materiales para alumnos de escasos recursos.

3] Entre sus resolutivos, la Sección 22 llega a dos conclusiones: que debía denunciar la política antipopular de Ulises Ruiz exigiendo la destitución de Jorge Franco Vargas y fortalecer la unidad con las organizaciones del movimiento popular en acciones de lucha concertadas.

En razón de estas políticas se explica cómo la Sección 22 no llegó sola al plantón del 22 de mayo –pues había logrado consolidar su política de alianza con el Frente Sindical de Organizaciones Democráticas de Oaxaca (FSODO) y con la Promotora por la Unidad Nacional en Contra del Neoliberalismo (PUNCN)–, y también explica cómo la represión de Ulises Ruiz el 14 de junio afectó a muchos sectores del movimiento popular.

El 1º de mayo de 2006, como ya era una práctica establecida cada año, la Sección 22 lanza su emplazamiento a huelga para el día 15. El magisterio presentaba 17 demandas, la principal era la rezonificación salarial por vida cara, mejora de la infraestructura educativa, y nivelación del salario con el costo de vida.

Por su parte, la administración de Ulises Ruiz, en lugar de establecer una política de acercamiento y negociación con el sindicato, emprendió una serie de acciones dirigidas a impedir, a cualquier costo, la realización de la huelga y lograr el retorno a clases sin haber negociado ninguna respuesta en beneficio del movimiento magisterial. Tradicionalmente se instalaba una mesa de diálogo y negociación; sin embargo, el gobierno del estado se negó a dialogar y cerró todos los cauces de negociación. Su respuesta la mandó en una carta en la que señalaba que esas demandas no las podía atender, que el magisterio las debía tratar con la Federación y no con el estado. Mientras tanto Ulises Ruiz se paseaba en giras internacionales. Despreció, desestimó, minimizó, hizo oídos sordos, no atendió el conflicto magisterial. Actuó con indiferencia y prepotencia, como si no fueran justos los reclamos de los maestros democráticos. Respondió, a través del secretario general de Gobierno Jorge Franco: "Háganle como quieran, el estado está preparado para todo".

A los pocos días del emplazamiento el gobierno del estado inició una campaña mediática de odio para desprestigiar al magisterio, quitarle el soporte del pueblo, confrontarlo con la sociedad, fomentar el repudio a la huelga y terminar con el movimiento. "El 13 de mayo de 2006 inicia una campaña contra las reivindicaciones magisteriales por parte de la Asociación Estatal de Padres de Familia (AEPF), mediante anuncios de radio y televisión en los medios oficiales" (Osorno, p. 279). Amenazaba a los huelguistas a través de los medios masivos, difundiendo que si no regresaban a trabajar les iban a retirar sus salarios y a cesar laboralmente. Calificaba a los maestros de ladrones, flojos y delincuentes, de vándalos y saqueadores de comercios, de paralizar las calles y de robarse el centro de la ciudad, de ganar demasiado dinero por el trabajo que hacían. No sólo los contenidos de la campaña, sino también los procedimientos utilizados por el gobernador eran indebidos. Utilizaba niños para lanzar mensajes en contra del magisterio. En uno de ellos "un grupo de niños desafiaba a sus maestros gritándoles: 'Maestro al salón / no al plantón'; en otros, los niños los acusaban de revoltosos" (Martínez 2007, p. 61). Efraín Morales Sánchez era quien firmaba la campaña como presidente de la AEPF, organismo que supuestamente pagaba los anuncios en radio y televisión y no tenía representación alguna de los padres de familia. El alto costo de la campaña, que incluía a Televisa y a Televisión Azteca, evidenciaba que estaba financiada por el gobierno del estado a través de esa organización fantasma. El propio Ulises Ruiz declaró en el noticiero de la televisión que había sido asesorado por Pablo Salazar Mendiguchía, el ex gobernador de Chiapas, para terminar con la combatividad del magisterio democrático de Oaxaca, con su lucha histórica y sus conquistas laborales y sociales.

El 15 de mayo –día del maestro– dio inicio la lucha magisterial con una marcha. El emplazamiento a huelga se difirió una semana.

La Sección 22 estaba inquieta por los resultados de esta campaña y le preocupaba que la gente le diera la espalda. En esa circunstancia decidieron ser particularmente cuidadosos de no afectar a la ciudadanía con el cierre de las calles.

Ante la falta de negociación, la huelga estalló el 22 de mayo, la fecha prevista, e involucró a varias organizaciones sociales que se unieron de manera solidaria en la ocupación del Centro Histórico. El plantón cubría unas cincuenta cuadras del centro de la ciudad de Oaxaca con 70 mil trabajadores en demanda de solución al pliego petitorio. Había la necesidad, en todos, de unificar el movimiento. Al plantón de los maestros se habían unido organizaciones indígenas, sindicales, sociales, campesinas y estudiantiles. Por una parte, el magisterio incorporó a sus demandas otros requerimientos sociales como becas, uniformes y calzado gratuitos para los alumnos, desayunos escolares y demandas populares y específicas de las organizaciones participantes. Por otra parte, las organizaciones populares tenían ya claro que no podían resolver, cada una de ellas por sí mismas, los problemas políticos que enfrentaban, tales como las demandas de las comunidades, la solución de los agravios, la liberación de los presos políticos y la cancelación de las órdenes de aprehensión en contra de sus dirigentes.

Las agresiones y los asesinatos continuaban: El 6 de mayo las autoridades triquis de Yosoyuxi, Copala, fueron emboscadas. Mataron al suplente del presidente municipal Adrián Bautista de Jesús e hirieron gravemente al secretario municipal Jorge Albino Ortiz. El 20 de mayo asesinaron a Heriberto Ramírez Merino, hijo de uno de los líderes comunales de Agua Fría Copala; el 22, maestros de la costa fueron agredidos a balazos por patrulleros del municipio de Santa Cruz Amilpas, cuando retiraban propaganda electoral, y el 23 de mayo emboscaron y asesinaron al joven Albino Fuentes Martínez, por ser hijo de un activista triqui de derechos humanos. El 25 de mayo policías municipales de Santa Cruz Amilpas balacearon a maestros brigadistas que quitaban propaganda electoral, lo que determinó que se rompiera el diálogo entre el magisterio y el gobierno estatal.

Además del plantón en el centro de la ciudad, el magisterio realizó dos marchas, una el 2 de junio y otra el 7 que ya daban cuenta de la fortaleza del movimiento: en la primera participaron entre 80 y 100 mil manifestantes y cinco días después 200 mil. También se movilizaron realizando actos de boicot a las campañas, quitando propaganda electoral. Una herramienta que probó ser estratégica fue la utilización de la radio, al inicio con Radio Plantón (92.1 de FM), que la Sección 22 venía utilizando desde el 23 de mayo de 2005 para difundir programación cultural y educativa. Ante la guerra mediática que Ulises Ruiz emprendió en contra del movimiento, la Sección 22 modificó la barra de programación para dar a conocer su lucha. Comenzó por abrir los micrófonos al pueblo para que expresara su opinión.

Durante esa primera semana de huelga, "el 24 de mayo por la noche... se reunieron en casa del gobernador: Enrique Rueda Pacheco, Alma Delia Santiago Díaz, el director general del IEEPO, y el propio gobernador del estado para afinar el documento que serviría de respuesta a las demandas planteadas por el magisterio.[4] El 25 de mayo se realizó la entrevista entre la Comisión Negociadora Ampliada y el gobernador del estado y parte de su gabinete" (Hernández Ruiz 2006, p. 120). Ese día el magisterio reinició sus protestas, se rompieron las negociaciones y el gobierno instrumentó otras acciones a fin de desarticular la huelga. Primero intentó que fueran sancionados los huelguistas por la vía administrativa; luego siguió por la vía política municipal, a ello siguió la solicitud del Congreso del estado para solicitar la fuerza pública federal. Cuando la solicitud fue denegada, Ulises Ruiz recurrió a la policía que él tenía a su disposición.

Una segunda estrategia, después de la mediática, para acabar con el movimiento magisterial fue *por la vía administrativa*. En 1992 en tiempos del gobernador Heladio Ramírez en el marco de la descentralización de los servicios educativos, la Sección 22 negoció y logró que varios puestos administrativos en el IEEPO fueran ocupados, como parte de la estructura de la SEP en el estado, por personal designado por el sindicato y por gente de base. Así, los puestos medios de educación básica y de normales del instituto que tienen relación

[4] Comunicación personal del ingeniero Emilio Mendoza Kaplan, director general del IEEPO.

directa con las funciones de control en educación prescolar, primarias, secundarias y normales están en manos del sindicato que nombra estos funcionarios.[5] El 29 de mayo el gobierno del estado pidió al instituto que sancionara a los huelguistas para que regresaran a clases. Obtuvo respuesta negativa ya que estos cuadros medios del IEEPO también forman parte del sindicato y reconocían como propias las demandas por las que luchaba el magisterio. Además, reconocían la huelga como un acto legítimo de los trabajadores. Por tal motivo, el gobernador destituyó a los jefes de departamento y de área que protegieron al magisterio. Ese día los maestros bloquean la carretera Ciudad Alemán–Puerto Ángel, municipio de Santa María Coyotepec, y un contingente de unos "treinta mil maestros, según Enrique Rueda Pacheco, se reúnen frente a la Procuraduría General de Justicia para exigir la cancelación de 15 órdenes de aprehensión contra miembros del movimiento magisterial" (CCIODH 2007, p. 270).

El miércoles 31 de mayo Ulises Ruiz pone un ultimátum al magisterio que el siguiente lunes 5 de junio regrese a clases y, además, le aplica reducciones y descuentos salariales. Ese día "el magisterio bloqueó las gasolineras y retiró las bases de los parquímetros y los tubulares que obstruían la entrada a las calles del centro histórico, los restos fueron depositados frente al ex Palacio de Gobierno" (Martínez 2007, p. 62).

El 1º de junio "el Congreso del Estado aprueba un punto de acuerdo para exigir al magisterio que los maestros regresen a clase y caso contrario se les apliquen sanciones y se pida la intervención de la fuerza pública nacional para desalojarlos" (Martínez 2007b, p. 1). Los maestros bloquean los accesos al Aeropuerto Internacional Benito Juárez y al día siguiente se suman al movimiento magisterial diversas organizaciones sociales que se dirigen a Oaxaca con un contingente de entre cincuenta y ochenta mil personas para apoyar las demandas del magisterio, para expresar su rechazo al gobierno

[5] "La selección y nombramiento futuro de funcionarios del Instituto Estatal de Educación Pública, como resultado de las propuestas de la representación sindical, serán respetados en la forma y términos acordados con antelación, aun cuando cambie la estructura orgánica del instituto" (Minuta de Acuerdo firmada entre el gobierno del estado y la Sección 22 del SNTE, Oaxaca, el 28/10/92).

represor de Ulises Ruiz y para exigir la liberación de "por lo menos 40 presos políticos encarcelados desde 2004 a la fecha, originarios de los municipios de Santiago Xanica, San Juan Lalana y San Blas Atempa, entre otros" (CCIODH 2007, p. 270).

A partir de que estalló la huelga, la primera mega marcha que se realizó fue la del 2 de junio en la que participaron cien mil personas. Al magisterio se le sumaron organizaciones sociales, sindicatos y padres de familia. Ahí surgió la iniciativa de mantener acuerpada a la gente, formar una Asamblea Popular-Magisterial para denunciar lo que había sucedido y para dar respuesta tanto a las demandas del movimiento popular como a las del magisterial. La respuesta del Estado fue de intransigencia.[6]

El 6 de junio se realizó una jornada de presión que incluía el bloqueo de la central de Pemex e impedir el cobro de peaje en la autopista, permitiendo el libre tránsito de vehículos. El 7 de junio se realiza la segunda mega marcha en la que participaron entre 120 y 200 mil manifestantes, con la presencia de ocho secciones sindicales y organizaciones de la sociedad civil, que concluye con un juicio político popular al gobernador Ulises Ruiz en el que se recibieron denuncias de agravios durante siete horas por parte de autoridades municipales, autoridades indígenas, grupos ecologistas, colonias y organismos no gubernamentales. Se convoca a la tercera mega marcha para el 16 de junio.

Cuando al gobernador no le funcionó el procedimiento administrativo, modificó su estrategia para detener el movimiento por la vía

---

[6] "Los empresarios adheridos a la COPARMEX demandaron que se les descuenten a los maestros los días que no han trabajado y el retiro de los 60 millones de pesos que ofreció el gobierno del estado. Por la noche las estaciones de radio y el canal 9 perteneciente al estado, difundieron un spot del gobernador Ulises Ruiz en el que advertía a los profesores que tenían de plazo hasta el lunes 5 para presentarse a las aulas o de lo contrario se descontarían días por ausencia. Los días 3 y 4 de junio, durante el fin de semana, se nota presencia policiaca en el plantón y corre el rumor de un desalojo. Las mujeres con hijos son protegidas en la escuela Basilio Rojas, ubicada a dos cuadras del zócalo, ante el rumor de la llegada de la Policía Federal Preventiva. 4 de junio: El gobernador señala que si los maestros no aceptan los 60 millones de pesos que les ofrece para la rezonificación 'los recursos liberados se van a destinar a infraestructura educativa y a un fondo para estimular la excelencia académica'" (Martínez 2007b, p. 1).

municipal. Quiso presionar a los maestros de la Sección 22 a través de los presidentes municipales. El 2 de junio convocó a los 570 ediles a una reunión a la que asistieron cerca de 110. Estuvo controlada por la mayoría del PRI. Les planteó que si antes de una fecha establecida no regresaban a clases, los presidentes municipales ya no recibirían a los maestros faltistas en sus municipios y contratarían en su lugar a otros. La propuesta de Ulises Ruiz fue más lejos: formó una Coordinadora Estatal en favor de la Educación y les planteó municipalizar este servicio.[7] Tal proyecto ya lo había intentado realizar Murat desde el congreso, pero tuvo que frenar la ley debido a la movilización de los maestros.[8] Muchos presidentes municipales, desde que fueron convocados, no estaban de acuerdo en hacer suyo el problema del gobierno del estado; la mayoría de los municipios son pobres, por lo que no les convenía asumir el pago de la educación. Así que terminaron por rechazar mayoritariamente la propuesta.

Por parte del magisterio, el 8 de junio "la Comisión Negociadora Ampliada viaja a la ciudad de México para solicitar una entrevista con el secretario de Gobernación, Carlos Abascal Carranza, a quien se le pide mediar con el gobernador Ulises Ruiz para buscar solución al conflicto" (CCIODH 2007, p. 271). El funcionario se niega a recibirlos.

Cuando las medidas municipales tampoco prosperaron para sancionar a los maestros, el gobernador decidió utilizar el aparato jurídico del estado y emplear la fuerza pública. El 9 de junio la PGR integró una averiguación previa por la ocupación del aeropuerto Benito Juárez, y la Procuraduría del estado abrió causas penales en contra de los dirigentes del movimiento popular, por supuestos actos vandálicos (Martínez 2007b, p. 2). En cuanto al empleo de la fuerza pública Ulises Ruiz se movió en dos direcciones: por un lado, tomando previsiones para usar él mismo la fuerza y, por otro, solicitando la

---

[7] "La reunión se llevó a cabo en el palacio municipal de San Raymundo Jalpan, encabezada por Salvador Osorio Saucillo, de Santa Catarina Tayata; Antonio Amaro Cancino, de Acatlán; de Pérez Figueroa, y Saulo Chávez Alvarado, de El Espinal" (Hernández Ruiz 2006, p. 121).

[8] La propuesta de municipalizar la educación es del Banco Mundial, con la idea de que los padres de familia aporten al servicio como un primer paso para privatizarlo.

intervención federal. A partir del emplazamiento a huelga, destinó millones de pesos a la compra de armamento de pertrecho para la policía y armamento no registrado en el mercado clandestino, sin importar el alto precio, mientras que solicitó al congreso del estado que requiriera el uso de la Fuerza Pública Federal. El diputado presidente del Congreso local del Estado de Oaxaca de la LIX Legislatura, Bulmaro Rito Salinas, promovió este requerimiento y en sesión extraordinaria del 13 de junio obtuvo la autorización en el Congreso Local.[9] La solicitud fue aprobada con el apoyo de los legisladores de todas las fracciones parlamentarias de los partidos políticos, incluido el PRD, y llevada a Los Pinos, donde fue denegada por el gobierno federal.

En Oaxaca hay distintos tipos de policía, incluyendo la ministerial, la preventiva, la municipal, las de operación especial y los cuerpos de élite: la policía ministerial y su Unidad Ministerial de Intervención Táctica (UMIT), de la PGJ; agentes de la policía preventiva y su Unidad Policial de Operaciones Especiales (UPOE) del estado; así como las Fuerzas Especiales Policiales de Acción y Reacción Directa (FEPARD).

El órgano encargado de proporcionar seguridad pública en el estado es la Dirección de Seguridad Pública, de la Secretaría de Protección Ciudadana, y se rige por la Ley de Seguridad Pública para el estado de Oaxaca... [En 2005] el estado contaba con 14 delegaciones de seguridad pública, 87 partidas de policías, 27 destacamentos de reclusorios, 6 bases de operaciones mixtas, 5 módulos de seguridad en el área metropolitana de la ciudad de Oaxaca, 17 módulos de seguridad pública y 6 casetas de revisión de taxis. Por otra parte cabe mencionar que las corporaciones que integraban la policía del estado eran: Policía Juvenil, Escuadrón de Motopatrullas, Unidad Especial de Operaciones Especiales (UPOE), con bases en Oaxaca de Juárez, Istmo y Papaloapan, Policía Turística Estatal, Policía Turística Informativa, Grupo Salvavidas, H. Cuerpo de Bomberos del Estado y Unidad Canina (RODH 2005, p. 37).

[9] Que "los órganos de seguridad pública nacional, en el ámbito de su competencia procedan sin dilación a desalojar las vías públicas y las instalaciones federales, estableciendo la protección que impida futuros atentados". Punto de acuerdo del 1º de junio de la LIX Legislatura del estado

Veinte de los 570 municipios tenían policía registrada, sin embargo la norma de selección, capacitación y manejo profesional distaba mucho de ser aceptable en éstas, como en las policías del estado. Sólo la policía municipal de Oaxaca, al mando de Aristeo López Martínez, llevaba acumuladas en 2005 más de 60 denuncias; la de Tehuantepec acumuló 113 quejas en el mismo periodo. En cuanto al sistema penitenciario, el estado contaba con 30 reclusorios, 14 regionales y 13 distritales, un femenil y un siquiátrico (RODH 2005, pp. 39, 40).

Sin el apoyo de la policía federal, Ulises Ruiz decidió desalojar el plantón del centro de la ciudad, mediante la represión con su policía. Se trata de la primera ocasión –en tiempos recientes– en que la policía se utilizó contra el movimiento magisterial. La amenaza de desalojo había sido un rumor recurrente. Muy pocos lo tomaban en serio. El sábado 13, la víspera del desalojo, los rumores se incrementaron y, con ello, el nerviosismo de quienes estaban allí apostados. Por la tarde Ulises Ruiz acuarteló a todos los policías, muchos de los cuales se comunicaron con sus familias, que a su vez informaron a la sección de estos movimientos. Los maestros disponían de rondines para patrullar la ciudad y verificaron dónde estaban acuartelados aquéllos.

Pese a ello, los maestros no creyeron que el gobierno desataría una agresión tan salvaje y excesiva como la que sufrieron. El domingo 14 de junio a las 4:00 de la madrugada inició el desalojo del plantón.

Cuando la mayoría de ellos se encontraba durmiendo en las lonas colocadas en la zona del plantón, los elementos policiacos irrumpieron sin previo aviso, lanzando granadas de gas lacrimógeno y golpeándolos..., empezaron a lanzar indiscriminadamente cilindros contenedores de gas lacrimógeno a los lugares en los que se encontraban los manifestantes, tomándolos totalmente desprevenidos y agrediéndolos de manera desproporcionada respecto del fin que se perseguía.[10]

Tres mil elementos de la policía (setecientos setenta elementos de línea de la policía preventiva del estado, divididos en siete grupos,

[10] Observaciones. Libertad de expresión en la Recomendación 15/2007 CNDH.

conforme al Informe Especial de la CNDH), incluyendo la Unidad Policial de Operaciones Especiales (UPOE), la Unidad Canina, el Grupo de Operaciones Especiales del Ayuntamiento (GOE), la Policía Auxiliar Bancaria y Comercial (PABIC), la Policía Municipal y la Policía Juvenil, incursionaron armados, lanzando gases y haciendo uso excesivo e innecesario de la fuerza, sin mediar diálogo ni advertencia, para desalojar el plantón. Estos elementos reprimieron de manera brutal no sólo a la Sección 22, sino a todas las organizaciones populares que la acompañaban de manera solidaria.

Hubo funcionarios del gobierno de Ulises Ruiz que se hospedaron en el hotel Marqués del Valle en habitaciones que daban a la calle donde estaba el plantón y desde las ventanas, cuando entró la policía, estuvieron aventando granadas con gas. Una de éstas le cayó a un niño y le abrió el pecho. Cuando los maestros detectaron de dónde venían esas granadas exigieron a la administración del hotel que les permitiera registrar los cuartos y en dos de ellos encontraron maletas con granadas de gas que fueron "decomisadas". En la habitación 206 detuvieron a Javier López López y Gerardo Ballinas, funcionarios de la COPLADE (Osorno, p. 34).

También desde un helicóptero privado matrícula XAUCJ tiraban granadas de gases, de manera indiscriminada, a la gente que andaba en las calles, al igual que a las viviendas. El gas ardía, ahogaba, no dejaba ver. La gente salía entonces de sus casas porque no aguantaba el gas. Los niños lloraban y gritaban en pánico. Afectaron a toda la población del centro. Afectaron "a los huéspedes de los hoteles que salieron despavoridos de Oaxaca ese mismo día" (Martínez 2006, p. 143).

Los rifles para las bombas de balas de gas lacrimógeno no iban dirigidas al piso como debe ser para que se deslicen las granadas, sino que iban dirigidas a las personas que ahí se encontraban... mujeres, niños, ancianos, durmiendo... fue una represión brutal, salvaje... los niños que estaban acostados por el piso eran pateados. Compañeras que se metieron a las escuelas para resguardarse, los policías llegaron y... las violaron (testimonio 325, CCIODH 2007, p. 60).

Los maestros se replegaron a las escuelas. Radio Plantón informó de este ataque y convocó a toda la población a defender a los maestros. Un contingente de la policía fue enviado entonces al edificio del sindicato donde estaba Radio Plantón, destruyó el equipo, decomisó lo que quedó de la radio, golpeó y detuvo a 13 personas que encontró en el lugar.[11] "Las carpas y tiendas de campaña fueron destruidas por los policías y luego quemadas en grandes hogueras en el zócalo de la ciudad. La policía parecía que había logrado su objetivo y se posesionaba del Centro Histórico de la capital de Oaxaca" (Martínez 2007, p. 67). Pero lo que creían que era su victoria se convirtió en derrota. La gente de la ciudad se movilizó en una reacción rápida de reagrupamiento y encerraron a la policía. El magisterio, con apoyo del pueblo que salió espontáneamente a defender a los maestros, recuperó sus posiciones en el plantón del Centro a las 9:30 de la mañana de ese mismo día. Y la policía salió huyendo. Fue una jornada de violencia.

Una mujer policía resultó con lesiones, mientras que otros tres policías fueron retenidos por los maestros, entre ellos el subcomandante operativo de la Policía Ministerial, Margarito López Aragón. Los hospitales y clínicas de la capital reportaron 92 lesionados por el operativo del desalojo, incluyendo maestros, policías y niños. La CNDH reportó 104 personas lesionadas, entre policías, manifestantes y civiles.

> Los hospitales y clínicas de esta capital atienden a noventa y dos lesionados maestros, policías y niños por el operativo del desalojo. Dos maestros y un estudiante se reportan heridos de gravedad; dos mujeres abortan[12] y el Hospital Civil atiende a dos lesionados de bala (CCIODH 2007, p. 271).

---

[11] Entre los detenidos estaba Eduardo Castellanos Morales, el Güero, y algunas maestras con hijos pequeños incluyendo recién nacidos.

[12] El 14 de junio "me tocó ver uno de los dos abortos que allí se sucedieron" (Testimonio 60, CCIODH 2007, p. 119). "Al ver los granaderos que viene la compañera les importa poco, la tiran y la arrojan al suelo y la empiezan a pisotear. Desgraciadamente la compañera estaba embarazada. Ese paso de los granaderos por encima del cuerpo de la compañera hace que aborte la compañera su bebé" (Testimonio 260, CCIODH 2007, p. 119). En el ISSSTE abortó una profesora embarazada, a causa de la intoxicación con gases lacrimógenos (Martínez 2007b, p. 2).

El director del Hospital General se negó a que se les brindara atención a los profesores el 14 de junio; incluso cerró las puertas. El ISSSTE atendió a un joven de 23 años de nombre Daniel quien fue herido en un ojo por una granada de gas (Martínez 2007b, p. 2).

Al término de la jornada la policía tenía muchos detenidos, que fueron llevados a lugares clandestinos como desaparecidos, sin que nadie diera razón de ellos hasta el tercer día. Eran los maestros detenidos en el edificio sindical que estaban a cargo de Radio Plantón y un maestro que se les enfrentó con un microbús que tomó. A todos ellos les vendaban los ojos, los torturaban, les exigían información, los trasladaban de un lugar a otro tirados en el piso del vehículo y vendados. Los torturaron sicológicamente diciéndoles que ya habían matado a algunos de sus familiares, que ya tenían en su poder a sus hijos. Finalmente los presentaron en la cárcel de Cuicatlán, distante de la ciudad de Oaxaca, tres o cuatro horas. La CNDH registró 10 detenidos.[13]

Por su parte, los maestros tenían en su poder al funcionario de CO-PLADE y a tres comandantes de la policía, a los que retuvieron desde las 8:00 del día 14 hasta las 15:00 horas del día 15, cuando hubo un primer intercambio de rehenes a través de la Cruz Roja. Cuatro días después, la policía entregó 14 profesores que tenía detenidos y suspendió, sin cancelar, la orden de aprehensión de otros 25. Los maestros, por su parte, liberaron a seis policías, a dos supuestos agentes de inteligencia, y al funcionario de la COPLADE que tenían en su poder. Ulises Ruiz, al igual que la prensa, mintió diciendo que hubo un "saldo blanco" [sic], y aceptó pagar los daños de la estación de Radio Plantón que fue destrozada, así como del mobiliario del edificio de la seccional.

Después del 14 de junio de 2006, cuando Ulises Ruiz utilizó a todas las policías del estado para reprimir con exceso de violencia a los plantonistas que estaban dormidos en familia, gran parte de la policía de carrera, tanto ministerial como preventiva y de grupos de élite, desertó. Se fueron a otros empleos provisionales o de migrantes. No querían participar en la masacre del pueblo.

---

[13] Eduardo Castellanos Morales, Marcelino Esteban Velásquez, Robert Gasca Pérez, Wenceslao Nava Casimiro, Roger Navarro García, César Pérez Hernández, Hugo Raymundo Cross, Acelo Ruiz Nava, Wildebaldo Sánchez Reyes y Martiniano Velasco Ojeda.

Ulises Ruiz contrató a ex militares con entrenamiento *kaibil*,[14] entrenados en técnicas contrainsurgentes para actuar de la manera más salvaje, como mandos de su policía en Oaxaca, lo que denota el carácter bestial que quiso darle a la institución de la policía, así como la forma de reprimir la lucha cívica, en contradicción completa con la normativa constitucional de respeto al derecho de los ciudadanos.

Ante las deserciones, las corporaciones de la policía contrataron a ex policías, a soldados, a comandantes y oficiales que conocen el manejo de armas y están entrenados para actuar con disciplina militar, lo mismo que a porros y a ex convictos del penal central de Oaxaca, Ixcotel, que fueron liberados a cambio de atacar a los líderes del movimiento. Adicionalmente, el gobernador contrató a sicarios (nombre genérico para referirnos a porros, madrinas, gente violenta de partidos políticos o sindicatos) que, sin ingresar a las corporaciones, fueron contratados y utilizados por el Estado para infiltrar, controlar y reprimir movimientos sociales y, en general, para actuar en actos ilegales, delictivos y criminales en contubernio con los cuerpos policiacos y de las procuradurías de justicia. Algunos fueron contratados en las cárceles o a cambio de su libertad y de impunidad en los crímenes que cometieran.

A partir de ese momento dejan de existir las corporaciones policiacas y toman forma los grupos parapoliciacos y paramilitares. Por un lado los grupos parapoliciacos encabezados abiertamente por los mandos medios y por otro lado los grupos paramilitares y sicarios

---

[14] El cuerpo especial del ejército guatemalteco, que integró la sección de los *kaibiles* fue utilizado para acabar con la guerrilla. Se sabe que su entrenamiento es extremo: sobrevivencia en la selva y otros escenarios particularmente difíciles. Han sido adoctrinados fuertemente, al grado de fanatizarlos en contra de los enemigos de la sociedad —o sea, todo el que se oponga a los gobiernos "legales". Se caracterizan por su crueldad. Se han documentado incursiones en poblados en las que se exterminó sin compasión a hombres, mujeres y niños, luego de aplicarles torturas atroces. Con un cuchillo singular, cortaban la cabeza de sus víctimas y bebían su sangre o se la untaban en el cuerpo. Así salían a recorrer los poblados para infundir terror. Con sus manos sacaban el corazón de sus "enemigos" y lo comían. Fueron *kaibiles* quienes, en más de una ocasión, abrieron el vientre a embarazadas, para arrancarles el producto y tirarlo al suelo. También azotaban a los recién nacidos contra las piedras.

que se alimentaban de la parte más corrupta y descompuesta de las corporaciones que tienen que ver con el narcomenudeo, con los porros que controlan la universidad, con los grupos de delincuentes en las colonias... De ahí se alimentaron los grupos parapoliciacos y los sicarios... y hay testimonios públicos incluso de ellos (Testimonio 5, CCIODH, p. 62).

Por el lado del pueblo, los familiares de los maestros y los alumnos estaban preocupados por lo que les sucedía a los maestros. Ese día 14, por la mañana, el pueblo mostró su solidaridad llevándoles comida, cobijas, dinero. Se organizaron colonias, barrios, iglesias, comités de escuela para el apoyo. Del mercado les llevaron cajas de fruta y diversos víveres como donación.

"Si permitimos que toquen a los maestros, que forman el sindicato más fuerte, ¿qué nos espera a los que no estamos organizados y no sabemos cómo defendernos?" "El pueblo ya no se va a dejar" "Si a ellos los tocan, entonces el gobierno nos va a conocer." Fueron algunas de las expresiones que los ciudadanos trasmitieron por la radio.

Por el lado de los maestros había mucho temor de que la policía regresara ese día mejor pertrechada. Y, en efecto, así fue. Se supo que les dieron la orden de regresar ese mismo día a las 14:00 horas, pero hubo una rebelión policiaca y muchos comenzaron a desertar con el argumento de que no se irían otra vez en contra del pueblo.[15] La noche del 14 al 15 de junio, los maestros ya no se quedaron en plantón, sino que se fueron a pernoctar a las escuelas. Así pasaron cuatro días hasta que la asamblea decidió regresar al centro.

El día 14, los estudiantes de la Unión de la Juventud Revolucionaria de México, (UJRM) del Frente Popular Revolucionario, tomaron pacíficamente Radio Universidad para que la utilizaran los maestros, ya que el gobierno les había decomisado Radio Plantón, su me-

---

[15] "La policía se había tenido que acuartelar en las inmediaciones del mercado de abastos, hasta donde llegaba, desorbitado, Jorge Franco Vargas para ordenar que los efectivos, molidos a golpes, cansados y humillados, regresaran al zócalo. Nadie volvió a hacerle caso al amigo de Ulises Ruiz. Ni los jefes policiacos ni el propio gobernador. Hasta Adolfo Toledo, habitualmente sereno, lo encaró diciéndole: 'Estás pendejo... ¿cómo quieres que regresen? Ya nos chingaron'." (Osorno, p. 34)

dio de comunicación, y la barra programática de Radio Universidad era entonces poco escuchada. Cuando esta iniciativa se concretó, se reanudó desde allí la programación. Durante el movimiento popular Radio Universidad se anunciaba como "Radio Universidad, la radio de la verdad", o "Radio Universidad, la radio del pueblo de Oaxaca". El pueblo –incluyendo niños, ancianos y discapacitados– hacía filas durante horas para hablar en la radio, expresar lo que sentía y manifestar su enojo por lo que había pasado. Muchos llevaban preparada su poesía o canción alusiva a lo que querían que se recordara. Radio Universidad estuvo en manos del movimiento desde el 15 de junio hasta el 8 de agosto que la sacaron del aire, como se reseñará en su momento, y luego nuevamente del 15 de octubre, que comenzó a retransmitir, al 29 de noviembre, cuando se tuvo que entregar.

La represión generó la demanda de renuncia al gobernador: "Fuera Ulises Ruiz". En la radio, la gente pasó lista de la mala gestión que el gobernador había tenido: la represión del 14 de junio, la destrucción del zócalo de la ciudad, la destrucción del cerro del Fortín, la destrucción de la fuente de las Siete Regiones, la destrucción de El Llano, la corrupción, el saqueo de recursos públicos, el desvío de recursos al PRI para la campaña de Roberto Madrazo. Se denunciaron los asesinatos políticos y los encarcelamientos, el desalojo de los ayuntamientos populares (San Blas Atempa, Jalapa del Marqués), la detención de dirigentes de organizaciones y autoridades ejidales y municipales, la protección del gobierno a los caciques, el ataque contra el *Diario Noticias* y la libertad de expresión, la venganza hacia opositores como Gabino Cué, el despojo de tierras y de recursos naturales a las comunidades, el enriquecimiento ilícito, el autoritarismo, abuso de poder, prepotencia y, lo último hasta entonces, el programa para instalar parquímetros concesionándolos a una empresa privada y, a la vez, utilizando empleados de tránsito municipal en beneficio de esa empresa. Habían adecuado el Reglamento de Tránsito Municipal sin que el pueblo lo supiera. En el cerro del Fortín se habían realizado obras que ponían en peligro a los colonos por derrumbes. Había una inconformidad generalizada. "En las regiones realizan tomas pacíficas de decenas de municipios" (CCIODH 2007, p. 271).

El 16 de junio, el pueblo se une a la lucha del magisterio en la tercera mega-marcha, en la que participan entre 250 mil y 500 mil manifestantes. A partir de ese momento se modifica el escenario de lucha. La Sección 22 del magisterio lanza la convocatoria para constituir con otros frentes populares la APPO, como "movimiento de movimientos" en el que participan, entre otros, los siguientes: Bloque Democrático Universitario, Colectivo por la Democracia, comunidades indígenas (16), Frente Sindical de Organizaciones Democráticas de Oaxaca (FS-ODO), La Otra Campaña-Oaxaca y Promotora por la Unidad Nacional en Contra del Neoliberalismo (PUNCN)-Oaxaca. Posteriormente se integrarían a nivel nacional, en torno de la solidaridad del movimiento social en un proceso de unidad, la Asamblea Popular de Pueblos de México (APPM), la Otra Campaña-nacional, y la Convención Nacional Democrática. Estaban sindicatos de trabajadores universitarios, de la salud, del IMSS, de Caminos y Puentes de Oaxaca; representaciones sindicales y campesinas, además de los 70 mil maestros.

La demanda principal pasó de gremial a ser política: exigir la intervención del secretario de Gobernación para destituir a Ulises Ruiz. Muchos agentes de la policía renunciaron a sus corporaciones porque no querían confrontarse con el movimiento popular, mientras, la gente que fue contratada para sustituirlos, en lugar de tener cualidades de policía, se distinguía por sus defectos: contrataron a gente sin principios éticos, enfermos mentales, con perfil de golpeadores e historial de criminales, dispuestos a seguir cometiendo crímenes. Se sabe de presos asesinos que fueron liberados con la consigna de asesinar a dirigentes de las organizaciones. La estrategia de Ulises Ruiz, al remover a Jorge Franco como secretario general de Gobierno y, en su lugar, nombrar a Heliodoro Díaz, fue la de operar una política de contrainsurgencia.

La Asamblea Popular del Pueblo de Oaxaca (APPO), que después sería de los Pueblos de Oaxaca (igualmente APPO), se constituyó en una instancia de decisiones conjuntas y unitarias del movimiento, como espacio permanente compartido por la Sección 22 y por las otras organizaciones. El 20 de junio se constituye la APPO con la consigna de "todo el poder al pueblo" y con dos demandas: la salida de Ulises Ruiz y cambios profundos para Oaxaca.

Ante el ascenso del clima de ingobernabilidad y autoritarismo que caracteriza la situación actual de nuestro estado, el aumento de crímenes políticos, el incremento de detenciones arbitrarias contra dirigentes sociales, el uso discrecional de recursos públicos, la interrupción de facto de las garantías constitucionales, la violación sistemática a los derechos humanos, la destrucción del patrimonio histórico, natural y cultural del estado, y el uso de la fuerza pública y la represión como únicas formas de resolver los problemas sociales de nuestro estado; y ante la necesidad de que el pueblo pueda ejercer el poder soberano que le corresponde, y la necesidad de fortalecer la lucha del pueblo de Oaxaca, el día de ayer, 17 de junio del presente año, con la asistencia de 365 representaciones de diversos sectores populares y de las siete regiones del Estado se constituye formalmente la Asamblea Popular del Pueblo de Oaxaca, la cual se reconoce como un espacio de decisión y lucha del pueblo, además de constituirse como un espacio de ejercicio de poder (Declaración política de la constitución formal de la APPO).

"La Asamblea Popular eran ancianos, niños, estudiantes, amas de casa" (Testimonio 106, CCIODH, p. 48). El proceso de incorporación de organizaciones de base de todo el estado –pueblos, autoridades ejidales, municipales, sectores estudiantiles, mujeres, sindicatos–, se fue dando mediante asambleas populares regionales, municipales[16] y sectoriales.[17] La Dirección Colectiva Provisional (DCP) se constituyó como figura de dirección de la APPO integrada por 64 miembros de todo el estado.[18]

[16] "En los municipios de Constancia, El Rosario, Putla de Guerrero, Tuxtepec, San Blas Atempa, Asunción Nochixtlán, Santa María Xadani, San Pedro Huilotepec, Jalapa del Marqués, Santo Domingo Tehuantepec y Astata, encontró apoyo inmediato la APPO; en todos estos lugares se erigieron autoridades populares ligadas al movimiento" (Osorno, p. 54).

[17] La estructura del magisterio en micro regiones llamadas sectores.

[18] Dentro de las diversas organizaciones que conforman la Asamblea Popular de los Pueblos de Oaxaca se encuentran las siguientes: Iniciativas para el Desarrollo de la Mujer Oaxaqueña (Idemo A.C.); Ixquixochitl, A.C.; Unión Campesina

El 20 de junio, por iniciativa y auspicio de Ulises Ruiz, diversos organismos empresariales convocaron a una movilización para el 22 de junio que, según dijeron, no había sido promovida por la estructura gubernamental. Según el periódico *Milenio*, participaron unas 20 mil personas (Osorno, p. 283),

Democrática; Universidad de la Tierra (Unitierra Oaxaca); Grupo de Apoyo a la Educación de la Mujer, A.C. (GAEM); Frente Único de Defensa Indígena de Matías Romero (FUDI-Matías Romero); Comité de Defensa de los Derechos del Pueblo-Coordinadora Oaxaqueña Magonista Popular Antineoliberal; Movimiento Ciudadano por Pochutla, A.C.; Nueva Izquierda de Oaxaca (NIOAX); Comité de Defensa Ciudadana; Red Guerrera Sec.Tec; Frente Magisterial Independiente (FMIN-Chiapas); Comité de Defensa de la Mujer; Movimiento 20 de Noviembre; Frente Amplio Heberto Castillo; Frente Popular Revolucionario; Comité por la Defensa de los Derechos Indígenas (CODEDI); Grupo Internacionalista; Movimiento Ciudadano-Salina Cruz; Centro de Derechos Humanos Tepeyac del Istmo de Tehuantepec, A.C. (CEDH-Tepeyac-Istmo de Tehuantepec); Partido Populista de México; Comité de Defensa de los Derechos del Pueblo; Unión de Comunidades Indígenas de la Zona Norte del Istmo, A.C. (UCIZONI); Frente Amplio de Lucha Popular; Centro Cultural Zapoteco; Coordinadora de Lucha Indígena y Popular (CLIP); Comité por la Defensa de los Derechos Indígenas (CODEDI-XANICA); Frente Magisterial Independiente (FMIN-D. F.); Organizaciones Indias por los Derechos Humanos en Oaxaca; Consorcio para el Diálogo Parlamentario y la Equidad; Servicios para una Educación Alternativa, A.C. (EDUCA); Niño a Niño México; Foro Oaxaqueño de la Niñez (FONI); Beneficio y Apoyo Mutuo para el Bienestar Infantil, A.C (Bambi A.C.); Calpulli A.C.; Ayuntamiento Popular San Blas Atempa; Escuela Normal de Educación Especial de Oaxaca (ENEEO); Medios Alternativos; Códice A.C.; Nueva Democracia; Jóvenes por el Socialismo; Partido Popular Socialista de México; Promotora de Padres de Familia de Santa María Jalapa del Marqués; Coordinadora de Maestros; Centro de Investigación y Difusión Zapoteca de la Sierra, A.C. (CID Sierra A.C.); Centro de Apoyo al Estudiante Kutääy (CAE-K); Programa de Aprovechamiento Integral de Recursos Naturales (Pair A.C.); Unión de los Campesinos Cajonos; Alternativa Cajonos; Comité Cereso Oaxaca; Central Independiente de Obreros, Agrícolas y Campesinos; Movimiento de Unificación y Lucha Triqui (MULT); Colectivo 2 de Marzo; Salud Integral para la Mujer (SIPAM); Coordinadora Democrática de Pueblos; Organización de Pueblos Unidos por la Defensa de sus Tierras (OPUDETI); Foro Permanente de Abogados A.C.; Partido Obrero Socialista (POS); Colectivo Puente a la Esperanza Xoxocotlán; Comité de Vida Vecinal (CONVIVE) Jalatlaco; Centrarte A.C.; Frente Cívico Huautleco; Grupo de Mujeres 8 de Marzo; Movimiento Popular Revolucionario (MPR); Colectivo José Martí; Colectivo Puente a La Esperanza; Frente Único según *El Imparcial*, marchan 400 mil personas por el rescate a la educación. Demandaban el regreso a clases. Anunciaron la constitución del Frente Civil por la Educación Pública de Oaxaca y convocaron al "primer congreso estatal por la defensa y la superación de la educación pública en Oaxaca". En la marcha participaron los dirigentes del empresariado oaxaqueño, José Escobar (Confederación Patronal de la República Mexicana, COPARMEX), Adalberto Castillo (Cámara Nacional de la Industria de la Transformación, CANACINTRA), Freddy Alcántara Carrillo (Asociación de Hoteles y Moteles), Joaquín Morales (Consejo Impulsor para el Desarrollo, CIDE) y Javier Pérez Chavarría (Cámara Nacional de la Industria de Restaurantes y Alimentos Condimentados, CANIRAC). En Jalapa del Marqués se dio un enfrentamiento que dejó 20 lesionados y 7 vehículos dañados cuando un grupo de priistas intentó romper el bloqueo para trasladarse a la marcha de la ciudad de Oaxaca (Martínez 2007, p. 207).

Esta manifestación fue llamada "la marcha de la vergüenza" dado que estas 20 mil personas eran empleados del gobierno del estado y de la iniciativa privada que fueron obligados a participar por sus jefes, quienes se valieron de la estructura del Estado a nivel federal, estatal y municipal, así como de los partidos PRI y PAN. De no marchar, pendía la amenaza de ser despedidos, pese a lo cual, muchos no asistieron. Al pasar por el zócalo, los manifestantes fueron incitados a atacar a los plantonistas, lo que no sucedió. Ulises Ruiz "marchó", sobrevolando en helicóptero.

Esa misma semana, el 22 de junio, se estableció una Comisión de Intermediación como puente de diálogo entre la APPO y el gobierno. La iniciativa fue del pintor Francisco Toledo con representantes de la Iglesia Católica. El 27 de junio, la APPO entregó al Congreso de la Unión una solicitud de juicio político en contra del gobernador "porque la gobernabilidad en Oaxaca se había quebrantado". Ese día se reunieron la Comisión de Intermediación –integrada por

Huautleco; Facultad de Idiomas; Facultad de Arquitectura; Sindicato de Trabajadores y Empleados de la Universidad Autónoma Benito Juárez de Oaxaca; Sindicato Nacional de Trabajadores de la Procuraduría Agraria (SNTPA), y Sección 22 del Sindicato Nacional de Trabajadores de la Educación.

Francisco Toledo, el obispo Arturo Lona, el apoderado legal de la Arquidiócesis de Antequera, el coordinador de la comisión de Justicia y Paz de la Iglesia oaxaqueña Wilfredo Mayrén Peláez (Padre Uvi)– y la dirigencia de la Sección 22 con Ismael Urzúa Camel, representante de la Secretaría de Gobernación. Sin embargo, al no prosperar los acuerdos, esta comisión deja de intervenir el 1º de julio y el día 3 cede su lugar a Servicios y Asesoría para la Paz (Serapaz) para que ésta realice las labores de acompañamiento, mediación y coadyuvanza con la intervención del obispo Samuel Ruiz. Así, en representación del obispo, Miguel Álvarez Gándara de Serapaz se presentó a la reunión de la Dirección Colectiva Provisional de la APPO con una sugerencia de solución al conflicto que fue conocida como la "Propuesta de las Tres Agendas": 1] la del magisterio, 2] la de las organizaciones sociales y 3] la de Reforma de Estado. Esta propuesta no prosperó debido a que no incluía la demanda generalizada de la salida de Ulises Ruiz.

La derrota estridente del gobernador, tras la violencia que desató, y la ausencia total de gobernabilidad política propiciaron que el 11 de agosto la Secretaría de Gobernación llamara al diálogo de manera urgente. La APPO aceptó este llamado el día 24, y el 29 de agosto se iniciaron las pláticas con la intermediación de Serapaz, a la vez que se disolvía la Comisión de Intermediación convocada inicialmente por el pintor Francisco Toledo y el obispo Arturo Lona.

La Dirección Colectiva Provisional convocó a una mega manifestación para el día 28. Se estima que participaron entre ochocientos mil y más de un millón de manifestantes. Según fuentes periodísticas quinientos mil. En las tres marchas anteriores, realizadas en el mes de junio, los días 2, 7 y 16, los participantes habían sido mayoritariamente de los Valles Centrales. En ésta del 28 se refleja la adhesión de todo el estado. En todo Oaxaca hay tres millones de habitantes, por lo que participó más de la mitad de la población adulta del estado.

Se decidió también que, además de mantener el plantón del zócalo, se instalaran otros plantones fijos en la Cámara de Diputados, en el Tribunal Superior de Justicia, en la casa de gobierno de Santa María Coyotepec, en la Secretaría de Finanzas, y en los juzgados civiles y penales;[19] así como bloqueos aleatorios, con duración de lapsos cortos, en carreteras, en el aeropuerto, en comercios de las trasnacionales, plazas comerciales, bancos, centros económicos, gasolineras y otros establecimientos.

En estas circunstancias, la APPO acuerda el "voto de castigo" para las elecciones del 2 de julio y evitar el fraude vigilando las urnas con brigadas del movimiento popular y magisterial. Por estas fechas la maestra María del Carmen López Vásquez, que fue víctima de amenazas y dos atentados, se incorpora a Radio Universidad (Testimonio 2, de CCIODH 2007). La radio servía para monitorear lo que sucedía en la ciudad y en el estado. Se detectaban irregularidades y la gente veía la manera de intervenir para corregir la situación en lo posible, por ejemplo, si se reportaba que había propaganda que rodeaba algunas casillas, la gente iba y la quitaba.

Mediante el monitoreo de la APPO se detectaron brigadas de priistas o panistas que andaban en taxi de casilla en casilla induciendo el voto; el percibir la vigilancia de la APPO los disuadió de seguir haciéndolo. Se detectó y reportó que un operativo policiaco sacó urnas de la casa de gobierno; se trasladó entonces un plantón allí que no dejaba entrar ni salir coches. Se recibió la alarma de que en el hotel Fiesta Inn se había instalado un centro de cómputo para el fraude cibernético. Era una réplica del que operó en las elecciones a gobernador en 2004, cuando todos los puestos de gobierno quedaron en poder del PRI. En esa ocasión "se cayó el sistema" por horas, justo cuando la oposición iba ganando; al "regresar el sistema", la información que dieron era que Ulises Ruiz iba ganando ya por mucho.[20] Un ala del hotel donde se ubicó el centro de cómputo,

---

[19] "Para sostener los campamentos, los maestros y las organizaciones sociales adheridas a la APPO crearon comisiones diversas: alimentación, limpieza, seguridad, etc. Los campamentos fueron apoyados por mucha gente del pueblo que los respaldó, particularmente con alimentos. Fue sorprendente la cantidad de gente involucrada y su capacidad para operar una logística que permitiera alimentar a miles de plantonistas en los campamentos. La mayor parte del sostén provenía de empleados, obreros, pequeños comerciantes y campesinos" (Martínez 2007, p. 81).

[20] Fueron tres "ocasiones en que el sistema electoral oaxaqueño *se cayó* durante los comicios en los que se dio el triunfo a Ulises Ruiz como gobernador: tres. La pri-

estaba custodiada por la policía ministerial a cargo de José Manuel Vera Salinas, el Kaibil, que amenazó a la gente de la APPO cuando entró hasta la sala de cómputo e intentó correrla. Decía que era para mantener la seguridad y estabilidad en todo el estado. Allí aparecían las casillas en pantallas con el recuento electoral, pero era un centro irregular, puesto que no era la sede del IFE. Radio Universidad difundió esta información y se concentró allí el pueblo. Llegó la prensa. La gerencia del hotel terminó por cerrar esa sala de cómputo por seguridad de los huéspedes. Los que operaban la sala y los policías tuvieron que salir por la puerta de atrás. Luego, desde la radio, se convocó a la gente a que no soltaran las urnas, que contaran enfrente de ellos y que acompañaran a dejar las urnas. Así fue. En esta ocasión se vigilaron y acompañaron. Las urnas llegaron al IFE resguardadas por el pueblo y allí estuvieron hasta que dieron el resultado final. No tuvieron margen de maniobra. En esta votación, el voto de castigo fue un éxito absoluto: Andrés Manuel López Obrador y los senadores del PRD arrasaron en 9 de 11 distritos electorales.

La fuerza política de Ulises Ruiz se erosionó severamente. El pueblo de Oaxaca interpretó esta derrota como un referéndum negativo para el gobernador, por lo que la APPO convocó a la toma simbólica del ex palacio de gobierno para el 5 de julio a las nueve de la mañana. Pero Ulises Ruiz tomó diversas medidas para reposicionarse. Por una parte buscó desarticular el movimiento, para lo que se valió de Enrique Rueda, quien convocó para ese mismo día 5 de julio a una reunión magisterial a las siete de la mañana, que se prolonga por mucho tiempo y logra un acuerdo de regreso a clases el 9 de julio para concluir el ciclo escolar. Ulises Ruiz anuncia que el conflicto está en vías de solución y que se mantiene abierto al diálogo.

El 10 de julio Ulises Ruiz anuncia cambios en su gabinete de seguridad. Remueve al repudiado Jorge Franco Vargas como secretario general de Gobierno y, al día siguiente, nombra en su lugar a Heliodoro Díaz Ezcárraga. Cambia también a José Manuel Vera Salinas.[21]

mera a las ocho de la noche y la última a la una de la madrugada" (Luis Hernández Navarro, "Numeralia oaxaqueña", *La Jornada* 24 julio de 2007).

[21] El diputado federal Heliodoro Díaz sustituyó como secretario general de Gobierno a Jorge Franco Vargas; el diputado federal Lino Celaya sustituyó a la

En la radio y en la televisión publicita sus obras y hace ofertas a los maestros. Por otra parte, ante el desbordamiento popular, el gobierno federal y Ulises Ruiz deciden utilizar métodos de contrainsurgencia para controlar el movimiento. Se intensifica también la campaña mediática en contra de la APPO, que se mantuvo durante todo el movimiento. Las negociaciones entre la APPO y el gobierno del estado estaban rotas. Ni Ulises Ruiz establecía mesa de negociación, ni la APPO aceptaba negociar con el gobierno del estado, sólo con el federal. El 7 de julio

a petición de la Procuraduría General del Estado, el poder judicial gira órdenes de aprehensión en contra de 30 dirigentes de la Sección 22 por los delitos de asociación delictuosa, asonada o motín derivados del enfrentamiento del 14 de junio. El mandamiento del juzgado segundo de lo penal en Ixcotel también incluye a Jacqueline López Almazán, Alejandro Cruz Morales, Samuel Hernández Morales y Germán Mendoza Nube (Martínez 2007, p. 208).

Mientras tanto, el ejército interviene militarizando las comunidades de la sierra como Tlachixio, Sierra Mixe, Distrito de Villa Alta y Sierra Norte de Juárez, y manteniendo sus labores de inteligencia y de apoyo logístico a la policía local en la capital. Las comunidades fueron militarizadas debido a que los pueblos, en asambleas formales, se incorporaron a la APPO. En estas comunidades el ejército buscaba amedrentar. Cateó, detuvo gente, realizó operativos diciendo que eran contra el narco. Esta militarización se mantuvo hasta mediados de septiembre cuando se dieron las negociaciones en Gobernación. El aparato llamado "la barredora" que utilizaba el gobierno para intervenir y bloquear la señal de Radio Universidad y de Radio La Ley ocupadas por la APPO, operaba desde la 28ª Zona Militar en el campo de Ixcotel. El grupo de seguridad de la APPO retuvo en varias ocasiones a personal del ejército vestido de civil realizando distintas ac-

secretaria de Protección Ciudadana, Alma López; Francisco Santiago sustituyó en la Dirección de Seguridad Pública a José Manuel Vera Salinas, y Luz Divina Zárate Apack fue nombrada coordinadora general de Comunicación Social del Gobierno del Estado, en sustitución de Paulo Tapia Palacios (CCIODH 2007, p. 32).

tividades. En la ciudad de Oaxaca un militar vestido de civil, que se identificó como capitán del ejército en labores de inteligencia, fue sorprendido filmando.

Desde la administración de José Murat se comenzaron a instrumentar esquemas de contrainsurgencia y se contrataron *kaibiles* que provenían de la Marina y el ejército. Ulises Ruiz los ubicó en la policía ministerial, poniendo al mando a Juan Manuel Moreno Rivas.[22] A Aristeo López Martínez lo colocó en la Policía Municipal de Oaxaca, y a José Manuel Vera Salinas como secretario de Seguridad Pública, con la Policía Preventiva a su cargo.

Ulises Ruiz utilizó agentes de todas las corporaciones como policía vestida de civil, y contrató a sicarios para delinquir. De esta forma, las corporaciones policiacas se han corrompido por mandato oficial y dejaron de operar legalmente. Los sicarios han sido dirigidos abiertamente por los mandos medios de las policías. Esta mezcla de policías criminales con criminales cobijados por la policía forman comandos ulisistas, cobijados por las instituciones del estado para que obraran con impunidad. Sus integrantes fueron reclutados de los sectores más corruptos de las corporaciones policiacas y militares, como de los contactos cautivos que estas corporaciones establecieron con narcos, porros, delincuentes que han operado en las colonias en contubernio con la policía, y presidiarios homicidas liberados *ex profeso* para agredir al movimiento popular.[23] Incluso hay testimonios

[22] "Reconocimiento oficial que, de acuerdo con la investigación del periodista Diego Enrique Osorno, el Ministerio de la Defensa Guatemalteca otorgó a Manuel Moreno Rivas, director de la Policía Ministerial de Oaxaca: '*kaibil* número 951'" (Luis Hernández Navarro, "Numeralia oaxaqueña", *La Jornada* 24 julio 2007).

[23] Al grupo asesino se le identificaría desde entonces como los "escuadrones" o "la caravana de la muerte". Según el periodista Fernando Cruz López, con reclusos de alta peligrosidad se integraron los famosos "escuadrones de la muerte" que salían por las noches del penal de Ixcotel, vestidos con ropas militares o con uniformes policiacos, custodiados por decenas de policías, y con la misión de golpear a los activistas en las barricadas. "Fueron ellos los que participaron en los hechos violentos registrados, noche tras noche, en los múltiples campamentos que instalaron los appistas." "El periodista refiere que este plan se trazó en los primeros días de agosto, en un salón del hotel Fortín Plaza, con la presencia del secretario general de Gobierno, los jefes policiacos y varios subsecretarios. Uno de los objetivos era acabar con la dirección política de la

públicos de ellos que así lo reconocen (Testimonio 5, CCIODH 2007, p. 62). Esta gente es la que realizó los actos de provocación al movimiento, incendió camiones y oficinas, robó y causó actos vandálicos infiltrándose en el movimiento o actuando a nombre de la APPO. Sus crímenes se convirtieron en elementos de acusación para los dirigentes de la APPO y de gente inocente que fue detenida por agentes del estado como mecanismo para aterrorizar a la población e inhibir su participación política.

Con la entrada de Heliodoro Díaz como secretario de Gobierno, la estrategia de Ulises Ruiz se evidenció por su carácter sucio, de odio, para desarticular el movimiento popular. Comenzó la infiltración por parte de los comandos ulisistas –formados por policía vestida de civil y sicarios– en los plantones, en la universidad[24] y en todo tipo de actos de provocación que generaban el mayor repudio de la población. Infiltró el movimiento magisterial, cooptó algunos de sus representantes y desprestigió a los dirigentes. Buscó fraccionar el movimiento, intentando separar el magisterial de su alianza estratégica con el movimiento popular. A todos los maestros les enviaron cartas personalizadas, muy persuasivas, del Instituto Estatal de Educación Pública de Oaxaca (IEEPO) para influir en su opinión en la asamblea estatal y negociar con cada uno de ellos, por separado, su regreso a clases y la solución a sus demandas. Para desprestigiar a los representantes, se les acusó de que estaban negociando a espaldas de sus organizaciones, haciendo circular rumores en las bases de que su dirección "ya se vendió" para propiciar la división interna.

APPO y previamente crear las condiciones para justificar el ataque. Los escuadrones se integrarían con hombres que no tuvieran nada que perder, dispuestos a todo, incluso hasta a matar si fuese necesario. En esa misma reunión se dieron indicaciones para elaborar una lista que detallara incluso nombres de familiares, teléfonos, direcciones de trabajo, nombres de amistades, hijos y escuela en que estudiaban. Mayores detalles pueden verse en la columna "Visión política", de Fernando Cruz López, publicada en *El Imparcial*, Oaxaca, el 22 de enero del 2007." (Martínez 2007, p. 107).

[24] Conforme a testimonio de René Trujillo Martínez, fue detenido el 7 de noviembre, por un "grupo paramilitar comandado por personas que han estado dentro de la Universidad". "El Estado utilizó [estos] elementos para ir identificando a los compañeros que han estado militando en Radio Universidad" (Almazán 2007, pp.75-77).

Difundió masivamente spots que acusaban al movimiento de haber surgido como reacción de maestros corruptos y dirigentes a los que se les habían quitado sus canonjías y subsidios que recibían como su *modus vivendi*, o mezclaban información cierta con falsa, diciendo que el gobierno le había dado a fulano de tal tanto dinero en tal fecha, pero sin señalar que el dinero estaba etiquetado, con el fin de generar división en el movimiento y que la sociedad desconfiara.

La radio sirvió estratégicamente al movimiento como herramienta de información, convocatoria y orientación en todos los momentos importantes de su lucha. Permitió que la ciudadanía conociera las demandas del movimiento, sintiera la necesidad de unirse a la lucha, y que la APPO generara exitosamente una respuesta generalizada de credibilidad y confianza en la población. Cuando el movimiento perdió la comunicación que había logrado a través de Radio Plantón, no pudo ya prescindir de este medio. Ocurrió entonces la toma pacífica de Radio Universidad que, después de dos atentados del gobierno, fue sacada del aire. Luego las mujeres que posteriormente formaron la Coordinadora de Mujeres Oaxaqueñas (COMO) tomaron pacíficamente la radio y televisión oaxaqueña. Estas estaciones fueron sacadas del aire nuevamente cuando el gobierno atacó y destruyó las antenas y equipos de transmisión. Este hecho violento suscitó que el pueblo tomara espontánea y pacíficamente todas las radios comerciales el 21 de agosto del 2006.

Durante el tiempo que el movimiento popular ocupó y utilizó las radios, los locutores fueron agredidos y recibieron reiteradas amenazas de muerte en sus teléfonos particulares y en los de la radio estando al aire. Fueron agredidos quienes se habían hecho cargo de las radios. La profesora María del Carmen López Vásquez, consejera de la APPO –que se convirtió en locutora del pueblo en Radio Universidad, en Radio y Televisión "Cacerola", en las estaciones de la Organización Radiofónica de Oaxaca y en Radio La Ley 710–, recibió innumerables amenazas y mensajes anónimos con amenazas de muerte. El vehículo que utilizaba fue averiado en diversas ocasiones, le rompieron los vidrios, le cortaron los cables de los frenos con el propósito de que se accidentara, y también atentaron en contra de la vida de sus hijas. Ulises Ruiz personalmente la amenazó en cadena nacional a través de Tele Fórmula. Carlos Abascal, secretario de Gobernación en ese tiempo, insistió en la Mesa de Diálogo por Oaxaca, que le aplicaría a ella todo el peso de la ley por su actividad en la radio. Eludió varios operativos que se instrumentaron para detenerla. Hasta el momento en que esto se escribe, no ha podido regresar con su familia a Oaxaca porque pesan sobre ella varias órdenes de aprehensión y se teme que haya órdenes para que agentes del estado o paramilitares intenten asesinarla o desaparecerla. Raymundo Riva Palacio, del periódico *El Universal*, creó el clima que justificara la represión del gobierno en contra de la profesora. En varios de sus artículos estuvo propalando la idea de que ella tiene vínculos con grupos armados, que el expediente de ella es de los más importantes en los archivos de inteligencia militar. La profesora se deslindó oportunamente de estas calumnias y la APPO responsabilizó, en un resolutivo de su Congreso, al gobierno federal, a Ulises Ruiz y al inescrupuloso periodista en relación con la integridad física y jurídica de ella y de toda su familia.

La administración de Ulises Ruiz comenzó por interferir, bloquear y sacar del aire las tres estaciones de radio ORO que la APPO utilizaba –Radio APPO, Radio Rebeldía y Radio Universidad en el Exilio– mediante un aparato llamado "la barredora" que operaba desde la 28ª Zona Militar de Ixcotel. Posteriormente, cuando ya las había inutilizado, continuó con Radio La Ley 710 que, para entonces, había sido ya adoptada como la radio del pueblo de Oaxaca y era la que cubría, de manera detallada, todos los eventos de la lucha.

La APPO realizó una consulta con la gente y acordó boicotear la Guelaguetza oficial que se realizaría el 17 de julio.[25] El Cerro del Fortín estaba semidestruido. Como parte de la celebración de la Guelaguetza se realizan dos eventos preparatorios: el Bani Stui Gulal –que es una celebración en honor a la diosa Centéotl, en donde se elige a la mujer que va a presidir la fiesta de la Guelaguetza– y el Convite.

---

[25] Tradicionalmente, la Guelaguetza se realiza los dos últimos lunes del mes de julio para que no interfiera con el aniversario luctuoso de Benito Juárez el 18 de julio. Ulises Ruiz adelantó la celebración una semana.

A pesar de la decisión de la APPO, Ulises Ruiz estaba tan seguro de realizar la Guelaguetza que celebró el Bani Stui Gulal en la Plaza de la Danza; sin embargo, la APPO tomó el Cerro del Fortín con dos días de anticipación. La gente en las regiones hizo bloqueos en carreteras y en la terminal de autobuses ADO, para que las delegaciones oficiales no llegaran a Oaxaca. El día 15 bloquearon los hoteles Camino Real, Fortín Plaza, Holiday Inn y Victoria y se "pospuso" la elección de la reina Centéotl por el conflicto. Cuando Ulises Ruiz admitió y anunció oficialmente, por la televisión oaxaqueña, que no se celebraría la Guelaguetza oficial, sucedió un incidente que lo exhibió: fue a la televisión y, de inmediato, lo empezaron a filmar con trasmisión al aire; sin embargo, él no se percató de ello y, creyendo que estaba en un espacio privado, comenzó a despotricar con insultos soeces en contra de la APPO por lo que sucedía. Todo eso salió al aire, evidenciando su profundo desprecio al pueblo, por lo que se armó un escándalo.

La APPO decidió entonces realizar su Guelaguetza popular. Dos noches antes de que ésta se celebrara, los comandos ulisistas, con policías vestidos de civil y sicarios, comenzaron a buscar y conseguir armas. Por todos lados buscaban quien se las vendiera. Pagaban las metralletas a cualquier precio. De preferencia, querían armas que no estuvieran registradas.

La noche previa a la Guelaguetza popular se celebró el Convite. Los comandos ulisistas atacaron Radio Universidad por primera vez con un atentado criminal directo. El ataque lo planearon desde una casa cercana a la Radio. Como a las 9:20 llegaron más de 50 agentes vestidos de negro, encapuchados, con armas largas, divididos en dos grupos que utilizaban varios vehículos: dos taxis, una ambulancia, una patrulla de tránsito municipal, dos camionetas de doble cabina y dos Hummer y, lanzaron ráfagas de ametralladora hacia la cabina de la radio. A la hora de disparar gritaban "¡Viva Ulises Ruiz!, esto les manda su padre Yoyo" –así le dicen a Heliodoro, como diminutivo. El ataque duró unos quince minutos, hasta que llegaron los colonos de la Gómez Sandoval, de Rosario y de los plantones de toda la ciudad. Cuando se concentró el pueblo para defender la radio, los agresores huyeron. En el suelo quedaron gran cantidad de casquillos.

Al día siguiente se presentó la Guelaguetza popular con gran éxito; sin embargo, por atender las tareas políticas prioritarias del movimiento, la APPO suspendió La Octava, que es la repetición de la celebración a los ocho días. La APPO acordó repetir cada año la Guelaguetza popular y organizar también la Noche de los Rábanos (el 23 de diciembre cada año) y El Juguetón (para día de Reyes).

A partir de esta agresión a Radio Universidad, los ataques por parte de los comandos ulisistas fueron permanentes. Disparaban en la zona circunvecina a la radio y agredían a los estudiantes. Hostigaban a los plantones. La noche del 22 de julio comandos gubernamentales –en que "según testigos los agresores vestían de negro y traían la cara cubierta con pañuelos y pasamontañas; se les vincula con Nahum Carreño Mendoza, diputado local e hijo de la ex rectora Leticia Mendoza Toro" (Martínez 2007b, p. 7)– balacearon nuevamente las instalaciones de Radio Universidad.[26]

Al momento de la agresión se encontraba transmitiendo la profesora Carmen López Vásquez, quien sólo alcanzó a decir: "Pueblo de Oaxaca, nos están disparando, nos están disparando; tírense al suelo compañeros". La transmisión fue suspendida por un momento y al poco tiempo, cientos de personas con palos, machetes y varillas, de las colonias vecinas y del plantón magisterial acudieron a la radio (Martínez 2007, p. 94).

Ese día los maestros decidieron regresar al plantón indefinido.

El 24 de julio la APPO repitió exitosamente la Guelaguetza alternativa en el Instituto Tecnológico de Oaxaca. En la madrugada de

[26] "La antropóloga Sara Méndez, secretaria técnica de la Red Oaxaqueña de Derechos Humanos, presentó vía telefónica, ante este organismo nacional, el 22 de julio de 2006, queja en la que refirió que elementos de la policía estatal tomaron las instalaciones de la radiodifusora Radio Universidad con la intención de desalojar a quienes ahí se encontraban; que a dicha radiodifusora le cortaron sus transmisiones y, por lo menos, se habían escuchado siete detonaciones de arma de fuego, por lo que solicitó que se estableciera contacto con las autoridades estatales y se protegieran los derechos humanos de las personas que estaban en dicho lugar. Agregó que los agresores habían sido identificados como *porros*" (Recomendación 15/2007 CNDH).

ese día, vándalos coaligados a los comandos ulisistas quemaron un autobús en el centro de la ciudad, cerca de la rectoría de la UABJO. Los bomberos no quisieron acudir al llamado para sofocar el fuego.

Esto sucedía cuando Felipe Calderón viajó a Huatulco, Oaxaca, donde Ulises Ruiz lo recibió poniendo el Hotel Quinta Real a su disposición y cerrándolo para él. Allí le hizo su Guelaguetza privada. En esa ocasión, *vox populi*, llegaron a ciertos acuerdos, referidos como el "pacto de Huatulco", [27] por los que Calderón respaldaría a Ulises Ruiz a cambio de que el PRI avalara los cuestionados resultados de su elección.

"El 26 de julio –aniversario del asalto al Cuartel Moncada en Cuba–", en la llamada "ofensiva del 26 de julio", la APPO decidió

paralizar la función pública en la entidad mediante la ocupación permanente y ocasional de diversas dependencias: Palacio de Gobierno, Casa Oficial del Gobernador, Cámara de Diputados, Palacio Municipal, Secretaría de Finanzas, Procuraduría de Justicia, Tribunal Superior, Archivo General del Estado, Registro Civil, Secretaría General de Gobierno, Secretaría del Transporte, Secretaría de Protección Ciudadana, Cuartel de la Policía Estatal, Comité para la Planeación y Desarrollo del Estado, Comisión Estatal del Agua, Coordinación de delegaciones de Gobierno, Oficina Central del ISSSTE, Secretaría de Tránsito, Delegación de la PGR, Delegación de la SCT, Secretaría de Administración, Juzgados Civiles, Canal 9 de televisión, Radio Universidad, Juzgados penales, Oficinas del IMSS, Dirección de Gobierno, Instituto de Desarrollo Municipal, y zócalo del centro histórico (Osorno, p. 56),

---

[27] 15/08/2006 Infosel Financiero. México. Luego de que las dirigencias estatales del PRI y el PAN unieran fuerzas para respaldar al gobernador Ulises Ruiz, la Asamblea Popular del Pueblo de Oaxaca (APPO) acusó a PRI y PAN de estar "confabulados contra un movimiento que es legal y pacífico"; además, culpó al candidato panista Felipe Calderón de ser "corresponsable de cada una de las detenciones ilegales y de los asesinatos de compañeros que han ocurrido". Flavio Sosa, miembro de la APPO y consejero nacional perredista, sostuvo que "Ulises Ruiz y Felipe Calderón, el PRI-AN, firmaron hace unas semanas, cuando se vieron en la costa oaxaqueña, el 'Pacto de Huatulco' y la represión selectiva que estamos viviendo ahora es una de las consecuencias".

así como los juzgados familiares. Conforme a este "bando de buen gobierno",[28] la APPO decretó que se respetaran los hospitales, se facilitaran los servicios de salud, de agua potable, de energía eléctrica y la libre circulación de ambulancias y de la población. Se crearon, también, Comités Vecinales de Seguridad y Vigilancia en las colonias. Los "bandos de buen gobierno" establecían también que la población se abstuviera de pagar los impuestos y servicios públicos así como desacatar la autoridad de los funcionarios y agentes del estado. El subsecretario general de gobierno, Joaquín Rodríguez Palacios, confirmó que 24 palacios municipales en el Estado estaban en poder de diferentes organizaciones.[29] En las carreteras de Oaxaca a Veracruz, en el puente de El Caracol y en las cercanías de Pinotepa Nacional por la costera al estado de Guerrero también se instalaron bloqueos intermitentes. Ulises Ruiz, así como sus funcionarios y legisladores locales estuvieron despachando en instalaciones particulares alternas que instalaron dentro y fuera del estado.

Ese 26 de julio la APPO decidió también iniciar el procedimiento de *desaparición de poderes ante el Senado*, fundado en la fracción V del artículo 76 de la Constitución y su ley reglamentaria. Por ello una caravana se trasladó a la ciudad de México para entregar, al día siguiente, dicha solicitud al Senado con miles de firmas, acompañada de tres cajas de documentación probatoria en contra del gobernador, e instalar también en el D. F. un plantón.

Debido a que la APPO tenía clausuradas las oficinas públicas de gobierno, el gobernador despachaba, cuando lo hacía, en diversos lugares particulares de la ciudad de Oaxaca, como la hacienda Los Laureles, casas para sus citas y el hangar del aeropuerto, o bien en la ciudad de México en su palacete del Pedregal de San Ángel a donde volaba hasta 15 veces por semana; o bien, no se le ubicaba en nigún lado, como sucedía generalmente. El Cabildo, cuando sesionaba, lo

---

[28] Bandos de buen gobierno son los decretos que los gobiernos municipales y el estatal emiten en la administración pública para regular la prestación de servicios "para el buen gobierno".

[29] Esto ocurrió en Tuxtepec, Pinotepa, Zaachila, San Antonino Castillo Velasco, Santa María Atzompa, donde fueron nombrados Ayuntamientos Populares alternos a los del PRI.

hacía en algún hotel de la localidad. El Congreso del Estado sesionaba, cuando lo hacía, en casas particulares, restaurantes, hoteles y en el salón de fiestas La Gloria, donde la labor legislativa se realizaba de manera absurda, como emitir el voto en una caja de zapatos forrada con papel blanco para aprobar reformas increíbles como ampliar en un año los cargos de los legisladores locales repudiados por la población (Osorno, pp. 45, 64, 65, 170, 172). El Congreso aprobó varias reformas y decretos de esta manera tan particularmente subrepticia. Mientras tanto, la policía se dedicaba a aterrorizar a la población. Políticamente, la autoridad era prácticamente inexistente y todo estaba paralizado. La población recurría a la APPO como la única instancia que podía poner orden.

La APPO mantenía su plantón respetando a la población, que era su aliada estratégica, por lo que evitaban al extremo realizar actos de vandalismo, o dañar en modo alguno las propiedades, a fin de mantener la simpatía de la gente. Por eso Ulises Ruiz adoptó, en su política contrainsurgente, la táctica de la provocación, para que se culpara al movimiento de los actos que causaban impacto negativo, y para incriminar a los participantes en el movimiento de los delitos que, al amparo del Estado, cometían los comandos ulisistas, formados por sicarios y policía vestida de civil. Así, la gente de la APPO era perseguida, aunque era gente del gobierno de Ulises Ruiz la que había cometido los desmanes, para que así a nivel nacional e internacional el público creyera que el Estado cumplía con su función de mantener el orden frente a los "delincuentes" de la APPO. Estas acciones encubiertas del Estado creaban un ambiente tenso de zozobra e inseguridad en la población. En San Raymundo Jalpan, donde estaba el plantón de la APPO para obstruir la Cámara de Diputados, era un lugar oscuro y solitario, propicio para que los comandos ulisistas hicieran sus fechorías. Incendiaban autobuses y coches. Realizaban tiroteos y aventaban los carros a la gente que estaba de guardia en los plantones.[30]

[30] "El Observatorio para la Protección de los Defensores de los Derechos Humanos, programa conjunto de la Federación Internacional de Derechos Humanos y de la Organización Mundial contra la Tortura condenó 'las acciones de violencia' en contra de los dirigentes magisteriales y populares, así como el tiroteo a Radio Univer-

Estos comandos ulisistas, que evolucionarían hasta convertirse en escuadrones de la muerte, ubicaron los domicilios de los dirigentes magisteriales y del movimiento popular, a donde iban y hacían rondines intimidatorios de día y de noche con caravanas de camionetas sin placas en las que iba gente armada filmando y fotografiando, o estacionaban coches con vigilancia permanente, o tiraban bombas molotov. Esto les sucedió a Otalo Padilla, Rogelio Vargas Garfias y Alejandro Cruz López.

El 28 de julio la APPO desechó un llamado al diálogo de Ulises Ruiz y mantuvo bloqueadas por tercer día consecutivo las sedes de los tres poderes, además de la Procuraduría General de Justicia del Estado, la Secretaría de Finanzas, los juzgados penales y la Comisión Estatal del Agua.

La población sentía que el movimiento ya estaba en sus manos y que la victoria no tardaría. Desde Radio Universidad se llamaba a generalizar la conformación de Comités de la APPO en todo el estado mediante asambleas populares de barrios, colonias, ejidos, municipios, centros de trabajo, sindicatos, estudiantes y todo tipo de organizaciones, y a conformar ayuntamientos populares. A las plenarias que convocaba la APPO para discutir sus líneas de acción acudían cientos de gentes, entre ellas representantes de comités de asamblea popular, comités de mujeres, comités de colonias, comités de iglesia, comunidades eclesiales de base y comités de sacristía. Todo lo que podía generar organización se afiliaba en la APPO. La misma Sección 22 realizó una consulta de base para ratificar o revocar su permanencia en la APPO; fue ampliamente ratificada. Para lograr una mejor representatividad, el Congreso de la APPO dividió la participación popular en ocho regiones: las tradicionales siete regiones pero una de ellas, la de la sierra, se dividió en Sierra Norte y Sierra Sur.

Las colonias mantuvieron el plantón de la Secretaría de Finanzas. El 1° de agosto las mujeres decidieron manifestarse para exigir la

sidad y requirió al gobierno federal su pronta intervención para resolver el conflicto. A través de una carta, el organismo con sede en París y Ginebra solicitó garantizar la seguridad e integridad física del secretario de la Sección 22 del SNTE Enrique Rueda Pacheco, del ex líder magisterial Macario Otalo Padilla y del dirigente de OIDHO Alejandro Cruz López (*La Jornada*, 29 de julio)", (Martínez 2007b, p. 9).

renuncia de Ulises Ruiz haciendo ruido con sus cacerolas. Su marcha fue un éxito y al concluir decidieron solicitar un espacio a la televisora para dar a conocer su punto de vista y "desmentir todas la mentiras que han dicho". Ulises Ruiz había nombrado como directora de Radio y Televisión en Oaxaca a María Mercedes Rojas Saldaña, una ex diputada del PRI de Tabasco, de la campaña electoral de Roberto Madrazo. Ante la solicitud de las mujeres manifestantes, ésta se negó rotundamente a concederles ningún espacio de trasmisión. Las mujeres, entonces, le pidieron que desalojara las instalaciones y solicitaron a la Cruz Roja que verificara el estado de salud de todos los que desalojaron. No sabían por el momento qué hacer, si conservar las instalaciones en plantón o intentar operar el equipo. Nadie conocía su funcionamiento. Se les ocurrió llamar al pueblo pidiendo técnicos y, horas después, ya estaban operando la televisora y la radio, a las que bautizaron como Televisión Cacerola y Radio Cacerola, 96.9 FM, para uso del pueblo. Con la televisión en sus manos hicieron trasmisión libre, como los videos de la represión del 14 de junio, con lo que más gente se unió al movimiento.

Lo que la APPO le arrebató al gobierno el 1° de agosto fue un canal de televisión (Canal 9, "La televisión de los oaxaqueños") con 36 repetidoras en el estado y con enlace vía satélite; una estación radiodifusora en amplitud modulada (680 KHZ) con siete repetidoras, con enlace vía satélite y trasmisión por internet, y una estación de frecuencia modulada (96.9 MGZ) que llegaba más allá de los valles centrales oaxaqueños (Osorno, p. 70).

Esta *mujerada*[31] se conoció ampliamente en el mundo y generó amplia solidaridad internacional, así como gran entusiasmo de quienes participaban en el movimiento.

---

[31] *Hombrada*, "acción propia de un hombre generoso y esforzado"; "hazaña realizada con bravura". En Oaxaca, esta acción generosa y esforzada, hazaña de bravura, fue en este caso protagonizada por las mujeres. *Mujerada* es un término no incluido en la Real Academia que en su lugar ofrece el término *mujer de digo y hago*: "fuerte, resuelta y osada". Me parece más propio el que aquí se utiliza.

Nuevamente abrieron el espacio de transmisión al pueblo. Algunas mujeres comenzaron a trasmitir en sus lenguas indígenas. Era inconcebible que

> por primera vez [hubiera] una televisión controlada por los pobres. En justicia poética debería quedar grabado en la historia de este país. Todos los programas de la televisión oaxaqueña, cualquiera y a cualquier hora, eran protagonizados por obreros, amas de casa, indígenas, anarquistas y opositores al gobernador. Televisión Popular, Televisión APPO, Televisión Pobres, Televisión Cacerola. Fueron muchos los nombres que tuvo este experimento. [...] Cuando del otro lado de la pantalla la gente, el público, empezó a ver por la televisión a sus vecinos o en la mayoría de los casos, a tipos iguales que ellos, con sus mismos problemas, pensamientos, fachas, ideas, dudas, miedos y tartamudeos para hablar, fue cuando la insurrección de la APPO logró un avance mayor (Osorno, pp. 72, 73).

Había una gran fuerza moral del movimiento. No había problema, por grande que fuera, al que el pueblo no encontrara solución.

La APPO decidió modificar su estrategia y, en lugar de mantener tantos plantones fijos y bloqueos aleatorios, organizar una brigada móvil que tuviera como objetivo paralizar el servicio administrativo de los tres poderes del estado. Eran unas 300 gentes que, en su itinerario, pasaban a desalojar pacíficamente a los empleados y al público, a cerrar los edificios, a no permitir que se mantuvieran abiertas las oficinas y cancelar la posibilidad de que se prestara el servicio. Si alguna oficina volvía a abrir, la brigada móvil regresaba; pero por lo general ya no abrían.

Ante esta nueva estrategia, el gobierno del estado comenzó con otro tipo de terrorismo. Cuando la APPO cerró la Secretaría de Economía del Gobierno Federal, llegó Aristeo López Martínez, el Contra,[32] al frente de un operativo con armas largas y gases lacrimógenos, que

---

[32] "Un desertor del Ejército Mexicano, Aristeo López Martínez, fue, desde su cargo en la estructura de administración municipal, uno de los principales cómplices del operativo inspirado en el *Manual de Operaciones Psicológicas* para la Contra Nicaragüense, que la CIA elaboró en la década del 1980 para contrarrestar la guerrilla nicaragüense" (Osorno, p. 99).

atacó no sólo a la brigada móvil de la APPO, sino a la población en general dejando varios heridos; abordó un camión urbano que casualmente pasaba e hirió en el hombro al chofer. Ante estos acontecimientos el pueblo llegó a apoyar y el contingente policiaco salió huyendo.

El plan de Heliodoro Díaz era lograr el repudio de la sociedad hacia la APPO, justificar la intervención de la fuerza pública federal y disuadir la movilización popular. Los integrantes de los comandos ulisistas se hacían pasar por gente de la APPO y realizaban todo tipo de acciones que despertaran el odio en la ciudadanía, incluyendo delitos de los que inculpaban a los representantes del movimiento popular para encarcelarlos, o provocaban zacapelas para tener ocasión de asesinarlos.

Los provocadores ulisistas del gobierno salían a botear cuando no había necesidad, andaban en camionetas encapuchados con armas, bloqueaban carreteras, agredían a la gente, asaltaban a mano armada y quemaban autobuses.[33] Cuando hacían estas fechorías dejaban pintas a nombre de la APPO. Generaban mucha violencia buscando la intervención de la policía federal. Con anterioridad, los estudiantes habían tomado camiones para las barricadas, pero no los dañaban. Se los llevaban a la Universidad y respetaban al pasaje. Nunca los quemaban.

Desde que las mujeres ocuparon la televisora el 1° de agosto, hubo necesidad de resguardar las instalaciones y las antenas de las radiodifusoras. Los locutores y los responsables de la transmisión recibían amenazas constantes de desalojo y de muerte.[34] Los co-

[33] El 30 de julio, "cuando los maestros y la APPO impedían la realización de una calenda en el paseo Juárez organizada por la Secretaría de Cultura, mientras maestros coreaban consignas, jóvenes que se identificaron como integrantes de la APPO intentaron cometer destrozos en el entarimado pero algunas personas identificadas con el magisterio se los impidieron: 'somos profesores, no vamos a cometer daños', les decía una mujer" (Martínez 2007b, p. 9).

[34] Miguel Ángel Vásquez Ramírez, uno de los conductores de Radio Universidad, "de las voces más escuchadas del cuadrante rebelde" (Osorno, p. 233), se fue a la clandestinidad ante la persecución policial, al saber que existía orden de matarlo. Refiere que por conducto de varios porros de la UABJO al servicio del estado se enteró que el gobierno estatal había puesto precio a su cabeza por haber conducido un segmento en Radio Universidad. "Ofrecían 50 mil pesos por mi cabeza, al igual que

mandos ulisistas llegaban a estas instalaciones disparando sus armas para amedrentar.

El 6 de agosto a las 17:00 horas, cuando el Comité de Defensa Ciudadana (CODECI) preparaba un traslado masivo de mil campesinos de Tuxtepec a la ciudad de Oaxaca para fortalecer los campamentos y actividades de la APPO, fue detenido su dirigente Catarino Torres Pereda[35] que es un indígena chinanteco de la región de la Cuenca del Papaloapan.

A las 19:00 un grupo de sicarios ulisistas del gobierno, encapuchados, armados de palos, machetes y cuchillos, retuvieron autobuses en servicio en la calzada Porfirio Díaz, a la altura de la antigua fuente de las Siete Regiones. Bajaron de manera violenta al pasaje e incendiaron los autobuses.[36]

Uno de los sicarios fue detenido e identificado como Sixto Jiménez Hernández, quien manifestó haber sido contratado por gente al servicio de Ulises Ruiz para realizar actos delictivos a nombre de la APPO, por lo que le pagaban 200 pesos. Lo que dijo fue transmitido por Radio y Televisión Cacerola a todo Oaxaca. Se evidenciaba así cómo utilizaba Ulises Ruiz la violencia con el propósito de que el pueblo pensara que era la APPO y justificar la represión que él pudiera hacer con su aparato de justicia.

por la de la doctora Bertha. Al reiniciar las transmisiones, el 17 de octubre, se duplicó la cantidad y daban cien mil pesos. Por eso nos tuvimos que resguardar".

[35] "El 6 de agosto de 2006, fue detenido arbitrariamente Catarino Torres Pereda, abogado y representante de la organización campesina indígena Comité de Defensa Ciudadana (CODECI), organización integrante de la Asamblea Popular de los Pueblos de Oaxaca, en Tuxtepec, y fue llevado ilegalmente al Centro Federal de Readaptación Social número 1, Altiplano, penal de alta seguridad en el Estado de México" (Recomendación 15/2007).

[36] "[Que] el sábado 6 de agosto un grupo de encapuchados quemó una unidad de transporte público y asaltó una farmacia ubicada en la colonia Reforma con la clara intención de culpar al movimiento y desprestigiarlo. Que el mismo 6 de agosto por la noche, dos jóvenes encapuchados, diciéndose universitarios, hicieron estallar una camioneta oficial; que los comerciantes han recibido amenazas en el sentido de que sus negocios serán saqueados o incendiados. Agregó que en estos y otros casos, los integrantes de la Asamblea Popular de los Pueblos de Oaxaca han detenido a algunos de los ejecutores de los actos vandálicos para entregarlos a la Procuraduría General de la República, pero éstos han sido liberados posteriormente" (Recomendación 15/2007 CNDH).

Ese mismo día, 6 de agosto, "un contingente de unos 500 agentes de la PFP llega en la noche, en dieciséis autobuses, a la ciudad de Oaxaca, a petición del gobernador Ulises Ruiz" (CCIODH 2007, p. 274). El 7 de agosto a las 13:00 horas

> dos camionetas de la Policía Municipal y una del Grupo de Operaciones Especiales, en las que se transportaban sujetos vestidos de negro portando armas de fuego de diferentes calibres, al mando de Aristeo López Martínez, director de la Policía Municipal de Oaxaca de Juárez, Oaxaca, dispararon en contra de miembros de la Asamblea Popular de los Pueblos de Oaxaca que se encontraban en las instalaciones de la Secretaría de Administración del gobierno del estado; golpearon a varios de ellos y les lanzaron gases lacrimógenos. A las 14:30 horas de ese día había varios maestros y estudiantes desaparecidos.[37]

La esposa del profesor Erangelio Mendoza, ex secretario general de la Sección 22, fue una de las golpeadas (Martínez 2007b, p. 10). Por la noche, el doctor Marcos García Tapia, odontólogo, catedrático de la UABJO e integrante de la APPO, fue asesinado por sicarios del gobierno fuertemente armados que le dispararon desde una motocicleta cuando en su vehículo pasaba por el centro.

El 8 de agosto se produce la segunda agresión a Radio Universidad cuando la maestra Carmen López entrevistaba a integrantes del Ayuntamiento Popular de Zaachila. El gobierno de Ulises Ruiz infiltró gente que participaba en las guardias. Un grupo de sicarios tomó un autobús y muy cerca de Radio Universidad lo quemó.[38] Mientras los estudiantes y demás gente salieron a apagar el autobús, el grupo de sicarios infiltrados le echó ácido sulfúrico al equipo de radio y dañó los trasmisores, por lo que ya no pudo seguir al aire. Los que realizaron este sabotaje fueron identificados como Carlos Alberto de Paz Vásquez, Salvador Jiménez Baltasar y René Vásquez Castillejos, que

---

[37] Queja del Comité de Defensa de los Derechos del Pueblo, el 8 agosto de 2006, ante la CNDH, vía fax (Recomendación 15/2007).

[38] Unidad de transporte urbano de la línea Choferes del Sur, con número económico A-071 y placas de circulación 354167-S

fueron detenidos por gente de la APPO y a quienes se les aseguró una pistola calibre 380; manifestaron que fueron contratados por el gobierno para participar en estos hechos a cambio de 500 pesos.

El 9 de agosto a las 7:15 un comando ulisista, con armas tipo Uzi, asaltó las oficinas del *Diario Noticias* donde trabajaban unas 60 personas en ese momento. Hicieron disparos al techo e hirieron a Isabel Reyes Cruz (o Isabel Cruz Reyes), quien fue herida en el pecho con esquirlas. Robaron una laptop y una libreta de registro. Ese día cerca de las 13:00 se cometieron otras dos agresiones: fueron asesinados tres triquis del MULTI, y fue detenido uno de los dirigentes de la APPO junto con otras dos personas. La emboscada a los triquis se realizó en el paraje La Selva, a menos de tres kilómetros de Putla de Guerrero, cuando se dirigían a la ciudad de Oaxaca a participar en actividades de la APPO. Asesinaron a Andrés Santiago Cruz, integrante de la comisión de orden y vigilancia de la APPO, a Pedro Martínez Martínez y al menor Octavio Martínez Martínez.

En ese marco de hostigamiento, un comando ulisista de paramilitares secuestra ese mismo día a las 12:20 al profesor Germán Mendoza Nube, dirigente de la Unión de Campesinos Pobres adherida al Frente Popular Revolucionario, cuando se dirigía a su domicilio. Sin mostrar orden de aprehensión, agredieron al profesor, a Leonardo López Palacios y a Eliel Vásquez Castro, quienes lo acompañaban. A la esposa de Eliel la aventaron al piso junto con el bebé. Conforme al testimonio de Germán, al momento del secuestro:

... llega un vehículo con gran velocidad y se enfrena. Bajan como cinco elementos que se lanzan en contra de mí. Al primero que quiere jalarme lo enfrenta Leo (Leonardo López Palacios) que, de un golpe, lo tira hacia atrás pero, de inmediato, mis agresores lo controlan y empiezan a golpearlo. Eliel (Vásquez Castro) intentó, entonces, retirarse cuando un elemento que venía de civil gritó: "órale cabrones". De la esquina de la calle Doce de Octubre llega corriendo un policía de la preventiva con un R-15. Lo amaga, lo encañona y empiezan a golpearlo. Les grito que "ya se calmen, que yo me iba con ellos a donde quisieran; pero que se calmaran ya". Para entonces habían llegado muchas personas vestidas de civil en tres vehículos. Me levantan entonces al vuelo, porque no pude pasar con todo y silla de ruedas para dentro de la Urban blanca. Una mujer policía que estaba a mi derecha me empuja. Otro me jala y, con violencia excesiva, me someten. Quedo recostado debajo del asiento. Escucho que a Eliel y a Leonardo los siguen golpeando. Arrancan. Se detienen. Me vendan la cara. Los que me llevaban eran paramilitares. Me entregan a la policía. Me cambian de vehículo. Llegamos al aeropuerto. Oigo las aspas de un helicóptero. Allí encuentro a mis compañeros que los estaban golpeando. Me trasladan en helicóptero a una cárcel, donde me querían obligar a caminar y me maltratan. Hasta que se dan cuenta que no puedo caminar van por una camilla y me trasladan a una celda. El vendaje me lastimaba en un ojo por lo que me levanté la venda. Estaba en el Reclusorio Femenil de Tlacolula. Allí nos ponen en celdas distintas durante unas tres horas. Un perito médico me viene a revisar. Nuevamente me vendan los ojos y apresuradamente me llevan al helicóptero a donde me avientan y me trasladan unos 40 minutos de vuelo. Me bajan en una camilla. Eran las siete de la noche. Hasta entonces no había tomado ni agua y, por mi diabetes, comenzaba a sentirme muy mal. Esa noche no puedo dormir y me tomo dos vasos de agua de la llave. A las 5 de la mañana pasa un médico "de la PGR" a revisarme y me dice que estaba yo detenido por portación de arma prohibida. No me da medicina ni atención médica. A las 6 y media llega el helicóptero y nuevamente me traslada en un vuelo de una hora y media. Me bajan a una ambulancia. Me asomo. Estaba en un estadio de beisbol y hay un letrero que dice "Bienvenido al estadio los angelinos" de Puebla. Veo que también hay otro helicóptero del estado de Puebla. Yo ya me sentía muy mal. Sin haber probado alimento, sin agua y sin mi medicina. Siento una crisis de hipoglucemia. Oigo que los agentes están peleando. Oigo gritos que mencionaban "órdenes de Ulises Ruiz". Como a los 20 minutos llegan unos paramédicos y me trasladan al hospital general de Puebla. Allí me aíslan. Me ponen suero. No me dan mis medicinas. Yo les pido a las enfermeras que le informen a mi familia y a mis compañeros que allí estoy. Ellas me dicen que no pueden. Los agentes no pierden el momento de vigilarme y se ponen agresivos con los médicos. Yo pensaba que su plan era matarme y desaparecerme. Cuando una doctora viene a atenderme le doy el teléfono de mi esposa y le digo que era representante de la Sección 22, que les avise que aquí estuve con vida. Me preparo pensando en las experiencias que tuve anteriormente en dos ocasiones, en la tortura que me esperaba, y me da miedo. ¿Para qué sacarme de Oaxaca si no es para desaparecerme? Decido ya no hablar. Al médico que pasó por la noche y al chofer de la ambulancia también les doy los teléfonos y les suplico que se comunicaran. A las 10 de la noche llega el jefe de piso de medicina interna. Los agentes le dicen que yo no estoy mal. Que ya me van a llevar. Que me van a regresar. Me tenían desnudo. Entonces decido prepararme para lo que fuera. Arreglo mi sonda. Me pongo una sábana como pañal y, a las 6 me sacan en una ambulancia. El personal del hospital les pregunta "¿a dónde llevan al pacientito?" "¡Usted sabe!", le responden, "¡No digan nada!" En la ambulancia escucho en las noticias que hubo una marcha en Oaxaca en la que hubo un muerto. Otra vez al helicóptero. Otra hora y media de vuelo. Me llevan al mismo lugar en donde había estado 2 noches antes. Era el Reclusorio Regional de Miahuatlán.

En Oaxaca, por tres días se desconoció el paradero de don Germán. La Comisión de Seguridad de la APPO formó brigadas para ubicarlo. Por la noche fueron detenidos el biólogo Ramiro Aragón Pérez, Elionai Santiago Sánchez y Juan Gabriel Ríos que formaban una de las brigadas que buscaba al maestro por la colonia Alemán. El coche Clío del biólogo fue interceptado por agentes federales –ya había intervención de la PFP en estos patrullajes– y los tres fueron ilegalmente detenidos. Tres días más tarde, el 12 de agosto, fueron localizados en la cárcel de Ejutla. Habían sido torturados.

A Ramiro Aragón Pérez lo golpearon, le apagaron un cigarrillo en la frente, le hicieron un corte en la parte posterior del cuello y le arrancaron parte del cabello. Asimismo, según informes, los agresores amenazaron con violar y matar a su esposa e hijos. A Elionai Santiago Sánchez casi lo estrangularon, le golpearon en el abdomen, las costillas y el rostro, y le cortaron una oreja sin llegar a mutilársela. Juan Gabriel Ríos recibió también una brutal paliza. Según informes, los asaltantes hicieron varias llamadas a las autoridades y, media hora después, entregaron a los tres hombres a agentes de policía del estado de Oaxaca que esperaban en una calle lateral (AI, 2007b).

Los acusaron de portación ilegal de armas de alto calibre que ellos mismos les sembraron. Después los llevaron a la cárcel de Zimatlán. Ramiro fue liberado el 30 de octubre de 2006, pero quedó afectado sicológicamente.

Desde 1977 –durante el movimiento contra el gobernador Manuel Zárate Aquino, donde hubo una represión con asesinatos contra las marchas de protesta– , ningún gobierno había ejecutado a un ciudadano en una marcha pacífica en pleno ejercicio de su derecho de expresión. En aquel tiempo, esa represión provocó la caída del gobernador.[39]

Ulises Ruiz regresó a este grado de violencia y represión en contra del pueblo de Oaxaca, que desembocó en el asesinato del doctor Marcos García Tapia y en el secuestro y desaparición forzosa –hasta ese momento– del profesor Germán Mendoza Nube, lo que propició que el 10 de agosto se organizara la gran marcha del silencio por su libertad. Encabezaba la movilización una silla de ruedas vacía. Se exigía la presentación del profesor y alto a las agresiones en contra de Radio Cacerola. La marcha se organizó de Santa Lucía hasta la Corporación Oaxaqueña de Radio y Televisión (CORTV). Era una marcha pacífica. Mucha gente iba vestida de negro portando flores o cubrebocas. En Radio Cacerola reportaban el desarrollo de la marcha para que la gente estuviera informada. La gente del pueblo eran reporteros espontáneos. Informaron entonces que cuando pasaron por la clínica Santa María, unos paramilitares comenzaron a disparar desde las ventanas y el techo del hospital y agredieron a los manifestantes. El mecánico José Colmenares Pérez murió asesinado por gente del ejército y de la policía así como por falta de atención médica.[40] Tras la agresión, la multitud entró al hospital a buscar a los agresores. Encontró armas, pistolas y credenciales que se exhibieron públicamente,[41] sin que por ello el gobierno del estado haya hecho justicia. La clínica es conocida por su vinculación con el narcotráfico. En el cateo encontraron y de-

[39] Entre los gobernadores que han caído por presión popular están también Edmundo Sánchez Cano en 1947 y Manuel Mayoral Heredia, en 1952.

[40] El testimonio de su viuda, Florina Jiménez Lucas, maestra de la Secundaria Técnica número 118 de la Sección 22 del SNTE (CCIODH 2007, testimonio 397, pp. 676-679).

[41] Documentos a nombre de Omar Abisaín Ramírez Saucedo con los sellos de la Subdireción General de Transporte, la credencial a nombre de Margarito Martínez Flores de la 5ª Cía. del 5° Batallón, expedida por el director general de Seguridad Pública, una placa de la Policía Ministerial, casquillos de bala calibre 38 y el arma homicida, bolsa y mochilas que contenían cada una de ellas un revólver con cargador abastecido con cartuchos útiles.

tuvieron a unos sospechosos y los llevaron al Canal 9, a CORTV. Otros corrieron a una casa vecina y, para evitar que los persiguieran, la incendiaron.[42] El dictamen pericial de la muerte de José Colmenares fue por disparo, entrada de bala con inclinación, de la segunda planta de la clínica donde se apostaron los francotiradores. Después de la autopsia, los manifestantes se llevaron el cuerpo de su compañero al zócalo a rendirle homenaje. Posteriormente lo enterraron en Ejutla. Otro ataque simultáneo al que se hizo contra los manifestantes de la marcha del silencio fue el que realizó un grupo de sicarios del gobierno que prendieron fuego a un autobús del servicio urbano frente a la PGJ en La Experimental, San Antonio de la Cal.

Ese mismo 11 de agosto fue detenido a las 10:00 el profesor Erangelio Mendoza González, cuando circulaba en su coche acompañado de su esposa y dos sobrinas en las inmediaciones de la agencia municipal de San Martín Mexicapan. Un comando de policías ministeriales vestidos de civil, con armas largas, lo bajaron de su vehículo a golpes y lo subieron a un Tsuru blanco. Inmediatamente sus familiares reportaron el hecho a la radio que lanzó la alerta a la población. Ésta fue escuchada por sus captores que solicitaron un helicóptero para sacarlo de la ciudad de Oaxaca porque se sintieron cercados. Erangelio fue presentado a los ocho días en el penal de Cuicatlán, tiempo en que sufrió desaparición forzada.

Oaxaca estaba ya en llamas, cuando finalmente el secretario de Gobernación convocó "de forma urgente" a una mesa de diálogo el 11

[42] En referencia a uno de los pistoleros que lograron escapar, "quizás no es casualidad que, en la clínica desde la cual salieron los disparos aquel día, se encontrara internado uno de los pistoleros más experimentados de las organizaciones afines al gobierno estatal: Fortino Alvarado Martínez, quien había estado preso por el homicidio del presidente municipal de San Sebastián Tecomaxtlahuaca. De acuerdo con el expediente judicial 228/2004, Fortino Alvarado disparó a quemarropa contra el edil, sin importarle que estuviera presente una decena de testigos. Fue detenido por la presión de los pobladores y del magisterio. Días después fue consignado y, posteriormente, confinado a una celda. Sin embargo, en enero de 2005, días despues de haber tomado protesta Ulises Ruiz, Fortino fue puesto en libertad. 'Si estaba internado, ¿Cómo es que saltó desde un segundo piso, huyendo de la gente que intentaba capturarlo?'" (Osorno, p. 98). Fortino es un sicario que, en realidad, fue liberado días antes de este incidente, presumiblemente, para participar en el asesinato.

de agosto. La APPO aceptó participar en dicha mesa hasta el 24 de ese mes, y las sesiones de diálogo se iniciarían hasta fines de ese mes.

El 12 de agosto, un comando delictivo del estado, conformado por el alcalde de Santa María Atzompa, Sergio Átalo Enríquez Aguilar, el síndico Héctor Gaitán Aguilar y Armando Ramírez González al mando de varias personas, llegaron en motocicletas y una camioneta Ford Escape con varias armas –entre las que había un rifle de asalto AR-15 matrícula SERSP152923 y una pistola escuadra Taurus 9 milímetros matrícula TTA 678333– para hostigar e intimidar a la familia de la maestra Teresa García Salomón. Los integrantes de este comando fueron detenidos por los vecinos de Yahuiche y entregados a la delegación de la PGR junto con el armamento; sin embargo, fueron liberados y gozan de impunidad. A este presidente municipal, que porta pistola con cacha de oro y ostentosas joyas, se le imputan vínculos con el narcotráfico.

El 13 de agosto Ulises Ruiz lanzó una campaña de odio a través de Radio Ciudadana, su radio pirata y de www.oaxacaenpaz.org. mx, sitio de internet que ya fue descontinuado, mediante los cuales incitaba abiertamente a detener y a matar a los dirigentes y activistas visibles de la APPO[43] y de la prensa independiente.[44] Estos medios se

[43] "Daba nombres, fotos, domicilios e historial político, generalmente inventado para estigmatizar a quienes consideraba eran los líderes de la APPO y llamaba a detenerlos. La página web incluía a Felipe Martínez Soriano, Rosendo Ramírez Serrano, Flavio Sosa Villavicencio, Rogelio Pensamiento Mesinas, Esmeralda Martínez Martínez, Miguel Ángel Schultz Dávila, Hugo Eloy Sánchez Silva, Maribel Martínez Martínez, Mario Gerardo Hernández Martínez, Víctor Raúl Martínez Vásquez, Rosendo Pineda Celis, Abraham Martínez Alavés, Catarino Torres Pereda, Demetrio Saavedra López, Enrique Canseco Ruiz, Germán Mendoza Nube, Roberto García Lucero, Alejandro Cruz López, José Jiménez Colmenares y Erangelio Mendoza González. Los presos como Erangelio aparecen con un letrero que señala "éste ya cayó", el nombre de José Jiménez Colmenares se encuentra acompañado por una equis (x) que indica que ya fue eliminado. Después, se agregaron los nombres de Ericel Gómez Nucamendi, Alberto Esteva y otros" (Martínez 2007, p. 106).

[44] "El 23 de agosto de 2006, compareció ante este organismo nacional la señora Jacqueline López Almazán, para referir su preocupación por el contenido de la página de internet www.oaxacaenpaz.org.mx, en la que se ponía precio a la cabeza de integrantes de la Sección 22 del Sindicato Nacional de Trabajadores de la Educación y de la Asamblea Popular de los Pueblos de Oaxaca; que consideraba esta situación

vieron favorecidos por el Estado, a pesar de incurrir claramente en el delito de incitación a la violencia, mientras que los independientes fueron vigilados, perseguidos y acusados de supuestos delitos que conllevan órdenes de aprehensión (Testimonio 196, p. 54).

El 15 de agosto, en San Bartolo de Coyotepec, se celebraba una novena y, cuando estaban todos en misa, llegó nuevamente el comando delictivo al Pozo, que se encuentra al lado de la casa de la mamá de Flavio Sosa y encañonaron a Romeo Gómez para luego introducirse a la casa de Flavio en donde amenazaron a su esposa con asesinar a la familia, la golpearon, amenazaron a sus hijos y tiraron balazos al aire. El regidor de obras de agua potable del lugar, Pablo Aguilar, y el síndico municipal, profesor Marcelino Mateo Suárez llegaron y detuvieron a los sicarios Joaquín Jiménez Ogarrio y José Luis Díaz Cruz. Traían armas de alto poder y, en asamblea pública, se las entregaron a la APPO. El sicario José Luis Díaz Cruz falleció en un extraño accidente, después de que confesó que estaba encargado de ultimar a Flavio Sosa. Hubo dos intentos por parte del gobierno del estado de rescatar a los detenidos, uno realizado por el sobrino de Juan Díaz Pimentel y por Horacio García Canseco, consejero electoral.[45] Le preguntaron a la procuradora de Justicia si esos elementos estaban en activo y ella respondió que estaban dados de baja. La APPO entregó los sicarios a la Cruz Roja, la que a su vez se los entregó a la PGR, que los liberó. Ahora trabajan en la Casa de Gobierno del Estado de Oaxaca en el D. F.

Se observaba para entonces, una ruptura de la "irresistibilidad" del Estado, expresada en el hecho de que el gobernador y algunos presidentes municipales ya no fueron reconocidos como tales ni obedecidos por amplios sectores de sus gobernados. Se observó una

como un acto ilegal además de que se sintieron constantemente amenazados. Solicitó que esta Comisión Nacional investigara estos hechos" (Recomendación 15/2007 de la CNDH. Sección H de Hechos).

[45] Cuando llegó Óscar Rodríguez, corresponsal de *Milenio* en Oaxaca a cubrir la noticia, fue agredido por la muchedumbre que estaba enardecida y lo tomó por espía. Un maestro de Pinotepa Nacional lo rescató. Óscar Rodríguez fue suturado de una herida de cinco centímetros en la cabeza (Osorno, p. 84).

"disminución" de la autoridad, lo que la hizo también ineficaz. En algunos lugares, el gobernador tuvo que salir, prácticamente, huyendo ante la protesta pública como ocurrió entre otras sedes en Pinotepa Nacional, Tuxtepec, Mitla y, desde luego, la ciudad de Oaxaca (Martínez 2007, p. 108-109).

La Sección 22 ya había formado su grupo que actuaba como Policía Magisterial de Oaxaca (POMO) para seguridad de los participantes en el movimiento; las demás organizaciones populares habían formado su Heroico Cuerpo de Topiles, como cuerpo de seguridad.[46]

El 16 y 17 de agosto se realizó el Primer Foro Nacional Construyendo Democracia y Gobernabilidad en Oaxaca al que asistió el obispo Samuel Ruiz.[47] El jueves 17 de agosto por la noche, sujetos encapuchados interceptaron y golpearon a tres maestras en el interior de la central de autobuses de segunda clase. Una de ellas "logró escapar, otra fue severamente golpeada y una más se encuentra desaparecida", reportó en su momento el vocero de la Sección 22, Daniel Rosas Romero.

---

[46] "Ante la desaparición de las policías como recurso frente a la delincuencia, la población se organizaba, incluso al margen de la APPO. Se utilizaban diversos instrumentos o mecanismos para dar la señal de alarma, desde los cohetes en los campamentos y las barricadas, hasta los silbatos de árbitro en las calles y manzanas vecinas de cada colonia. Tres cohetes o tres silbatazos, significaban la voz de emergencia, era el momento en que había que salir a la calle para actuar. Muchos amantes de lo ajeno fueron detenidos por los ciudadanos, algunos fueron llevados al zócalo –la sede de la llamada Policía Magisterial de Oaxaca, que fue formada para estas contingencias–, al Honorable Cuerpo de Topiles o la Comisión de Seguridad de la APPO (en quienes algunos vieron una fuente germinal de poder popular) y luego entregados a la PGR en el estado o a lo que sería después la llamada Mesa de Incidencias, que se formaría con un representante de la Secretaría de Gobernación, el magisterio y un ministerio público federal" (Martínez 2007, p. 110).

[47] Se plantearon tres temas: un nuevo constituyente, un programa político unitario y políticas de inclusión y respeto a la diversidad. "Entre las propuestas concretas planteadas en el Foro, encontramos la revocación de mandato, el referéndum, el plebiscito, la rendición de cuentas, la ley de participación ciudadana y la ley de transparencia. Algunos de estos puntos sin duda nos remiten a la llamada 'democracia participativa'." (Martínez 2007, p. 99).

El viernes 18 de agosto, en respuesta a la convocatoria de la APPO, "alrededor de 80 mil trabajadores, adheridos a unos veinte sindicatos en Oaxaca, realizaron un 'paro cívico' de 24 horas para demandar la dimisión del gobernador Ulises Ruiz" (CCIODH 2007, p. 274); al paro se sumaron decenas de miles de personas como taxistas, comerciantes y prestadores de servicios. Ese día fue detenido, en la ciudad de Tuxtepec, Renato Cruz Morales, dirigente de la Central Campesina Cardenista (Martínez 2007, p. 218).

El sábado 19 de agosto apareció nuevamente la caravana de la muerte, también llamada escuadrón de la muerte, o convoy de la muerte. Se trataba de un comando de agentes de policía con su uniforme, que actuaban de manera conjunta con el resto de comandos ulisistas. Ese día, el convoy circuló de las 10:00 a las 16:00 horas. Estaba integrado por: a] elementos uniformados que eran agentes de policía que actuaban como fuerza represiva, b] policías vestidos de civil –que eran agentes de las policías ministerial, preventiva y grupos especiales y, muchas veces, utilizaban pasamontañas, y c] sicarios –porros, paramilitares. Circulaban en más de 52 camionetas, patrullas y coches con vidrios polarizados y sin placas, acompañados de una flotilla de motocicletas y motopatrullas con hombres vestidos de negro con armas largas y encapuchados. Utilizaban patrullas de la Cruz Roja para abrirse camino, entrar a las barricadas y atacar (Testimonio 89, CCIODH 2007, p. 61). Hostigaban, agredían y pasaban disparando en contra de la población. Hacían el recorrido por toda la ciudad, acercándose a los puntos del plantón. La procuradora nombró a este operativo "operación limpieza", y fue anunciado por el director de la policía en las radios comerciales. El domingo 20 de agosto, el convoy de la muerte volvió a salir desde las 8:00 hasta las 14:00. La gente se indignó y seguían en sus coches al convoy para gritarles: "La policía ya no es para cuidarnos sino para agredirnos", y comenzaron a divulgar en el Canal 9 y en Radio La Ley el historial de varios policías que integraban estos convoyes de la muerte.

Ante el clima de inseguridad que se generó con el convoy, las comunidades de los Valles Centrales bajaron a reforzar los cordones de seguridad. De las cadenas de supermercados les llevaban víveres a los plantonistas.

Ulises Ruiz decidió entonces intervenir el *Diario Noticias* y retomar el control del Canal 9. Sesenta individuos, muchos de ellos armados, tomaron por asalto la bodega del *Diario Noticias*. Según pobladores la operación fue encabezada por el presidente municipal priista y conocido ex porro universitario Jesús Miguel Garza Quintana (CCIODH 2007, p. 275).

Para retomar Canal 9, el gobierno envió el 20 de agosto a sicarios en sus comandos ulisistas para establecer un campamento cerca del de la APPO que vigilaba las antenas de la televisora. Este movimiento fue detectado por los plantonistas y pudieron hacer un plan de repliegue, en caso de ser atacados, como de hecho sucedió al día siguiente, 21 de agosto, cuando ese comando realizó un operativo a las 2:00. Más de cien elementos, entre policías y sicarios, atacaron las posiciones ocupadas por la APPO y, a balazos, destruyeron el equipo de transmisión y las antenas del Fortín. El comando no atacó con maniobra envolvente, sino sólo la entrada principal, por lo que quienes estaban de guardia custodiando las instalaciones huyeron por la barranca. El maestro Sergio Vale Jiménez fue herido en la pierna. También se reportó la desaparición de los maestros Adelfo, Daniel, Eloy y José. Después, los sicarios entraron a las instalaciones para destruir los aparatos y cortar así la transmisión.[48]

Mientras tanto, la señal de Radio Cacerola (96.9 de FM) fue intervenida para evitar que se escuchara su alerta. La señal comenzó por oírse distorsionada y, posteriormente, fue sacada del aire. No obs-

[48] "Los integrantes y representantes de Iniciativa Ciudadana y Desarrollo Social, INCIDE Social, A.C., de la Comisión para la Defensa de los Derechos Humanos, A.C., de la Red Oaxaqueña de Derechos Humanos, de la Red Guerrerense de Organismos Civiles de Derechos Humanos y del Comité de Derechos Humanos de Tabasco, A.C., el 23 y 24 de agosto de 2006, presentaron ante esta Comisión Nacional escritos de queja en los que refirieron que en la madrugada del 21 de agosto un numeroso grupo de policías municipales y paramilitares vestidos de civil y con los rostros cubiertos, atacaron a las personas que se encontraban resguardando las antenas de Canal 9 en el Cerro del Fortín lesionando en la pierna al maestro Sergio Vale Jiménez y dañando el equipo de transmisión. Agregaron que, aproximadamente a las 6:00 horas de ese día, las mismas personas realizaron disparos en contra de los manifestantes que se encontraban en las afueras de la Secretaría de Finanzas" (Hechos. Recomendación 15/2007 CNDH).

tante se logró transmitir la noticia de la agresión y que estaban siendo convocados "todos a CORTV". Después del ataque a la antena, los sicarios se fueron a quemar los autobuses que le servían a la APPO de barricada. A las 3:00 todo ardía.

La gente estaba enojada y frustrada. Sin radio ¿qué vamos a hacer?, se preguntaban. Todas las radios y repetidoras privadas servían sólo a Ulises Ruiz. Esa madrugada del 21 de agosto, la gente decidió, de manera espontánea, tomar todas las radiodifusoras de la ciudad. A las 5:00, quince radiodifusoras habían sido ocupadas pacíficamente por la APPO que, a esas horas, comenzó a transmitir.[49] A todas les puso guardia en las cabinas de transmisión y en sus antenas. Por la radio preguntaban: "¿Dónde está la antena de tal radio?" "En El Rosarito." "Se pide a los colonos de El Rosarito que pensaban venir al centro a reforzar las guardias de las radios, que mejor instalen su campamento en esa colonia para resguardar las antenas de la radio." La gente del pueblo comenzó a transmitir en dos estaciones de amplia cobertura, La Grande, del grupo ACIR, y Radio Cristal. La APPO evaluó entonces que no era necesario ocupar tantas radios ya que logísticamente era difícil tener programación en todas ellas y mantener la seguridad de sus ocupantes e instalaciones, por lo que las entregaron todas a excepción de dos: Radiodifusora Publicidad de Oaxaca (RPO) y Organización Radiofónica de Oaxaca (Radio ORO). De Radio ORO mantuvieron tres estaciones que fueron llamadas Radio Resistencia de Jóvenes, Radio Universidad en el Exilio y Radio APPO. De la RPO conservaron dos radiodifusoras, una en FM que no se usó y Radio la Ley 710, que pasó a ser La Ley del Pueblo. Con estas radios la APPO tenía cobertura en el 70% del territorio del estado. La APPO mantuvo Canal 9 después de la agresión del 22 de

---

[49] Entre las estaciones tomadas están XEZB, Radio Oro 1120 AM, XEAX Magia 1080 AM y XHNR Tu FM AXA 98.5 FM, de la Organización Radiofónica de Oaxaca; de Asociación de Concesionarios Independientes de la Radio (ACIR), XHOCA La Grande de Oaxaca 89.7 FM, XEIU y Estéreo Cristal 990 AM; del Grupo RPO (Radiodifusora Publicidad de Oaxaca) tomaron XERPO, La Ley 710 AM, XEKC, Stereo Éxitos 1460 AM y 100.9 FM, y de la Organización Radiofónica Mexicana XEOA, Radio Mexicana 570 AM, XHOQ, La súper Q, 100.1 FM y XEYN, Dimensión 820 AM, La Tremenda.

agosto hasta el 1º de noviembre con la esperanza de hacer funcionar nuevamente la radio, resguardando el canal.

Tras la ocupación de las radios se comenzó a vivir una calma tensa. A las 6:00 el escuadrón de la muerte atacó a las personas que hacían guardia en las afueras de la Secretaría de Finanzas. A las 9:00 dispararon desde un automóvil en contra de manifestantes que se encontraban en las inmediaciones de la radiodifusora Estéreo Cristal sin lesionar a nadie. Crecía el rumor de que esa misma noche los atacarían. A las 21:00 salió el convoy de la muerte al que se le unió un convoy de volteos de la CROC. "Eran más o menos unas treinta o cuarenta camionetas de policía, entre policías del estado, que traían unas camionetas azules con números de patrulla, y unas camionetas blancas sin rótulos de policía y que se entiende que eran policías del estado... después un carro blanco que identificamos que era de Televisión Azteca" (Testimonio 369, CCIODH 2007, p. 63).

En algunas camionetas transportaban francotiradores. A las 22:00 el convoy de la muerte se dirigió al rumbo de la Radiodifusora La Ley del Pueblo. Caminaba por ahí el arquitecto Lorenzo San Pablo Cervantes para hacer guardia. Los ulisistas del convoy comienzan a disparar, a diestra y siniestra, y le disparan a Lorenzo que cae herido; inmediatamente es llevado al Hospital Civil, donde muere. El convoy continuó su ruta con rumbo a todos los campamentos, que balacearon, pero no hubo más muertos. "Las escenas de los desplazamientos son filmadas por reporteros del canal 13 a quienes los policías luego de amagarlos con armas de fuego les decomisan cámara, cintas, tres teléfonos celulares y computadora. La nota fue difundida al día siguiente por el mismo canal" (Martínez 2007b, p. 11). Cuando se acercaban a la radio, los locutores se protegían y dejaban de transmitir. Sólo se oían los balazos desde la radio. Este patrón de comportamiento se siguió repitiendo durante todo el tiempo que el movimiento ocupó las radios.

El 21 de agosto, la gente de la APPO decidió construir barricadas[50] para evitar que los convoys de la muerte circularan libremen-

[50] El primer plantón fue el del zócalo, que no tuvo que ser cuidado por barricadas. Le siguieron los del Congreso y la Casa de Gobierno que sí tuvieron que ser resguardados. Para su protección se formaron las primeras barricadas. Éstas se levantaron

te. "A partir de ese día, se hace un llamado a la población para que levante barricadas. El objetivo primero era resguardar a los medios de comunicación" (CCIODH 2007, p. 51). Utilizan muebles viejos, colchones y todo lo que consideraban que podía evitar el paso del convoy. De la noche a la mañana aparecieron más de tres mil barricadas.[51]

El día 22 de agosto, los del convoy volvieron a salir por la noche. Agredieron al grupo que resguardaba las antenas del Grupo Oro, frente al club de tenis Brenamiel, en la agencia municipal Donají y en los municipios conurbados de Santa Lucía del Camino y Santa María Atzompa, sin que hubiera lesionados. Era el terror.

Cuando salió el convoy estuvo a punto de ser cercado por el pueblo. Los camiones de volteo les fueron de gran utilidad para poder salir. Un incidente que sucedió ese día fue que, al cruzarse el convoy con un coche Clío que la Policía Magisterial de Oaxaca (POMO) usaba en sus rondines, los sicarios del convoy aventaron al interior del coche un explosivo. Aun cuando los ocupantes se aventaron hacia afuera, dos profesores salieron quemados en la cara y en los brazos. La gente de la prensa que cubrió los eventos también fue golpeada: a Édgar Galicia, reportero de Televisión Azteca, y a su camarógrafo los golpearon y amenazaron de muerte, por haber filmado el recorrido del convoy y los tiroteos contra la población, lo que después fue transmitido por la televisión nacional. También lesionaron a los reporteros de *Milenio* y *El Universal*.

como mecanismo de seguridad y resguardo del movimiento. La Comisión de Seguridad, tras acuerdo de la Dirección Colectiva Provisional de la APPO sugirió que se extendiera esta medida y el 21 de agosto se convocó a la población para que lo hiciera. El llamado se hizo por radio La Ley a fin de detener los convoyes de la muerte.

[51] "Las barricadas se volvieron otro símbolo del movimiento popular oaxaqueño, un mecanismo más de identidad y aglutinamiento social, en ellas se conocía a los vecinos, se creaba un sentimiento de solidaridad y de grupo. Fueron famosas las de Brenamiel, Calicanto, la colonia Alemán, entre otras, también las más agredidas y perseguidas. La ciudad vivía en la zozobra, se imponía prácticamente un toque de queda, para la defensa de los campamentos y barricadas del magisterio y la APPO frente a los escuadrones de la muerte. La ciudad vivía una especie de guerra no declarada. Disminuyó entonces la vida nocturna, se cerraban los antros, sólo existían las barricadas" (Martínez 2007, p. 109).

Todas las noches, desde entonces, de las 22:00 a las 6:00 el convoy de la muerte circulaba baleando barricadas, plantones, radios y gente. Hubo muchos heridos, lesionados por armas de fuego y por accidentes automovilísticos, porque buscaban atropellar a la gente de los plantones. En las barricadas se escuchaba Radio Universidad y Radio La Ley, toda la noche. Los barricadistas informaban lo que sucedía y los otros campamentos podían prevenir las agresiones. La radio estaba al servicio del pueblo y trasmitía las informaciones que, desde los celulares, mantenían a la gente al tanto de los hechos. Estas alertas que mandaba la gente del pueblo y que eran escuchadas en las barricadas, en las casas y por los que transitaban con su radio portátil, salvaron muchas vidas. Las barricadas eran lugares de refugio para el pueblo. Los locutores el Malandrín, el Max y Miguel, además del entretenimiento que ofrecían, transmitían por la noche la música que los compositores creaban con sus testimonios. Por la mañana, por radio se pasaba lista de todas las barricadas, se entraba en comunicación con ellas y se hacía el recuento de los saldos blancos y rojos: "A quién le aventaron el coche", "Quién perdió un ojo". Muchas veces los comandos ulisistas atacaban en varios lados simultáneamente. La radio ayudó a que no fuera mayor el número de lesionados ya que alertaba dando a conocer dónde andaba el convoy, dónde había agresiones. Entonces la gente del pueblo llamaba inmediatamente al teléfono para monitorear: "van aquí, son tantos, están haciendo esto"; iban lentamente, porque su propósito era atemorizar, sembrar el terror en la población, que nadie saliera (Testimonio 2, CCIODH 2007, p. 63).

"Imagínense que vivieran eso", comenta la doctora Berta Elena Muñoz Mier,[52] "oír esos convoyes que pasaban armados hasta los dientes... eran ministeriales, eran de Oaxaca, y encontramos la manera de torearlos. Inventamos las barricadas. Dos mil barricadas en Oaxaca. Yo no sé si un partido político, el PRD, el PRI o el PAN o los tres juntos hubieran podido armar dos mil barricadas en un rato y mantenerlas todo el tiempo que el pueblo de Oaxaca las mantuvo. Los toreamos."

[52] Su testimonio, en Almazán 2007, p.160

La barricada comenzó a darle un nuevo rostro a la ciudad de Oaxaca y un carácter diferente a sus pobladores. "Si ves la barricada desde afuera, hay ignorancia y miedo; si das el paso y entras, ves la esperanza", le dijo Tatiana Clouthier Carrillo, la hija del fallecido líder panista, Manuel J. Clouthier, a Diego Enrique Osorno. Tras la postal de guerra, de camiones secuestrados y metros de alambre de púas, neumáticos de tráiler y piedras regadas sobre el asfalto, las mujeres bordan su mantel florido, la gente come despreocupada su picadillo (Osorno, p. 173), oye la radio del pueblo y, de ser simples vecinos, se convierten en prójimos. Florecen la confianza mutua y la amistad. Las barricadas adoptan los silbatos para dar sus señales de alerta.

Cerca de las 2 de la madrugada, en la legendaria barricada de Brenamiel, la APPO celebra la victoria. Unos 100 priistas de Pueblo Nuevo, encabezados por el agente municipal René Ricárdez Limón, armados de palos, machetes, piedras y varillas, intentaron, sin éxito, desalojarlos.

La barricada está a cargo de Mamá Lucha que, por las tardes, trabaja dorando tlayudas en un hotel del centro de la ciudad y, por las noches, acude a la barricada a cuya responsabilidad está. Esa noche la cuidan menos de 50 militantes entre quienes se encuentran El Chino, el Tyson, además del niño Amor, belicoso niño limpiaparabrisas de 12 años que, a semejanza de Gavroche de *Les Misérables*, se ofrece para ir, asediarlos y tirarles bombas molotov. Mamá Lucha, tras escuchar las opciones que la barricada –convertida en asamblea– propuso, ordenó que se tiraran los cohetones y se hablara a la Radio La Ley para lograr el auxilio de los demás appistas. El tronar de los cohetones en el cielo fue suficiente para que los priistas emprendieran rápidamente la retirada y los niños, con sus caras de mozalbetes, se pasearan con su paliacate guerrillero galardoneando dos bombas molotov en las bolsas traseras del pantalón. Mamá Lucha entre tanto se secaba la frente, empapada de sudor (Osorno, pp. 209, 210, completado por gente de la propia Asamblea).

La barricada para la APPO pasó a ser un referente emblemático de su resistencia, de igual manera que para Atenco fue el machete. Unió al pueblo, le permitió concientizarse, le hizo sentir que la dignidad estaba en sus manos, percibir la crudeza del terrorismo de Estado. Las barricadas surgieron de manera autónoma e independiente por instinto de sobrevivencia. Surgieron del imaginario popular y de la experiencia comunitaria, como núcleos de resistencia, rebeldía y espíritu libertario. Lograron repeler a los convoyes de la muerte y contener la acción represiva del Estado, a la vez que se mantenían en cierta clandestinidad. Allí participaba gente de todas las clases sociales, incluyendo burócratas que en el día despachaban en el gobierno y por la noche se instalaban en su barricada, gente de la clase media. Incluso dos barricadas se instalaron en el corazón de la zona residencial, en el barrio de San Felipe. En cambio, muchas familias acomodadas de Oaxaca enviaron a sus hijos fuera porque se les despertó la conciencia y participaban en las mega marchas. La barricada fue para Oaxaca lo que la Comuna a París. Al olor y calor de la lucha tesonera, del cansancio y de la refriega, se escribieron sueños de justicia:

"¡Tú, Oaxaca! que no conociste el México de la democracia, nunca más podrás ser olvidada. Como la hierba del campo en las mañanas, en la mansedumbre del río Atoyac serás como la neblina, intocable", fragmento de poema, escrito por un "APPO" en Nazareno, Etla (Osorno, p. 255).

"Más fuego, más balas. Cae hoy un poco de tiranía. En toda Oaxaca", graffiti firmado el 2 de noviembre de 2006 por el Poeta Zapoteco, tras su victoria sobre la PFP en la Batalla de Todos los Santos (Osorno, p. 256).

"Oaxaca se levantó. El pueblo echó a andar buscando un sueño. Porque es un sueño el que tenemos. De tener un gobierno justo", –entrevista con la doctora Berta Alicia Muñoz Mier, en febrero 2007 en su exilio en la ciudad de México (Osorno, p. 258).

"Si va a haber guerra, que de una vez venga. Es más triste estar muriendo de hambre, que morir luchando", plantonista entrevistado por la CCIODH (Osorno, p. 259).

"Me siento muy triste, pero tengo mucha esperanza", mujer presa en Nayarit (Osorno, p. 268).

"Nosotros no podemos con sus armas. Ustedes no pueden con nuestras ideas", lema aprobado por el Consejo Estatal de la APPO al reiniciar movilizaciones en 2007 (Osorno, p. 266).

"¿De verdad piensas que ya se acabó todo? Si apenas va a empezar. No ha pasado nada aún", Albino, indígena de San Juan Copala el 1º de enero de 2007 (Osorno, p. 268).

"Nuestro sueño es de justicia, de paz verdadera, no la que nos quieren imponer en base al sometimiento. Los oaxaqueños somos un pueblo muy digno y, a pesar de lo que nos han hecho, resistiremos", gente del pueblo (*Compromiso cumplido. −True to my pledge−. La APPO vive y la lucha sigue*, video).

La barricada se convirtió en escuela de cuadros, en donde los franeleros, limpiaparabrisas, chavos banda se convirtieron en parvadas que grababan su graffiti, asediaban a la policía, defendían su trinchera y se formaban como estrategas de batalla.

Jiovanni, brigadista de 13 años, que por las tardes atiende un puesto ambulante en el centro histórico, pero que en las mañanas se cuela en las acciones de la brigada, encabezó el desalojo de un cuartel de la policía estatal. Es el personaje clave de los últimos acontecimientos oaxaqueños. El Dany pinta con spray en la pared de un banco: "El pueblo unido, jamás será vencido". El Calaca, el bazuquero, que con tubos de PVC lanza sus cohetones contra la PFP: "somos pueblo y vamos a ganar" (Osorno, pp. 239, 242, 244).

El 24 de agosto, autoridades de la comunidad de Mazatlán de las Flores agredieron a los integrantes de la Radio Comunitaria Nandía, y el 26 regresaron y por la fuerza les impidieron la transmisión radial, por considerarlos aliados de la APPO. En esas fechas, el delegado de Gobierno y Tránsito amenazó de muerte a Fredy Gómez, locutor de la radio comunitaria Ayuuk en San Juan Guichicovi, región de la Mixe Baja, para que dejara de transmitir noticias, al igual que a los locutores de Radio Huave. En el Istmo, una radiodifusora de

Humberto López Lena fue incendiada. "Los integrantes de la denominada Radio Plantón han sido víctimas de amenazas de muerte vía telefónica y por correo electrónico, particularmente el señor Omar Olivera, integrante del equipo coordinador de la mencionada radio" (Hechos, Recomendación 15/2007 CNDH).

La CNDH recibió varias denuncias de los escuadrones de la muerte del 28 de agosto al 28 de septiembre;[53] sin embargo, sus informes no recogen estos hechos que constituyen gravísimas violaciones a los derechos humanos por parte de la autoridad, ni requirió las medidas cautelares que la situación ameritaba, ni actuó en modo alguno con la contundencia que la gravedad de los hechos exigía. Los ataques de los sicarios y policías encubiertos eran continuos. Por ejemplo, el 14 de septiembre, los escuadrones de la muerte arrojaron bombas en las barricadas y resultaron heridos, con quemaduras en brazos y manos, Ernesto Vargas Jiménez y Rufino López Ruiz. El 18 de septiembre el reportero Iván Saldaña fue encañonado en una barricada. El sábado 23 de septiembre una barricada en la colonia López Portillo fue atacada a balazos. El 25 de septiembre es agredido Diego Camilo Reyes, estudiante de la Escuela de Derecho de la UABJO y activista de la APPO en la radio, por dos porros que lo abrazaron por la espalda, le cubrieron la boca y lo apuñalaron.

[53] "Este organismo nacional recibió la queja presentada, vía telefónica el 28 de agosto de 2006, del profesor Mateo López Pérez, en la que señaló que grupos de personas vestidas de civil, a bordo de camionetas de color blanco y sin placas, estaban disparando al aire, por lo que solicitó la intervención de este organismo nacional, para que cesaran los actos arbitrarios e intimidatorios por parte del gobierno del estado, en virtud de que consideraba que esos agresores pertenecían a alguna corporación policiaca. La antropóloga Sara Méndez, secretaria técnica de la Red Oaxaqueña de Derechos Humanos, el 29 de septiembre de 2006, vía telefónica, señaló que desde las 15:00 horas del 28 de septiembre una persona en un vehículo Jetta azul, nuevo, sin placas, accionó un arma de fuego en contra de un número importante de jóvenes que realizaban unas pintas; que afortunadamente no hubo lesionados, pero que quedaron en la banqueta tres casquillos calibre .38. Agregó que desde las 00:00 horas de ese día estuvieron circulando por la ciudad de Oaxaca diversos vehículos con personas que lanzaron disparos; que hasta ese momento no tenía conocimiento de algún lesionado; que los disparos los escucharon en el centro de la ciudad, en la zona norte, por el rumbo de Donají, por la Ciudad Universitaria y por la carretera internacional; que temía un ataque a las antenas. Agregó que probablemente serían porros y policías vestidos de civil."

El 28 de septiembre se reportó un ataque a tiros contra una barricada a tres cuadras del zócalo a las 23:40, en las calles de Porfirio Díaz e Independencia. La UCIZONI declaró que las amenazas de muerte a los locutores Romualdo Santiago, Fredy Landa y Leonel Gómez, radiodifusores indígenas, y a Migdalia Espinoza y Carlos Leonardo provienen de adeptos del gobernador. En Tuxtepec, grupos de encapuchados desalojaron a miembros de la APPO que se encontraban en poder de la delegación de gobierno en esa ciudad, luego hicieron destrozos para que culparan a la APPO.

El 1º de octubre se accidentó Daniel Nieto Ovando cuando circulaba en su motocicleta y se cruzó con un cable instalado en una barricada en la colonia Los Volcanes.[54]

El 5 de octubre miembros de la APPO detuvieron a cinco hombres que dispararon a una barricada y los entregaron a la Mesa de Incidencias que tenían con Gobernación (Martínez 2007, p. 232).

A pesar del hostigamiento, la APPO era la que mantenía el control de la ciudad. El 15 de septiembre, por mandato de un "bando de buen gobierno", se decidió que el Grito de independencia fuera dado en el zócalo de Oaxaca por José Cruz Luna, indígena zapoteco, que lo hizo en nombre de las autoridades del sector Zoogocho. También ordenó que el 16 de septiembre en lugar del desfile militar se realizaran cuatro marchas. En la misma fecha, otro bando orientó a las barricadas para que formaran sus asambleas y nombraran sus representantes a la Dirección Colectiva Provisional de la APPO. La respuesta de incorporarse orgánicamente a la APPO fue masiva.

EL ASALTO DEL GOBIERNO FEDERAL

El jueves 24 de agosto del 2006 la APPO aceptó la propuesta de participar en una mesa de diálogo con la Secretaría de Gobernación

---

[54] La antropóloga Sara Méndez, secretaria técnica de la Red Oaxaqueña de Derechos Humanos "refirió que, el 1º de octubre de 2006, en la calle Volcanes pasó un motociclista a toda velocidad disparando un arma de fuego, sin lograr lesionar a nadie; que perdió el control de la motocicleta y chocó, muriendo instantáneamente. Agregó que ninguna autoridad se había presentado al lugar de los hechos a recoger el cadáver" (Hechos. Recomendación 15/2007 CNDH).

(SEGOB), con la condición de que el único punto a tratar sería la salida de Ulises Ruiz del gobierno del estado. Este acuerdo no se cumplió. El domingo 27 de agosto se trasladó un plantón de Oaxaca al Distrito Federal en apoyo a la Comisión negociadora de la APPO con la demanda al gobierno federal de solución al conflicto. El 29 de agosto se inició el diálogo en la SEGOB.

La mesa se instaló con 14 representantes del magisterio, 14 del movimiento popular, el secretario de Gobernación Carlos Abascal, la coadyuvanza de Serapaz con el obispo Samuel Ruiz y la presencia de la CNDH como observadora.[55] Se realizan, en total, siete sesiones durante aproximadamente cinco semanas. Las dos últimas sesiones, octava y novena, se plantearon como Mesas de Incidencias. Desde la primera sesión, Carlos Abascal hizo la propuesta de las tres agendas, quitando de agenda la salida de Ulises Ruiz –que la endosa a la Cámara de Senadores–, a cambio de: 1] regreso a clases (lo que desmoviliza y pone en riesgo el vínculo entre el movimiento magisterial y el popular), 2] entrega de todas las radiodifusoras, 3] levantamiento de barricadas, 4] entrada de la Policía Federal Preventiva (PFP) como fuerza de paz, 5] entrega pacífica de la ciudad a la PFP.

El 4 de septiembre se reunieron en Gobernación 110 personas, entre éstas el gobernador de Oaxaca, Ulises Ruiz, acompañado por legisladores de su partido, el PRI, funcionarios de aquella entidad y empresarios que exigían el envío de la Policía Federal Preventiva para "restablecer el orden". "Un grupo de dieciséis organismos civiles estatales, nacionales e internacionales inició una misión de observación en Oaxaca" (CCIODH 2007, p. 275). En la misma fecha, aparece un segundo comunicado de grupos guerrilleros, y la autode-

---

[55] "En ésta participaron, entre otros, por la Sección 22, el secretario general Enrique Rueda, así como los profesores Ezequiel Rosales Carreño, Kenia Morales Rodríguez, Carlos Villalobos Antonio, Bernabé Jiménez Ríos, Alma Delia Santiago Díaz y Luis Fernando Canseco Girón. Por la APPO, participaron, entre otros: Flavio Sosa Villavicencio de Nioax, Rosendo Ramírez Sánchez del STEUABJO, Zenén Bravo Castellanos del FPR, Alejandro Cruz de OIDHO, Jessica Sánchez Maya de la Limedh, Marcos Leyva de Educa, Juan Sosa Maldonado de Opiz, Marcelino Coache Verano del Sindicato del Ayuntamiento de Oaxaca" (Martínez 2007, p. 122).

signada Comisión Ciudadana Oaxaqueña para la reforma del Estado publica sus propuestas (Martínez 2007b, p. 12).

El 7 de septiembre Rufino Rodríguez, subsecretario de Gobierno, fue detenido por una brigada móvil de la APPO por quitar una cartulina que clausuraba su oficina (Martínez 2007b, p. 12); posteriormente, fue liberado. También fue detenido Andrés Quevedo, secretario particular del secretario de Protección Ciudadana Lino Celaya Luría cuando golpeaba a un estudiante.

> Lo trasladan al centro de la ciudad, lo manchan con pintura y, frente a las cámaras, es cacheteado. Esta escena es divulgada por los medios a nivel nacional e internacional. El secretario Abascal mostró las fotografías a los maestros que se encontraban reunidos con él, los increpó y a la vez rechazó el intento de la APPO de seguir emitiendo bandos de gobierno como lo venían haciendo. Por otra parte, el Secretario de Gobernación ofreció a los maestros intervenir personalmente para impulsar en el Senado la formación de la comisión encargada de atender la petición de desaparición de poderes. En el Senado, Gabino Cué pidió formalmente la integración de una Comisión Senatorial para la desaparición de poderes. Por su parte, Manuel Espino, líder del PAN, ordenó a los senadores de su partido desactivar dicha comisión" (Martínez 2007, pp. 220-221). El 10 de septiembre, "las oficinas de Nueva Izquierda de Oaxaca que encabeza Flavio Sosa son dañadas por desconocidos" (Martínez 2007b, p. 13).

El 11 de septiembre la Conferencia Nacional de Gobernadores (CONAGO) emitió un punto de acuerdo de apoyo a Ulises Ruiz y exhortó al Ejecutivo Federal y al Senado a no permitir la desestabilización de un "gobierno elegido". El 12 de septiembre el PAN y el PRI "reventaron" en el Senado la discusión sobre Oaxaca; se dio a conocer "la propuesta de dictamen previo de la anterior Comisión Permanente de la 59 legislatura en el sentido de declarar improcedente la solicitud de desaparición de poderes porque, se dice, no se acreditó la violación de derechos humanos por el gobierno de Oaxaca; en contra de los integrantes del SNTE en plantón" (*La Jornada*, 13 de septiembre). "El PRI y el PAN se niegan a formar una comisión que vaya a Oaxaca" (*La Jornada*, 14 de septiembre). El 14 de septiembre el Congreso del Estado solicita el envío de fuerzas federales. El 16 de septiembre, la SEGOB anuncia que está considerando el envío de tropas a Oaxaca. El 18 de ese mes el Senado descartó la desaparición de poderes. Más aún, los diputados locales del PRI de Oaxaca entregaron en Los Pinos un documento pidiendo la intervención de la fuerza pública federal. Y el día 20, mientras que "centenares de hombres y mujeres y niños de Cuilapam llegaban al plantón con siete camiones de víveres para los caminantes de la marcha que saldría a la ciudad de México" (Martínez 2007b, p. 13), Ulises Ruiz declaraba que "se acabó la tolerancia".

El 13 de septiembre la APPO había rechazado la propuesta de negociación que le formuló Gobernación. Las mesas se interrumpieron el 20 y, al día siguiente, comenzó la Marcha por la Dignidad de los Pueblos de Oaxaca a la ciudad de México, que tardó once días en llegar.[56] El 21, "fuentes de la Secretaría de Gobernación comentan que toma forma una 'salida técnica' que permita el retiro del gobernador bajo una figura no detallada"[57] (Martínez 2007, p. 224). El 20, el profesor Germán Mendoza Nube inició una huelga de hambre debido a que no se le proporcionaban ni la medicina, ni la dieta que su enfermedad exigía dado que sufre diabetes y paraple-

---

[56] El propósito central de la marcha era conseguir la instalación de una Comisión del Senado que atendiera la demanda de desaparición de poderes en el estado. 2 500 marchistas emprendieron la caminata. En general fueron acogidos con simpatía por los pueblos que pasaron. En Huajuapan de León el tesorero de la APPO, Sóstenes Ángeles, fue golpeado en la cabeza y en el cuerpo con la cacha de una pistola por un presunto policía. Le fracturaron una costilla, le robaron un teléfono celular y 17 mil pesos que se destinarían a la comida del martes 26. Ese día también fue golpeado el maestro Rubén Santillán. El maestro de primaria José Manuel Castro Patiño murió en un hospital de Izúcar de Matamoros, víctima de un paro cardiaco, luego de haberse desvanecido durante la marcha. El 10 de octubre la marcha llegó a la ciudad de México. El 15 de octubre los marchistas, ahora también plantonistas, instalaron una huelga de hambre en el Hemiciclo a Juárez (Martínez, p. 121).

[57] "Se busca, dijeron, un punto intermedio. Se dan diversas reuniones por separado con los senadores Santiago Creel y Manlio Fabio Beltrones, José Luis Soberanes de la CNDH así como diputados del PRI como Melquiades Morales y Héctor Larios del PAN" (Martínez 2007b, p. 14).

jia. Además, se le mantenía confinado y sin acceso a los periódicos y a la información. El 26 de septiembre el Congreso Nacional Indígena en la "Declaración de Cherán" se pronunció por la salida de Ulises Ruiz. El 28 fracasa el paro empresarial, sólo cerraron las gasolineras. "Se reporta un ataque a tiros a una barricada a tres cuadras del zócalo a las 23:40, en las calles de Porfirio Díaz e Independencia. La versión dice que la agresión vino de un Topaz negro y una camioneta. También se escucharon detonaciones en la Plaza de la Danza" (Martínez 2007b, p. 17). El 29, también Abascal lanzó su ultimátum: "todo tiene un límite y en Oaxaca está muy cerca". Si al día siguiente la APPO no regresaba a las negociaciones "será que el diálogo político no funciona y que ante esta situación no hay otra alternativa que la de usar los instrumentos del Estado para dar fin al conflicto" (CCIODH 2007, p. 276).

El 30 de septiembre, helicópteros de la Marina sobrevolaron nuevamente Oaxaca y, "por la noche, 30 vehículos militares se movilizaron en el Istmo de Tehuantepec. En Huatulco se confirmó el arribo de tanquetas, camiones de comando, vehículos 'todoterreno', aviones y 10 helicópteros tipo Puma" (Martínez 2007, p. 229). Esta señal intimidatoria siguió siendo utilizada durante los siguientes diez días. En México, la marcha del 2 de octubre, en recuerdo de 1968 fue encabezada por la APPO.

El 3 de octubre compareció el secretario de Gobernación en la Cámara de Diputados. El tema de Oaxaca estaba en la agenda. El perredista Othón Cuevas le espetó: "En nombre de Dios, le pido: NO a la represión en Oaxaca". A lo que Abascal respondió: "No se preocupe, señor diputado, en el nombre de Dios no habrá, absolutamente, ninguna represión" (Osorno, p. 212).

En la reunión del jueves 5 de octubre, Gobernación prometió a la APPO "un *impasse* en los sobrevuelos que realiza la Secretaría de Marina en la ciudad de Oaxaca, de aquí al lunes", es decir, al 9 de octubre, día para el que programaron su reunión siguiente, a las 11:30.

Ante la inoperancia de estas mesas, se trabajaron dos opciones en paralelo:

1] La de la APPO, que mantuvo su propuesta de salida de Ulises Ruiz, por lo que el 10 de octubre, "el Senado decidió crear una comisión para analizar si procedía desaparecer los poderes en el estado". El 19 de ese mes concluyó de la siguiente manera:

> Resulta insoslayable que existen condiciones graves de inestabilidad e ingobernabilidad en el estado de Oaxaca; que se ha trastocado seriamente el orden jurídico y la paz social. Sin embargo, esta Comisión dictaminadora, ciñéndose al marco jurídico vigente, sólo puede concluir que los hechos que esta situación ha generado no implican la desaparición, esto es, la ausencia o inexistencia, de todos los poderes de Oaxaca por lo que "no ha lugar a nombrar gobernador provisional del estado" (Martínez 2007, p. 126).

2] La Secretaría de Gobernación convocó al Foro para la Gobernabilidad en Oaxaca, la Paz y el Desarrollo, al que asistió la clase política, incluido Ulises Ruiz, mientras que la APPO y la Sección 22 se negaron a participar. El pintor Francisco Toledo y otras personalidades oaxaqueñas asistieron sólo para expresar que, ante la ausencia del magisterio y de las organizaciones sociales, el Foro carecía de los interlocutores indispensables para resolver el conflicto, por lo que se retiraron de la mesa, dejando un documento de inconformidad. Mientras se llevaba a cabo esta reunión, la APPO realizaba una manifestación de protesta en las puertas de la SEGOB.

Haciendo eco a esta propuesta de la Federación, Ulises Ruiz instaló en Oaxaca la Comisión para la Gobernabilidad, la Paz y el Desarrollo, a la que integró empresarios y políticos, además del rector de la UABJO. La APPO, por su parte, convocó al foro alternativo Iniciativa Ciudadana de Diálogos por la Paz, la Democracia y la Justicia en el que participaron sectores populares, académicos, empresariales y de iglesia a partir del 12 de octubre.[58] Asistieron a la inauguración de este foro cerca de 1 500 participantes. Como resultado, se elaboraron diversos documentos de análisis, orientación política, propuestas ciudadanas sobre reformas ciudadanas y cambios de gobierno, en-

---

[58] Este foro se constituyó como "espacio de diálogo que permitió diagnosticar, en términos generales, la crisis política y social que vivía Oaxaca, identificar algunas de sus causas y generar propuestas que atendieran rubros importantes" (Martínez, p. 133).

tre los que destacan la Declaración de Santo Domingo, y el Foro de Análisis sobre Medidas de Distensión para la Paz y la Reconciliación en Oaxaca.[59]

El 15 de octubre se instaló una huelga de hambre en el Hemiciclo a Juárez, en el Distrito Federal, para exigir la renuncia de Ulises Ruiz. El 27 de octubre, ante la gravedad de los acontecimientos, los huelguistas de hambre decidieron hacer un ayuno total (sin consumir líquidos) durante 12 horas. El 4 de noviembre, continuaban en su huelga de hambre que, señalaron, levantarían sólo a petición de la APPO. Finalmente levantaron su huelga el 11 de noviembre para no arriesgar su integridad física e incorporarse a otros medios de lucha.

El 25 se tenía programada una marcha del Senado, lugar donde estaba el plantón, a la Secretaría de Gobernación; les informaron que Ulises Ruiz y Enrique Rueda estaban negociando el retorno de los maestros a clases.[60] El propósito de la marcha era cercar Gobernación para encararlos; sin embargo, la movilización fue desviada hacia Los Pinos. El día siguiente Enrique Rueda anunció en entrevista con Joaquín López Dóriga que ya había firmado un acuerdo satisfactorio con la SEGOB y que los maestros regresarían el lunes 30 a clases. Este acuerdo se realizó de manera indebida: en la Asamblea Estatal de la Sección 22, el mandato que se le había conferido a la Comisión Negociadora era que se presentara a la SEGOB no para formalizar acuerdos, sino para recibir propuestas que, a su vez, presentaría a la Asamblea Estatal a fin de que ésta valorara el regreso o no a clases, conforme al resultado de la consulta a las bases. Este mandato no fue acatado por Enrique Rueda, que se presentó a la reunión con representantes únicamente del magisterio sin la parti-

[59] Esta documentación se puede encontrar en internet en las páginas de estas organizaciones.

[60] Si se les otorgaban garantías de seguridad física, laboral y administrativa, así como el pago de los salarios caídos, la liberación de los presos políticos, la cancelación de las órdenes de aprehensión existentes en contra de líderes de la Asamblea Popular de los Pueblos de Oaxaca y del magisterio, y la constitución de un fideicomiso en beneficio de los familiares de los fallecidos en los hechos narrados (CNDH, Informe especial Oaxaca. Hechos).

cipación de los representantes de la APPO, y se atribuyó facultades de pactar y acordar con la SEGOB "una minuta firmada" con los compromisos a los que llegó sin tener la autorización de su Asamblea Estatal. Desde entonces ya no convocó a la Asamblea Estatal para informarle. Al tiempo que la Secretaría de Gobernación pactaba con Enrique Rueda, incrementaba la presencia de las policías PFP, AFI y Militar en la ciudad de Oaxaca.

A fines de agosto, la Secretaría de la Defensa Nacional (SEDENA) desplazó a la ciudad de Oaxaca elementos del 36 Batallón de Infantería, asentados en Minatitlán, Veracruz. El 1 de septiembre el Ejército federal inició patrullajes en el puerto de Salina Cruz, rondando las escuelas públicas donde los maestros realizaban reuniones. Se observaron vehículos militares que transportaban soldados y que eran escoltados por la Policía Municipal (CCIODH 2007, p. 37).

El 30 de septiembre apareció sobre la carretera Oaxaca-Tuxtepec un supuesto grupo guerrillero llamado Organización Revolucionaria Armada de los Pueblos de Oaxaca (ORAPO), haciendo coincidir sus últimas siglas con las de la APPO. Todo fue un montaje para llamar a la fuerza pública federal. Se presentaron con uniformes nuevos, mostrando relojes caros, cadenas gruesas de oro y "perreras" que son las que utiliza la policía ministerial para identificarse. El propio comandante de la 28a. Zona Militar tuvo que declarar que Ixtlán de Juárez, donde apareció, no era una zona propicia para la guerrilla, que era un montaje que respondía a otros intereses. No obstante, el Ejército entró a militarizar la sierra, conforme lo denunciaron las comunidades de la región.

Cerca de 100 soldados del Ejército Mexicano se encuentran a 53 kilómetros de Oaxaca, en San Juan Chicomezuchitl, deteniendo a los automovilistas para verificar sus identidades, interrogarlos y revisar sus vehículos... En la sierra sur del estado –con alta presencia indígena mixteca–, un convoy militar recorre los pueblos de la zona, principalmente Miahuatlán y Santa María Sola, donde y en medio de un fuerte hermetismo se confirmó la detención de cuatro personas armadas con rifles de alto poder (Osorno, p. 185).

En este contexto Lizbeth Caña Cadeza, procuradora del estado, calificaba a la APPO como "guerrilla urbana".

El 1° de octubre, se reportaron vuelos de reconocimiento realizados por helicópteros, avionetas y aviones de la Armada de México, en Oaxaca y en otros lugares donde había barricadas. Al día siguiente

hubo vuelos de helicópteros de la Armada de México y fuerzas militares que desembarcaron en Salina Cruz y avanzaron hacia Oaxaca. Fueron estacionados en el helipuerto naval de Salina Cruz, en el aeropuerto internacional y en el apostadero naval de Bahías de Huatulco donde se ubicaron al menos 10 helicópteros Puma y dos aviones de la Armada de México. Había también un número impreciso de tanquetas, camiones de comando, vehículos todo terreno, y efectivos de Infantería de Marina. El 5 de octubre el ejército declara que está listo para actuar "como ordene el presidente". Reporta que en el estado existen cinco mil efectivos (Martínez 2007, p. 232).

El 10 de octubre, la Marina de México dio por concluido su "ejercicio de adiestramiento" en Oaxaca y anunció el retiro de 955 elementos, 1 buque de guerra anfibio, 4 patrullas interceptoras, 15 helicópteros y 2 aviones Aviocar Casa 212 de patrulla marítima (CCIODH 2007, p. 37). Desde la radio se mantuvo la denuncia de la ilegalidad de estas acciones dado que a la Marina no le corresponde realizar estas tareas. Los analistas las atribuyeron a un afán de corresponder favores que el secretario de Marina tenía que pagar al Ejecutivo por la diputación federal de su hijo. "La situación en las comunidades indígenas y en las zonas rurales aledañas también sufre una mayor presencia de grupos armados y de episodios de hostigamiento" (CCIODH 2007, p. 58).

Los incidentes que se reportaron en la primera quincena de octubre fueron los siguientes:

[El] 1° de octubre, a las 13:45 horas, el joven Pedro García García fue detenido por personas que no se identificaron, no mostraron orden de aprehensión y en el momento de su detención no se encontraba cometiendo algún delito. No ofreció resistencia y aun así lo golpearon

brutalmente. Pedro García fue localizado en el Penal Femenil de Tlacolula hasta el día siguiente entre las 02:30 y las 03:00 horas (Hechos.
Recomendación 15/207, CNDH).

Lo liberaron el 8 de octubre. El 3 de octubre los visitadores adjuntos
de la CNDH fueron expulsados del zócalo por integrantes de la APPO
que manifestaron su indignación porque no hacían nada. El 5 de octubre el ingeniero y profesor de la Secundaria Técnica No. 1 Jaime
René Calvo Aragón, integrante del Consejo Central de Lucha, fue
secuestrado y más tarde se le encontró degollado. Su ejecución responde al patrón propio de los Maras Salvatruchas y, en el contexto,
al utilizado como terrorismo de Estado; sin embargo, se pretendió
inculpar a la dirigencia de la Sección 22 y a la APPO.

> Miembros de la APPO detienen a cinco hombres que dispararon a una
> barricada. Los llevaron al zócalo y los entregaron después a la mesa de
> incidencias que tiene con Gobernación. En Mitla, Ulises Ruiz se reti-
> ra de un acto luego de que un obrero toma el micrófono y lo declara
> persona *non grata* (Martínez 2007b, p. 19).

La Cámara local de diputados convoca a una Reforma Integral
del Estado y sus Instituciones: un nuevo pacto social para Oaxaca que incluye temas como revisión de la Constitución, el Código
de Instituciones Políticas y Procedimientos Electorales del Estado de
Oaxaca; Ley de Impugnación en Materia Electoral, fortalecimiento
del Poder Judicial, Ley de la Comisión Estatal de Derechos Humanos, Ley de Participación Ciudadana, Ley de Derechos de los Pueblos y Comunidades Indígenas, Ley Municipal para el Estado de
Oaxaca. Da como fecha límite para la presentación de ponencias el
10 de noviembre (*La Jornada*, 11 de octubre).

El miércoles 11 de octubre, a las 16:12, varios "líderes juveniles
devenidos en pistoleros a sueldo de la Secretaría de Protección Ciu-
dadana" (Osorno, p. 115) entre los que se encuentran Marcos Mateo
Esteva Cruz, el Aladino, que fue fotografiado, Alejandro Vásquez
Núñez, el Perro, y Carlos Alfonso Domínguez o Alfredo Domínguez
Santaella, el Krosty, dispararon a matar en contra de la brigada mó-

vil de la APPO que había ocupado las oficinas de la Secretaría de Protección Ciudadana (SEPROCI) y había hecho una pinta exigiendo la salida de Ulises Ruiz. Los heridos fueron Aurelio Mendoza y Giovanni Rojas quien recibió disparos en la pierna izquierda. Otros estudiantes sufrieron rozones de bala, un estudiante de economía de nombre Juan, un rozón en la frente y otro de derecho, de nombre Salvador, un rozón en la espalda.

El 14 de octubre, en vísperas de que la Cámara de Senadores resolviera la solicitud de declaración de desaparición de poderes, en la colonia Miguel Alemán, "militares vestidos de civil dispararon contra integrantes de una barricada que estuvo en la avenida Símbolos Patrios de esta Ciudad y fue herido con dos balazos en la cabeza Alejandro García Hernández, quien falleció a causa de las lesiones".[61]

Conforme al testimonio de su esposa, Alejandro

fue a llevar una olla de atole y pan a las personas que estaban en la barricada y al retirarse le abrió paso a una ambulancia. En ese momento apareció una camioneta con cuatro personas que empezaron a disparar. Fueron como ocho o diez disparos. Dos de ellos dieron en la cabeza de mi esposo. La misma ambulancia a la que le abrió paso lo llevó a un hospital de San Bartolo, en Oaxaca. Estuvo sufriendo once horas porque en el hospital no había anestesiólogo ni tenían cirujano, y eso que es un hospital de gobierno. No sé si le negaron la atención para que muriera porque vio a los asesinos (Testimonio de Carmen García Marín, en Almazán 2007, p.129).

El militar que disparó fue aprehendido y posteriormente liberado.

Ocurrieron otras agresiones en contra de quienes se encontraban en las barricadas, como lo fue el caso de las lesiones ocasionadas al joven Jesús Alfredo García, el 14 de octubre a las 01:45 horas, quien fue arrollado cuando se encontraba en la barricada de la glorieta Lázaro Cárdenas y Periférico, por un automóvil marca Volkswagen placas de circulación TJL1703 del estado de Oaxaca que se brincó la barricada (Recomendación 15/2007 CNDH).

[61] Denuncia. AP 154/06/UEIDCSPCA, Mesa XII, PGR 06/11/23.

También el 14 de octubre fue herido en el hombro Joaquín Benítez (Martínez 2007, p. 234). Como parte del Operativo Hierro, el 18 de octubre en el barrio del Pozo, colonia Jardín, en la ciudad de Oaxaca, un comando gubernamental asesinó de tres balazos en el abdomen al maestro de educación indígena Pánfilo Hernández de la región de los Loxichas –que pertenece al Sector de Pochutla– después de que éste había participado en una asamblea de la APPO. Las brigadas móviles de la APPO detuvieron en las cercanías al policía preventivo Martín Ruiz Martínez al que responsabilizaron de haber disparado al profesor (Martínez 2007, p. 236).

El 15 de octubre la APPO reactivó nuevamente Radio Universidad "la Radio de la Verdad". El día 16,

fuentes de la Comisión de Gobernación del Senado adelantan fallo: los senadores no apoyarían la desaparición de poderes. Carlos Abascal declara que Ulises Ruiz es incapaz de controlar la paz, espera el dictamen que en breve emitirán los senadores: "la autoridad local no ha tenido la capacidad de controlar la paz, el orden, la seguridad, por eso está sucediendo lo que está sucediendo". Fox señala que el problema de Oaxaca es meramente local (Martínez 2007b, p. 21).

El 17 surge la Asamblea Popular del Estado de México (APEM), integrada por la Coordinadora de Maestros, Padres y Alumnos y la Preparatoria Misael Núñez Acosta. Ese día, la Procuraduría General de la República obtuvo órdenes de aprehensión en contra de un número indeterminado de integrantes de la APPO, la mayoría en la delegación de la PGR en Oaxaca. La mayoría de las averiguaciones previas iniciadas fueron consignadas ante jueces federales. El 24 de octubre la PGR señaló que tenía abiertas 56 averiguaciones contra la APPO y maestros. Se habían obtenido diez órdenes de captura según el procurador general de la República, Daniel Cabeza de Vaca, 22 seguían su trámite y 21 habían sido archivadas (Martínez 2007, pp. 240, 285).

El padre Francisco Wilfrido Mayrén Peláez, sacerdote católico y defensor de los derechos humanos en la organización Centro Regional de Derechos Humanos Bartolomé Carrasco Briseño recibió el 19 de octubre de 2006 amenazas de muerte anónimas por teléfono (AI, 2007b).

El 21, la agresión fue en contra del pintor Francisco Toledo. Un comando ulisista estuvo disparando tiros al aire frente a su domicilio entre las 01:30 y 02:00 horas de la madrugada. En la acera frente a su casa se recogieron casquillos calibre 38 mm. Ese día fallecieron en un accidente automovilístico, en el kilómetro 195 de la carretera México-Oaxaca, a la altura de Nochixtlán, Oaxaca, los maestros Rubén Vicente Solís Pérez, Leticia Castellanos Ramírez, Jaime Castro Leyva, Alejandro Santiago Julián y Silvestre Cruz Bautista, cuando el vehículo en que viajaban se precipitó hacia un barranco y cayó en un río. Dichas personas se trasladaban de la ciudad de México a la de Oaxaca para participar en una asamblea magisterial.

El plan criminal de Ulises Ruiz se enfocó, entonces, en contra de la familia de la profesora María del Carmen López Vásquez. Su secretario de gobierno Heliodoro Díaz Ezcárraga contrató sicarios entre los que estaban el Krosti, el Jalapo, el Aladino, el Perro, el Pato y el Dragón,[62] con la siguiente instrucción —que se conserva como confesión grabada de uno de ellos—:[63]

la maestra Carmen ya dio mucha guerra [en la radio]; pero no van sobre ella. Lo que más le duele a la maestra son sus hijas. Le vamos a dar donde más le duele, van sobre las niñas. Esto va a ser mañana, entre la una y dos de la tarde. Las niñas "van a mamar". Ya sabemos dónde están. Ya sabemos cómo se mueven..., y sus escuelas. Ya tenemos todo sobre ellas. Son unas niñas de 15 y 17 años.

La maestra Carmen fue informada de este atentado cuando participaba en una sesión de la Dirección Colectiva de la APPO. La grabación se dio a conocer, de manera urgente, en el noticiero nacional

---

[62] Hay informes de que todos estos sicarios siguieron cobrando en la nómina de la Secretaría de Salud, a cargo de Martín Vásquez Villanueva.

[63] La voz del Jalapo se escucha en la grabación que la APPO presentó en el programa de Carmen Aristegui. En ella involucran a Heliodoro Díaz Azcárraga, alias el Yoyo, entonces secretario general de Gobierno y diputado federal del PRI con licencia.

de Carmen Aristegui y en conferencia de prensa ante los medios de comunicación –locales, nacionales e internacionales– que cubrían el conflicto. La familia solicitó medidas cautelares y responsabilizó al Gobierno del Estado y al Gobierno Federal de su integridad física. Se presentó, también, una queja ante la Comisión Interamericana de Derechos Humanos (CIDH). Las hijas de la maestra Carmen tuvieron que abandonar Oaxaca.

El 24 de octubre por la noche, la radiodifusora La Ley dejó de transmitir debido a que le bloquearon su señal. El 26 volvieron a interferir Radio Universidad que se dejó de escuchar, mientras que apareció Radio Ciudadana en la frecuencia modulada 99.1, como radio pirata de Ulises Ruiz, que "transmite sin revelar su identidad, omite decir desde dónde transmite y exige mano dura con lenguaje violento contra los maestros, la APPO y los que demandan la caída del gobernador" (CCIODH, p. 277); asimismo, incita a la violencia con lenguaje de odio. El 26 de octubre Felipe Calderón condenó ante la Cámara Nacional de la Industria de Radio y Televisión (CIRT) la toma de radios en Oaxaca.

El 25 de octubre, opositores al movimiento magisterial comenzaron a abrir las escuelas por la fuerza. El gobierno les pagaba a los priistas 40 000 pesos por cada escuela que lograran abrir. Utilizó profesores del CCL, hoy Sección 59, afín a Ulises Ruiz y a la secretaria general del sindicato, Elba Esther Gordillo. También contrató bachilleres que dieran clase en las escuelas que abrieron; tenía programado agredir a estos bachilleres para culpar al magisterio.

> La APPO emitió un llamado a sus organizaciones y simpatizantes a no permitir la apertura "de ninguna escuela más". En Pueblo Nuevo miembros de la APPO sellaron las puertas de la escuela con soldadura eléctrica. En las regiones, los caciques priistas abren escuelas "a la mala", pero cada escuela que abre las aulas y rompe el paro enciende focos rojos. "El mapa de los planteles que han reanudado labores corresponde al mapa de los bastiones de poder autoritario y vertical que aún mantiene en el estado el PRI y su sistema caciquil", declara el líder indígena Joel Aquino. Este jaloneo por las escuelas ha sido constante; el 15 de noviembre, los priistas impiden el acceso a los maestros a sus escuelas en distintos lugares (Martínez 2007, p. 260).

Del 20 al 27 de octubre, el convoy de la muerte estuvo circulando protegido por camiones del ejército. El 24 de octubre hubo una

balacera en acto de Ruiz en Cosolapa cuando un grupo de maestros protestaban por la asistencia del gobernador a la inauguración de una biblioteca. La policía municipal hizo varios disparos al aire y los maestros arrojaron objetos a los elementos de seguridad. Una semana atrás hubo otro enfrentamiento entre priistas y maestros en el ingenio Adolfo López Mateos cuando el gobernador intentaba inaugurar una farmacia y una tienda de abarrotes (Martínez 2007b, p. 24).

El saldo del 27 de octubre fue de tres personas muertas y 23 heridos, 13 en Santa María Coyotepec, 5 en la Colonia La Experimental y 5 en Calicanto. En por lo menos 14 puntos de la ciudad hubo disparos entre las 16:00 y 16:30 horas. A esas horas murió Brad Will, el periodista estadounidense de Indymedia.

Ese 27 de octubre, en el marco de un paro cívico estatal, las barricadas se mantuvieron las veinticuatro horas y el convoy de la muerte apareció en pleno día. Empezaron las balaceras a las 08:00. En acciones concertadas, los agresores que andaban en motocicletas y en vehículos sin placas, atacaron quince barricadas en diferentes puntos de la ciudad, disparando en contra de los activistas y de los transeúntes. En la barricada de Cinco Señores, en el puente del Rosario, fue detenido el mecánico Gerardo Sánchez a quien se llevaron secuestrado. Esto produjo la movilización del pueblo. Lo presentaron al tercer día en el penal de Tlacolula. Un comando gubernamental entró al campus universitario y prendió fuego a la Facultad de Derecho. Simultáneamente, otro comando ulisista –con agentes vestidos de negro y encapuchados– intentó ingresar a Radio Universidad, que era resguardada por los estudiantes. En la colonia López Mateos de la ciudad de Oaxaca la señora Eudocia Olivera Díaz falleció en una ambulancia, cuando dicha unidad no pudo llegar al hospital porque las barricadas instaladas se lo impidieron (Informe especial CNDH. Hechos).[64]

[64] Esta información de la CNDH fue aprovechada mediáticamente por el gobierno de Ulises Ruiz para desprestigiar a las barricadas y el movimiento. Cabe destacar

En Santa Lucía del Camino, en la colonia Calicanto, el presidente municipal dirigió la agresión en contra de una barricada desde las 10:00. Con sus regidores de Seguridad y el regidor de Obras al frente de un grupo de priistas quisieron romper la barricada, e hirieron en la espalda a un plantonista. Por la tarde reanudaron la agresión con armas de grueso calibre, asesinando allí a Bradley Roland Will (Brad Will), periodista del Independent Media Center (Indymedia).

Entre los que dispararon sobre los manifestantes se pudo identificar al regidor de seguridad pública del municipio, Abel Santiago Zárate; al policía Juan Carlos Sumano Velasco, al ex presidente de la colonia Felipe Carrillo Puerto, Pedro Carmona, y a Manuel Aguilar, jefe de personal del ayuntamiento y primo de David Aguilar, líder de la CROC en el estado (Martínez 2007, p. 140).

Brad era un periodista militante; grabó su propia muerte. En su último video (secuencia 5) los appistas se acercan poco a poco hasta donde están los porros, policías disfrazados de civiles. Los pistoleros corren y tras ellos corre la cámara que los filma. En el último video de Brad (secuencia 6), 10 miembros de la APPO instalan una barricada con un camión de volteo. De pronto, entre el camión de volteo y los "appistas, la cámara se tambalea y graba un grito, el de su dueño, Brad Will, quien se deshace de dolor mientras alguien le dice, más con fe que con certeza: 'Estás bien, estás bien güey'. '¡Le dieron al güero!', grita un hombre deseperado" (Osorno, p. 200). Ese día se reportaron 23 heridos atendidos, entre ellos el reportero Oswaldo Ramírez del diario *Milenio*, y el fotógrafo Raúl Estrella del diario *El Universal*.[65]

que no hay constancia de quién era esa señora, ni de los paramédicos que la atendieron, ni de la ambulancia que la transportaba, ni siquiera de la barricada de la que se trataba; tampoco hay referencia de que la muerte que se reporta se hubiera evitado si hubiera llegado al hospital sin haberse topado con barricada alguna. El Informe de la CNDH no cita sus fuentes.

[65] "Resulta interesante destacar el hecho de que, a pesar de encontrarse documentado que las personas ligadas al gobierno que participaron en los eventos del 27 de octubre se encontraban armadas e incluso lesionaron a varias personas, a la fecha únicamente se investiga a personas ligadas a la APPO como probables responsables de la muerte de Brad Will. El hecho de que la PGR continúe trabajando bajo la misma hipótesis de investigación iniciada por las autoridades locales aumenta la desconfianza por parte de los testigos, quienes comienzan a ver a la PGR como ins-

En San Antonio de la Cal en la Experimental, sede de la PGJ del estado que encabezaba la procuradora Rosa Lizbeth Caña Cadeza, el plantón que se instaló desde agosto estaba a cargo de los maestros de la región de la Cañada y Mixteca. Desde el día anterior los vecinos advirtieron que preparaban la agresión que fue encabezada por el presidente municipal, con policías, priistas y porros, y en la que cayeron varios heridos, entre ellos el reportero Michele Gibbs, de Radio Universidad (UNAM) a pesar de que traía un chaleco antibalas.

En Santa María Coyotepec, donde se ubica la nueva Casa de Gobierno en la que despachaba Ulises Ruiz, el plantón estaba a cargo de los maestros de la Costa. El presidente municipal Wiliulfo Jorge Pablo Jiménez (o Widulfo Jorge Pablo Ménez) fue quien junto con policías municipales, porros, sicarios y priistas encabezó la agresión en contra de los maestros. "Según la periodista Lydiette Carrión, el presidente municipal de Santa María pagó a los habitantes 2 000 pesos por prestar su casa como cárcel, 500 para desalojar las barricadas de la APPO y 200 para aquellos que permanecieran en la retaguardia."[66] Llegaron con armas largas, machetes, tubos y palos a desalojar. Todos los testimonios relatan una intervención muy cruenta y terrible. Mataron a varios a machetazos.

El 27 de octubre era viernes. Conforme al acuerdo de la APPO, los maestros permanecerían en ese plantón dos días más, el sábado y domingo, y lo levantarían el lunes 30. El miércoles anterior, el presidente municipal había llamado a reunión del pueblo, lo que a los maestros no les despertó ninguna suspicacia. El día 27 todo parecía tranquilo. Sin embargo, a las 14:00 horas Radio Universidad alertó de los tiroteos que se registraban en distintos puntos de la ciudad y los puso en alerta de que podría haber ataques a las barricadas. Radio La Ley estaba intervenida con interferencia y no se escuchaba. A las 15:00 se supo que atacaban la barricada de Calicanto y a las 16:30 que habían matado a Brad; entonces se alarmaron y se pusieron de acuerdo con la gente de Zaachila y Zimatlán para que, de ser necesa-

tancia también interesada en responsabilizar a la APPO de la muerte del periodista" (Documento 182, CCIODH 2007, p. 100).
    [66] *Milenio*, México, 2 de noviembre de 2006 (Martínez 2007, p. 142).

rio, los reforzaran. Poco después supieron del ataque en el plantón de La Experimental. Entonces pensaron que ellos serían los siguientes y se prepararon. La gente de Ulises Ruiz se estaba desplazando del centro de Oaxaca a la periferia. Ellos estaban a la salida de la carretera. Así es que decidieron reforzar su barricada por el lado norte en dirección del centro. Sin embargo los atacaron por el sur.

Los primeros atacantes fueron 15 priistas que estaban tomando cerveza en una cantina y de allí se dirigieron a la barricada para agredir a los maestros. Por ese lado llegaron otros 150 sicarios que eran gente de Ulises Ruiz. Le habían dado vuelta al cerro y estaban entrando por el sur para tomarlos desprevenidos. Los maestros lanzaron el cohetón para alertar a los de Zaachila y Zimatlán a fin de que los apoyaran. Los agresores iban armados con rifles, pistolas y cuchillos y les estuvieron tirando a matar. Los plantonistas lanzaron un segundo cohetón. De una calle en diagonal que daba a la barricada salieron entonces otros sicarios vestidos de negro, uniformados, y también les comenzaron a disparar. Una mujer, al parecer la hermana del presidente municipal, azuzaba a las mujeres del pueblo y gritaba amenazas de quemarles sus casas si no atacaban a los maestros. Con el altavoz llamaban al pueblo para que atacaran a los maestros.

"A dieciocho los desnudaron y amarraron con mecates. Heridos y amarrados así los llevaron a la cárcel municipal, amenazando con quemarlos vivos", le relató Dalila Cerna López al Jurado Popular; "hirieron a Antonio Salinas, de Huatulco, de cinco balazos en el costado derecho, a mí en la cadera izquierda con un postazo. Asesinaron con un balazo en el tórax y dos en el abdomen al compañero Emilio Alonso Fabián... Alberto García aún presenta heridas de machetazos en todo el cuerpo. Alberto Pablo con una grave herida de machete en la cabeza, desangrándose, fue también lastimado en el brazo izquierdo el cual le doblaron hasta quebrarlo; Eusebio Mendoza fue arrastrado hasta la cárcel amarrado con un mecate y herido con machete en los brazos y cabeza."

Los policías ministeriales entraron al poblado echando bala, cazando a los maestros. En la Casa de Gobierno había una formación de francotiradores. A uno de los maestros le pegaron cinco balazos en el costado. Eran como 150 agresores con armas. Los maestros salieron corriendo, unos a las casas que abrían sus puertas dándoles protección, y otros al cerro a escaparse. A los maestros que corrían les disparaban por la espalda. Cuando los agresores identificaban las casas donde se refugiaban los maestros, con amenazas a los dueños se metían a buscarlos, golpearlos, sacarlos y detenerlos. El dueño del Rincón Mixteco dio refugio a varios profesores, pero en seguida los entregó. En contraposición, don Teodoro López, un señor que hace campers, y su esposa Sofía Castillo, dieron refugio a 33 maestros. Cuando los priistas pasaron por su casa y llegaron a sacarlos no quiso entregarlos. Los defendió aclarando que era su propiedad; lo atacaron a machetazos en la cara. Al proteger su cara, le machetearon las manos. De todas maneras se metieron a su domicilio y a él también se lo llevaron detenido con los maestros.

Todos corrimos como pudimos a escondernos, y ya en el refugio, empezaron las llamadas de los compañeros seccionales de la Costa [diciendo] que en un callejón había dos muertos. A ésos nunca los encontraron. Ésos son de los cuatro desparecidos que... son de la región Costa, no sabemos de qué delegación... En total [allí hubo] cinco [muertos] (Testimonio 321, CCIODH 2007, p. 96).

También asesinaron a un campesino del lugar, el comunero Esteban Zurita López, que intentó detener a los asesinos. Hubo muchos heridos de bala, de machete, "al compañero Pablo le dieron un machetazo en la cabeza y se lo llevaron arrastrando a la cárcel. En el plantón había unos 600 de los cuales fueron heridos 300" (Testimonio 9, CCIODH 2007, p. 74). Los maestros que pudieron salir al monte fueron perseguidos ese día. Al siguiente día volvieron a rastrearlos y a registrar las casas. Hubo 13 heridos de bala, varios macheteados y todos golpeados, hacinados en la cárcel municipal.

Con el canto del machete les pegaban en todo el cuerpo, los amarraban, los desnudaban y se los llevaban como animales caminando a la cárcel del pueblo. A Pablito le pegaron un machetazo en la cabeza y le quebraron el brazo para atrás. Toño Salas se metió a los matorrales y los francotiradores, vestidos de beige para confundirse con la hierba, le estuvieron tirando. Le pegaron cinco balazos. Emilio andaba buscando a su esposa Magdalena. A él le atinaron un balazo en el corazón y dos en la ingle. A 500 metros del plantón, cayó Emilio Alonso Fabián, jefe de Educación Indígena de la zona 22, con sede en Pochutla, de la delegación de los Loxicha... cayó a las 18:20 y nos regresamos a resguardar su cuerpo, porque si no, se lo llevaban y lo desaparecían. Se pidió auxilio a la Cruz Roja, que no atendió. Lo recogieron hasta las 3:00 de la madrugada. Hubo otros dos muertos atrás de la Casa de Gobierno. A ellos los recogieron sin que fueran identificados y los desaparecieron.

"Después de las 21:00 horas se informó que en Santa María Coyotepec fueron detenidos 20 profesores, de los cuales 13 estaban heridos de bala y fueron hacinados en la cárcel municipal" (Testimonio 181, CCIODH 2007, p. 73). El párroco de San Bartolo Coyotepec, en su calidad de ministro, portando imágenes religiosas, fue a buscar a los maestros retenidos. No le permitieron ver a nadie. El síndico municipal no dejó auxiliar a los heridos ni que fueran visitados por organismos de derechos humanos. Cuando se supo de los heridos y retenidos en la cárcel de la comunidad, algunos de ellos heridos de gravedad, se pidió auxilio a la Cruz Roja que se negó a intervenir, porque el gobierno le prohibió dar asistencia. "Al contrario, herido que llegaba a la Cruz Roja lo apresaba. Al llegar ahí, ellos se encargaron de desaparecer los cuerpos" (Testimonios 9 y 135, CCIODH 2007, p. 93).

Cuando se dieron cuenta de que había ya mucha presión, sacaron a todos los detenidos en camiones de volteo, apilados y heridos, y los llevaron a los penales de Miahuatlán y Cuicatlán por campos de terracería a tres horas de la ciudad de Oaxaca. Conforme al Testimonio 228 (p. 122), "en Santa María agarraron a las mujeres, las amarraron, las desnudaron, las subieron a un volteo y, allá arriba, las violaban y después se llevaron a esas mujeres". Conforme al Testimonio 37 (p. 111),

a Pablo se lo llevaron con la cabeza abierta y nunca lo atendieron. A los 16 hombres y 11 mujeres los desnudaron, los pateaban, golpeaban, eran policías ministeriales y municipales de Santa María... llegan con dos camiones de volteo y así, desnudos sólo con trusa o pantalón los apilan en los carros y los sacan de la cárcel... Pablo va herido en la cabeza y lo meten en medio de todos, sin derecho a quejarse. Si alguien se quejaba le pegaban y pateaban.

Cincuenta maestros fueron presentados en diversas cárceles con posterioridad.

Después de desalojar a los profesores y simpatizantes de la APPO incendiaron vehículos y persiguieron a los plantonistas en el monte... en horas de la madrugada se vio una caravana de vehículos sin luces salir del pueblo. Llevaban 17 detenidos que fueron ingresados en la cárcel de Miahuatlán, a dos horas de distancia... En la madrugada el presidente municipal ordenó quemar las pertenencias de los maestros, incluso varios modestos coches (Testimonio 181, CCIODH 2007, p. 73).

Al otro día muy temprano, todos cooperaron con echarle lumbre a todas las casitas, a los once coches de los maestros, y a todos los muertos; al otro día estaba limpiecita la Casa de Gobierno, no había nada, todos se fueron (Testimonio 195, CCIODH 2007, p. 102).

Hay quien habla de treinta muertos, hay quien habla de veinte. Nosotros (como grupos de derechos humanos) no pudimos constatar (Testimonio 44, CCIODH 2007, p. 93).

[En] Santa María Coyotepec se sabe que ha habido masacre y que los cuerpos los recogen los sicarios de Ulises Ruiz con camionetas sin placas de color blanco. En Etla ven cuerpos tirados también que no se sabe de dónde eran, después los desaparecen. Una licenciada dice que eran los maestros costeños" (Testimonio 229, CCIODH 2007, p. 92).

Se rumora de dos fosas clandestinas. Sobre desaparecidos en la colonia Santa Rosa:

Es un hecho que está la fosa que le digo, el lugar pertenece al gobierno, saben que allí no puede entrar nadie, se llama "Encierro Primavera" y está junto y a un lado del Panteón (Testimonio 135, CCIODH 2007, p. 95).

Allí en la entrada de "Los Pinos" para arriba está donde juegan balón. Allí con el tiempo habían hecho una zanja, y este señor Sergio León Zurita, allí fue que les estuvo disparando a todos, y dicen que ahí los enterraron, y ahí fue que les pasó la máquina bien y lo aplanó, y ya no se ve (Testimonio 196, CCIODH 2007, p. 102).

La dirigencia del movimiento ciudadano reportó la desaparición de al menos 50 profesores que mantenían el bloqueo en las oficinas donde despachaba Ulises Ruiz y responsabilizó de la agresión armada a Elpidio Concha Arellano, dirigente estatal de la CNC y ex diputado federal, y a los alcaldes de Santa Lucía del Camino, Manuel Martínez, y de Santa María, Jorge Pablo (Testimonio 181, CCIODH 2007, p. 75).

Después de tres días, algunos maestros fueron apareciendo. Algunos estuvieron refugiados en casas de campesinos que, a deshoras de la madrugada les daban salida segura para que huyeran. A 19 los rescataron medio enterrados para que no los encontraran los francotiradores. Don Teodoro, que protegió a los maestros a costa de su propia vida, se tuvo que mudar del pueblo porque lo siguieron hostigando para que ya no pudiera trabajar en el local que tenía.

La muerte de Brad Will convirtió a Oaxaca en foco de atención internacional que permitió a la administración de Vicente Fox justificar el envío de fuerzas federales. El embajador de Estados Unidos, Antonio Garza, solicitó que se castigara a los culpables de este crimen y Fox, sumiso, ordenó el 28 de octubre la entrada de más de 4 500 efectivos de la PFP a la ciudad de Oaxaca; fueron trasladados por vía aérea y terrestre desde la ciudad de México, del Istmo, Chiapas y Veracruz. Usaron helicópteros, aviones Hércules, tanquetas, trascabos y equipo para la represión. Junto con los agentes de la Policía Federal Preventiva (PFP) iban agentes de la policía militar y de la AFI, que serían acuartelados en el aeropuerto y en los accesos a la ciudad.

El mismo 28 de octubre, el Consejo Estatal de la APPO fue emplazado a retirar las barricadas y a entregar el centro histórico con la amenaza de que, si no se retiraban por su voluntad, los policías entrarían por la fuerza. Se les dijo que la presencia de los efectivos federales era para retirar las barricadas y restablecer el libre tránsito. Tras deliberar, la respuesta de la APPO –que se hizo pública por los medios masivos de comunicación– fue que no entregaría el centro, que en el caso de que la ciudad fuera tomada por la fuerza por el gobierno, sería sin el consentimiento del pueblo y con el repudio por el uso de la fuerza. También se orientó al pueblo para que, a pesar de su oposición a la entrada de la PFP, no hubiera confrontación y no se pusiera en peligro la integridad física de los ciudadanos.

El domingo 29 de octubre, la PFP se posicionó en los accesos principales a la ciudad y a las 7:00 comenzó a avanzar, desde el lugar donde se encuentra la embotelladora de la Coca-Cola y desde el aeropuerto, hacia el centro. El pueblo indignado veía entrar a la PFP como ejército de ocupación, y se volcó a intentar detener su avance, haciendo cadenas humanas. Rezaban plegarias, portaban flores y les ofrecían comida diciéndoles que se oponían a la fuerza. De nada sirvió. La PFP continuó su marcha con tanquetas, grúas, maquinaria pesada y con pipas de agua que eran abastecidas por el cuerpo de bomberos de la ciudad al mando de Manuel Maza Sánchez. La PFP reaccionó a la oposición pacífica lanzando gases y chorros de agua que ardía. Era de color naranja y tardaba cuarenta días en quitarse.[67] Funcionaba para que la gente quedara marcada y la detuvieran. Dadas las circunstancias, la gente de la APPO solicitó brigadas de auxilio médico para atender a la población. Aunque la PFP avanzaba como quien va a la guerra, su marcha era continuamente entorpecida, por lo que les tomó desde las 7:00 hasta las 17:00 horas llegar al centro. A su paso iban quitando las barricadas.

María Rodríguez, estudiante de derecho, se puso delante del trascabo para impedir que avanzara y deshiciera la barricada que con tanto esmero, dos meses antes, levantó junto con sus vecinos. Pero el conductor no se inmuta. Pesca una pierna de María con el borde de la uña mecánica y está a punto de subirla cuando otra vecina, Lorena,

[67] "Las tanquetas utilizadas en el operativo lanzaban agua con un líquido que, según Eduardo Medina Mora, en ese momento secretario de Seguridad del gobierno Federal y responsable de la PFP, 'sólo tiene el objetivo de disminuir la agresividad' de los manifestantes quienes se quejaban de ardor en la piel y los ojos" (Martínez 2007, pp. 145-146).

la jala. Tiradas en el piso, llorando desconsoladas, ven como la máquina arrasa con el parapeto (Osorno, p. 220).

El contingente de la PFP que venía por el lado de la embotelladora, dado el retraso que ya tenía, cambió de ruta para tomar un camino más corto al centro, cruzando por San Jacinto de Amilpas. La gente del barrio se apostó en el puente del Tecnológico para no dejarlos pasar y comenzó el enfrentamiento. Los agentes de la policía –en operativo mixto con policía del estado que fueron vestidos de PFP y eran quienes los guiaban porque conocían la ciudad– utilizaron agua a presión, armas de fuego, gases lacrimógenos, bombas de gas pimienta y petardos de gas. La población les hizo frente con piedras, cohetones y bombas molotov. Por la forma indebida como la policía utilizaba su arsenal disparando las bombas directamente a la gente, lesionaron a Iroel Canseco Ake con un petardo de gas lacrimógeno, y asesinaron al enfermero del IMSS Jorge Alberto López Bernal con un proyectil de gas comprimido que penetró en su tórax.

La versión que doña Isabel conoce de la muerte de su hijo [Jorge Alberto López Bernal] es que éste se encontraba atendiendo a una persona, parece que era un niño o una niña herida. De repente, un petardo de la PFP pasó por la túnica blanca que identificaba al enfermero y lo mató, atravesándole el corazón y el pulmón. Murió instantáneamente (Osorno, p. 222).

Un estudiante quedó con lesiones graves. Después fue golpeado el profesor Fidel García Jiménez, quien murió en el puente del Tecnológico. Otro joven de alrededor de 14 años que después encontraron y no fue identificado murió apuñalado;[68] sus familiares no quisieron denunciar, levantaron el cuerpo y lo enterraron en privado. Hay cuando menos otro reporte de gente que murió en el enfrentamiento

[68] "Donde ya estuvo más pesado fue en el Tecnológico, mataron al enfermero. Sí, por Santa Rosa, donde está el Canal 9, caminando veinte minutos como mucho... Ahí le dieron... aquí en el pecho. También este, picaron a un chavo, a éste sí lo vi... Él murió" (Testimonio 196, CCIODH 2007, p. 98).

del Puente Tecnológico con la PFP[69] que, tras ello, siguió su recorrido por el Canal 9 donde una barricada estaba a cargo de la Coordinadora de Mujeres Oaxaqueñas (COMO). Allí fue asesinado el albañil Fidel Sánchez García de dos puñaladas por un grupo de encapuchados. Cuando pasaron por el lugar, la Policía Ministerial y los priistas, con la protección de la PFP, saquearon el equipo de radio y televisión para culpar al movimiento. La otra persona que murió ese día fue Roberto Hernández López, en Brenamiel. A pesar de estas muertes y demás incidentes, el secretario de Gobernación reportó saldo blanco.

Por el lado del aeropuerto, la población contuvo a la PFP durante más tiempo. Las empresas Choferes del Sur y Sertexa, propiedad de las familias Candiani, Medina, López Acevedo y Villanueva, trasladaron a los agentes al centro histórico. La población que intentó detenerlos fue reprimida –incluyendo muchos ancianos–, y quienes presentaron resistencia fueron detenidos. A las 16:00 los plantonistas que ocupaban el zócalo se replegaron a Ciudad Universitaria. Las tanquetas llegaron al zócalo a las 18:00. A las 19:30, en repudio a la PFP, llegó una marcha de diez mil manifestantes que fue dispersada. La policía realizó muchas detenciones en la colonia Santa Rosa, en el Parque del Amor, en el puente Porfirio Díaz y en la calle Valerio Trujano. El 30 de octubre, "los señores, Gildardo Mota y Néstor Ruiz, reporteros del semanario *Opinión Voz del Sur*, ...después de ser detenidos por elementos de la Policía Federal Preventiva, fueron golpeados, causándoles lesiones" (CNDH, Informe Especial Oaxaca). Varias detenciones fueron seguidas de desaparición forzada.[70] Aproximada-

[69] "Visitadores adjuntos de este organismo nacional comisionados en el estado de Oaxaca recibieron, el 29 de octubre de 2006, la comparecencia de una persona de sexo femenino, que pidió que se guardara discreción respecto a sus datos de identificación, en la que refirió que en un domicilio de la carretera al Fortín se encontraba el cadáver de una persona que había fallecido en el enfrentamiento del Puente Tecnológico de ese día con la Policía Federal Preventiva y que habían solicitado al Ministerio Público que fueran a recogerlo, porque no querían tener problemas, pero que habían recibido respuesta negativa a su petición" (Hechos. Recomendación 15/2007 CNDH).

[70] "El señor Crisóforo Estrada Carrillo, el 1° de noviembre de 2006, presentó queja en esta Comisión Nacional, respecto de la desaparición de su sobrino, Sergio

mente 50 personas fueron trasladadas a la 28a. Zona Militar donde se instaló una agencia móvil del Ministerio Público. Oficialmente fueron detenidas 32 personas. 22 de ellas fueron enviadas al penal de Miahuatlán y el resto al de Tlacolula.

Los agentes de la PFP se establecieron en el zócalo utilizándolo como cuartel y su kiosco como sanitario; también se acuartelaron en el Parque del Amor, en el Canal 9 y en el aeropuerto. Por la noche saquearon mercancía y todo tipo de enseres de los locales del pasaje comercial Alberto Canseco Ruiz, ubicado debajo del kiosco del zócalo, así como de diversos establecimientos del centro histórico y del legendario supermercado de La Lonja.

> Cara de niño y ropa gris... "Eres muy joven para ser policía federal", le dice un curioso. "Es que yo no soy policía federal, soy soldado", responde este militar entrenado en la base de San Miguel de los Cagüeyes, cerca de Querétaro. Para reunir a los cerca de 5 mil elementos que participaron en el Operativo Oaxaca, las fuerzas federales tuvieron que recurrir al Ejército Mexicano. "Somos lo mismo", asegura el efectivo con cara de niño (Osorno, p. 224).

Al día siguiente, la PFP desbloqueó la carretera México-Cuacnopalan. Detuvo a 18 personas y golpeó a un reportero local. Salvo Radio Universidad, ocupó las demás radios que estaban en poder del movimiento popular. Empezó patrullajes por diferentes colonias donde se habían mantenido barricadas. Los priistas señalaban los domicilios y la policía allanaba las casas, revisaba y detenía a la gente sin órdenes de cateo ni de aprehensión. A las personas pertenecientes a organizaciones de derechos humanos que fueron a documentar los hechos, la policía les impedía realizar su trabajo quitándoles sus cámaras, libretas y golpeándolos. Por las noches la PFP, con los priistas –como soplones– hacían cateos en las casas de los maestros, consejales o integrantes de las organizaciones de la APPO que se vieron forzados a abandonar sus domicilios para no ser detenidos. "Se reporta

Donaciano Barrios Robles, profesor de enseñanza primaria, ese mismo día, en virtud de que no lo había podido ubicar físicamente" (Hechos. Recomendación 15/2007 CNDH).

la detención de varias personas en Tlaxiaco por la PFP, que fueron trasladadas al penal de Tlacolula... Autoridades federales detectan que grupos priistas han cometido actos delictivos y violentos para adjudicárselos a miembros de la APPO" (Martínez 2007, p. 246).

Ante este embate, la gente reinstalaba las barricadas que la PFP retiraba. El plantón del centro histórico se replegó a Santo Domingo. Ulises Ruiz, protegido por la Policía Federal, se paseaba cerca del plantón de Santo Domingo y el parque llamado El Llano, lo que era considerado por la APPO como una provocación.

Este día 30 de octubre la Cámara de Diputados y el Senado de la República formularon un exhorto para que Ulises Ruiz considerara separase del cargo, a lo que Ulises Ruiz respondió: "Éstos no quieren ver más allá. Nos quieren chingar".[71] El 31 los coordinadores parlamentarios del PRD, Convergencia y PT se reunieron con el secretario de Gobernación, quien

> reconoció que estaba de acuerdo con la salida de Ulises Ruiz. Explicó... que el conflicto en Oaxaca había provocado una crisis al interior del PAN, pues un sector del partido deseaba asegurar la gobernabilidad con miras al 1° de diciembre, es decir, con miras a la toma de protesta de Felipe Calderón. Abascal ofreció, sin embargo, promover que el Senado declarara la desaparición de poderes en el estado y que la Cámara de Diputados propugnara por el juicio político contra el gobernador (Osorno, p. 190).

Nada de esto sucedió. El chantaje de Ulises Ruiz tuvo el peso necesario en la gente del PAN para que, en sus decisiones, se inclinara la balanza del lado contrario a los intereses del pueblo y del país. El 31 de octubre,

> autoridades federales detectan que grupos priistas han cometido actos delictivos y violentos para adjudicárselos a miembros de la APPO. En la cámara de diputados, el PRI recula y por voz de Emilio Gamboa decide dar su apoyo a Ulises Ruiz. El PAN responsabiliza en la cá-

[71] Luis Hernández Navarro, "Numeralia oaxaqueña", *La Jornada* 24 de julio de 2007.

mara a Ulises Ruiz de la crisis política. El Frente Amplio Progresista se entrevista con Abascal en Gobernación (después de varios meses) para advertir que la única vía para salir de la crisis es la salida de Ulises Ruiz. Se reporta la detención de varias personas en Tlaxiaco por parte de la PFP las que fueron trasladadas al penal de Tlacolula (Martínez 2007b, p. 28).

El día 1º se congregaron artistas, artesanos y maestros para poner una ofrenda de Día de Muertos en el Andador Turístico "por los caídos y contra la ocupación". La APPO elaboró tapetes de aserrín en memoria de sus trece muertos. La diputada oaxaqueña Daisy Selene Hernández, en la Cámara federal, pasó lista de las 15 personas ultimadas durante el conflicto mientras sus compañeros coreaban "¡murió por Oaxaca!" Los diputados oaxaqueños del Frente Amplio Progresista habían colocado calaveras y flor de cempasúchitl en el estrado con los nombres de los asesinados. Mientras tanto, crecía la exigencia de que Ulises Ruiz renunciara. Así se pronunciaron durante estos días la Cámara de Diputados Federal, Santiago Creel, el Frente Amplio Progresista, Francisco Toledo, la Convención Nacional Democrática, la Otra Campaña, el Frente de Pueblos en Defensa de la Tierra, un número amplio de clérigos de Oaxaca y la Asamblea Legislativa del Distrito Federal que se sumaban a la demanda masiva del pueblo de Oaxaca. De una manera más velada se manifestarían en favor de esta demanda el propio Felipe Calderón y José Murat, llamando al gobernador a la reflexión. Por su parte Ulises Ruiz respondería, en entrevista a Julián Andrade: "son llamadas a misa, y yo no soy devoto". Luego, en un acto político religioso con evangélicos encabezados por Porfirio Montero daría su peculiar versión de la democracia y de la legitimidad: "Sólo Dios pone y quita gobernadores" (Martínez 2007, p. 248).

El 2 de noviembre, la PFP bombardeó con cartuchos de gas a la gente que llegó al panteón de la ciudad a llevar sus ofrendas y a convivir con su familia en el camposanto. La policía se dio cuenta de que mucha gente se reunía en ese lugar por ser Día de Todos los Santos y, ya sea por pura maldad, en una política de terrorismo de Estado, o por ignorancia de las tradiciones del pueblo, perpetró la agresión.

A las 7:00 la policía de Ulises Ruiz con la PFP intentó ingresar a Ciudad Universitaria y sacar del aire a Radio Universidad que, aun estando intervenida, se escuchaba. Era ya el último medio operado por la APPO. La PFP intentó quitar por la fuerza la barricada ubicada en Cinco Señores, aledaña a Radio Universidad, cuando llegó la gente de toda la ciudad a reforzar los accesos a la radio universitaria e impedir que entraran. En defensa de la universidad llegó el rector, directores de varias facultades, universitarios, profesionistas y pueblo llano que acudió masivamente. El lugar fue bombardeado por aire y por tierra con tanquetas que lanzaron granadas de gas lacrimógeno y agua con químicos. Las patrullas de la policía eran acompañadas por helicópteros que, de manera indiscriminada, tiraban bombas de gases a la población congregada en la defensa territorial de Ciudad Universitaria. A la policía no se le dejó entrar. El enfrentamiento empezó a las 7:00 y terminó a las 18:00 cuando la PFP se tuvo que retirar sin lograr su objetivo de apoderarse de las instalaciones.

Los primeros escarceos se originaron por unos cohetones lanzados a la PFP, la que en ese momento detuvo a tres jóvenes. Cientos de personas empezaron a llegar al lugar con palos, varillas y piedras. En cuestión de minutos y con los helicópteros sobrevolando la Ciudad Universitaria, se empezaron a dar los enfrentamientos, especialmente en la glorieta de Cinco Señores y frente al Instituto de Ciencias de la Educación, en donde se encontraba otra de las barricadas. Los enfrentamientos se extendieron a los campos deportivos de Ciudad Universitaria hasta las puertas de las escuelas de la UABJO. Los helicópteros y los mismos policías en tierra lanzaban bombas lacrimógenas dentro de las instalaciones educativas. Los universitarios hicieron retroceder a la policía. Desde el aire, los helicópteros de la PFP y los policías continuaron lanzando gases que se dispersaron por toda la zona, situación que propició que muchos vecinos se unieran a los appistas. Los estudiantes arrojaron entonces bombas molotov, algunas de la cuales impactaron a los policías. A las cuatro horas de enfrentamiento, cuando la situación parecía tranquilizarse, la policía volvió a lanzar gases. Los uniformados fueron finalmente superados por el número de simpatizantes de la APPO congregados, algunos calculan que fueron alrededor de 20 mil personas enfrentándose a los 4 mil policías. Los enfrentamientos durarían aproximadamente siete horas. Los appistas consideraron ésta como una batalla ganada por la APPO... La PFP reportó 10 heridos de su parte, seis de ellos fueron trasladados al Hospital Militar en el D. F. La APPO contabilizó alrededor de 200 heridos, muchos de los cuales fueron atendidos en la Escuela de Medicina (Martínez 2007, p. 149).

Entre los heridos estaban los periodistas David Jaramillo Velásquez, de *El Universal*, y Mario Mosqueda Hernández, reportero independiente.[72]

Sobre la Batalla de Todos los Santos, la única en la que la APPO derrotó a la PFP, John Gibler [Global Exchange] escribió: "La APPO ha hecho un esfuerzo conjunto para que su lucha se mantenga pacífica, o al menos de abstenerse de utilizar la violencia física para alcanzar sus objetivos. [...] Respondiendo a los ataques armados con la simple construcción de las barricadas, demuestra su compromiso de evitar el uso de armas en su propio movimiento". También, cuando la PFP entró en Oaxaca, los manifestantes fueron a protestar frente a las filas policiacas, pero evitaron confrontaciones directas, permitiendo que la policía avanzara hacia el zócalo sin problemas (Osorno, p. 228).

La Procuraduría de Justicia del Estado reportó 30 detenidos en flagrancia, acusándolos de "motín, sedición, asociación delictuosa y demás delitos" (Martínez 2007, p. 149). "El equipo jurídico del Centro de Derechos Humanos Miguel Agustín Pro Juárez (PRODH) documentó ochenta y cuatro detenciones 'arbitrarias', entre ellas el menor Luis Antonio Félix Domínguez, de 14 años y el catedrático Gerardo Jiménez Vásquez de la Facultad de Derecho." De éstas, re-

---

[72] El periodista independiente, Mario Mosqueda Hernández, el 2 de noviembre de 2006, presentó queja en contra de la Policía Federal Preventiva debido a que, ese día, mientras cubría el desalojo en Ciudad Universitaria en la ciudad de Oaxaca, uno de los elementos de la mencionada corporación lo alcanzó y, no obstante que se identificó como representante de la prensa, el agente policiaco insistió que era miembro de la Asamblea Popular de los Pueblos de Oaxaca, y lo detuvo para que entre, aproximadamente, diez elementos de esa corporación lo golpearan con toletes, con los puños y a patadas en diversas partes del cuerpo, lo cual le ocasionó diversas lesiones. Agregó que lo amenazaron de muerte (Hechos. Recomendación 15/2007 CNDH).

salta, "en cincuenta y nueve casos se desconocía el paradero de los capturados" (CCIODH 2007, p. 278). Esta lista "se fue depurando conforme fueron apareciendo" los que se escondieron (Testimonio 44, p. 103). La mayoría de los detenidos fueron incomunicados y llevados al aeropuerto para trasladarlos después a los penales de Cuicatlán y Tlacolula. "Elementos de la AFI capturaron sin distinción a mecánicos, afanadores, burócratas y maestros que protestaban contra Ulises Ruiz. Los detenidos denuncian torturas: los subían al helicóptero, los amenazaban con lanzarlos del mismo y después abajo los golpeaban" (Martínez 2007, p. 299).

A partir de ese día, la PFP se dedicó a detener a gente común que pasaba por el centro de la ciudad por el solo hecho de que les parecía sospechosa o por oponerse a que les revisaran sus pertenencias. Las mujeres eran acosadas y manoseadas. A la radio llegaban llorando por el trato vejatorio y humillante que habían recibido. A quien vieran con volantes, gorra o que anduviera con el periódico *La Jornada* o el diario *Noticias de Oaxaca* era susceptible de ser enviado a los penales.

Yo fui testigo en el centro histórico el 3 de noviembre. Estando yo cruzando hacia el zócalo del centro de la ciudad vi cómo detuvieron, la policía federal, a jóvenes. A cualquiera que trajera una mochila y ellos creían que era sospechoso, lo detenían arbitrariamente. A las jovencitas las empezaron a jalonear, les jalaron los cabellos y contra la pared las azotaban, a las jovencitas, porque normalmente se resistían a que les revisaran las bolsas o las mochilas. Entonces vi aquí que a dos jovencitos les agarraron y les quitaron las mochilas, pero antes de quitarles las mochilas ya los estaban golpeando. Los detenían y con la culata de las armas les pegaban en los riñones y les pegaban en el estómago. A dos jovencitos los agarraron, yo vi como les golpearon y cómo se los llevaron (Testimonio 89, CCIODH 2007, p. 77).

Una pareja de señores de la tercera edad que pasaron por el centro desaparecieron. Este hecho fue difundido ampliamente por la radio. A los tres días aparecieron en el penal de Cosoloapan, cerca de Veracruz. Dos estudiantes que eran hermanos que pasaron por el centro y uno de ellos llevaba un tubo con planos, fueron duramente golpeados y arrastrados por todo el corredor turístico porque la policía supuso que se trataba de una bazuka.

El sábado 4 de noviembre, en el retén de Nochixtlán fue interceptada Blanca Carrasco (también referida como Blanca Reyna Canseco) cuando se dirigía a la ciudad de Oaxaca. Al ser cateada le encontraron dos credenciales, una de maestra de educación superior y otra del plantón que la APPO tenía frente al Senado en el D. F. Sin mediar delito ni orden de aprehensión fue tratada como delincuente. Le robaron el teléfono, la torturaron y la trasladaron al cuartel de la PFP. Llegó un helicóptero por ella y por un estudiante universitario, Jaime Rosas Guzmán, que también iba en el transporte. Fueron trasladados a "un cuartel militar, el campamento número 15" (Almazán 2007, p. 102). En el Campo Militar estaba la fiscalía móvil, en donde se encontró a Netolín Chávez Gallegos, subprocurador de Justicia que allí bromeaba con las defensoras de oficio. De allí fue trasladada al penal de Etla. "Cuando llegaron los de [la Comisión de] Derechos Humanos del estado dijeron que todo había estado conforme a derecho: la aprehensión y el traslado." Fue dejada en libertad mediante caución de 16 mil pesos. La APPO denunció que a los detenidos se les somete a tortura y vejaciones, que se siguieron produciendo nuevas desapariciones forzadas, que en los penales detienen a menores de edad, por lo que insistió en que el diálogo se reiniciaría cuando los detenidos fueran liberados (Martínez 2007, p. 251).

El 5 de noviembre, decenas de miles realizaron otra mega marcha en la ciudad de Oaxaca. Las principales demandas eran el retiro de la PFP de Oaxaca y el cese de allanamientos y detenciones arbitrarias. En la marcha participaron autoridades de la Sierra Juárez (Martínez 2007, p. 252). A las 7:00 horas, un comando gubernamental –en el que participaban policías ministeriales que fueron reconocidos–, llegó a Radio Universidad a disparar en contra de las personas que resguardaban el lugar (Hechos. Recomendación 15/2007 CNDH). "En la ciudad universitaria paramilitares apostados desde tres puntos disparan y hieren al estudiante Manuel Sánchez Martínez, quien es herido en el tórax. Le practican una cirugía en el hospital del Seguro Social" (Martínez 2007b, p. 31).

El 6 de noviembre trascendió

que el PAN y SEGOB han pedido la renuncia de Ulises Ruiz. El subsecretario Arturo Chávez dijo que Ulises Ruiz debe evaluar si es capaz de ofrecer gobernabilidad en Oaxaca. Manuel Espino declara que si Ulises Ruiz no deja la gubernatura existe el riesgo de que el problema no se resuelva en el corto plazo. El 8 se reunió Ulises Ruiz con el Secretario de Gobernación; la prensa calificó dicha reunión con Ruiz, como "institucional". No fue cordial ni agradable: En el caso de Oaxaca hemos sido tolerantes al extremo. La semana entrante tiene que haber señales claras. De manera simultánea, esperamos el resultado de las auditorías; de las investigaciones de la PGR en torno a los responsables de los hechos de violencia en el transcurso del conflicto, así como de otras gestiones que pueda realizar el Poder Legislativo (Martínez 2007, p. 255).

Probablemente este momento fue el definitivo para que Ulises Ruiz dejara el gobierno del estado. No tenía respaldo popular ni político. No podía gobernar.[73] Las auditorías no le podían ser favorables y poner la justicia en sus manos era como poner la Iglesia en manos de Lutero.[74] La hipótesis más probable es que el PRI en estos días negoció su apoyo a Calderón para que el 1° de diciembre pudiera tomar posesión de la Presidencia de la República con el *quorum* mínimo necesario, a cambio de sostener en la gubernatura al tirano.

[73] "Por sus declaraciones, truena el PRI contra Abascal; lo llama desvergonzado, indigno e ignorante, carece de atributos legales y morales para desconocer gobernadores"; lo acusan de actuar con impericia política y lo llaman a dejar a un lado las amenazas. Él y Fox deberían renunciar, opinan. Al día siguiente el gobernador lo increpó: "Si Abascal tiene miedo de aplicar la ley que dimita. Su visión es muy corta". Horas después de sus declaraciones tuvieron una cita; el titular de Gobernación le exigió un plan de gobernabilidad. El gobernador plantea un plan en seis puntos: reconciliación, reforma del Estado; reactivación económica; seguridad; rediseño de estructuras de gobierno y avance en el cumplimiento de los acuerdos con la Sección 22" (Martínez 2007, p. 32).

[74] "La Secretaría de la Función Pública precisó que se le están auditando al gobierno oaxaqueño los recursos de los programas del Fideicomiso para la Infraestructura de los Estados (FIES), Fondo para el Desarrollo de los Pueblos y Comunidades Indígenas y el Programa Integral para Abatir el Rezago Educativo cuyo monto asciende a 1,096 millones de pesos" (Martínez 2007, p. 257).

El día 7 se realizó una marcha de mujeres que fueron agredidas por la AFI con tanquetas de presión, y resorteras con que les lanzaron piedras y canicas. La profesora de educación indígena Josefa Bravo Higinio resultó herida con una piedra (Martínez 2007, p. 253). Ese día, un comando ulisista incendió y atacó con ráfagas de armas de alto poder el Burger King que está en las inmediaciones del centro comercial Plaza del Valle, en donde causaron el pánico lanzando bombas molotov en diversos negocios. Fue agredida la casa del abogado Gilberto Hernández, de la comisión jurídica de la APPO, como acto intimidatorio. El día 8 de noviembre

> los estudiantes Jesús René Trujillo, Benito Pereda Fernández y Mauricio Marmolejo Pereda, quienes participaban de las transmisiones de Radio Universidad, fueron detenidos por paramilitares en su domicilio sin orden de aprehensión ni de cateo. Después de golpearlos se los llevaron con rumbo desconocido. Al día siguiente fueron liberados con el pago de una fianza de 40 mil pesos. Se les acusó de portación de armas exclusivas del ejército (Martínez 2007, p. 254).

El día 8 hubo también otro operativo "realizado por policías municipales de Santa Lucía del Camino quienes llegaron a las barricadas. Comentaron que existe una 'fiscalía móvil' de la Procuraduría del Estado pero 'nadie sabe donde está'. Dijo que la mayoría de quienes han sido liberados manifiestan que han sido víctimas de tortura física y sicológica" (Martínez 2007, p. 255). Ese día "el portavoz de la APPO, Florentino López Martínez, informó que se habían realizado 120 detenciones, de las que 40 ya salieron libres, sin embargo todavía había casos de desaparecidos y varios muertos" (CCIODH 2007, p. 279).

Los maestros de la Sección 22 de la región de Valles Centrales y de la Sierra, reunidos en asambleas regionales ante la falta de asamblea estatal, tomaron el acuerdo de reiniciar clases el 15 de noviembre –y no el 30 de octubre–, para poder participar en las movilizaciones de resistencia pacífica que se realizaron con el pueblo para exigir la salida de la PFP.

Los representantes del Consejo Estatal de la APPO comenzaron a ser sistemáticamente perseguidos, por lo que le pidieron a la Diócesis del Arzobispado de Antequera, Oaxaca, que les diera asilo. Al principio se les concedió (el 8 de noviembre), pero el secretario de Gobernación llamó al obispo y, a partir de entonces (11 de noviembre), se negó a darles refugio. El "Heroico Cuerpo de Topiles" del movimiento fueron los que todo el tiempo se encargaron de apoyarlos en su seguridad.

El 9 de noviembre fueron baleadas nuevamente las barricadas de Ciudad Universitaria por comandos gubernamentales que dejaron varios vehículos dañados con cartuchos calibre 45 percutidos. "Miles marchan en el D. F. en apoyo a la APPO" (Martínez 2007b, p. 34). El 11 de noviembre provocadores ulisistas lanzaron una bomba molotov al McDonald's de la Plaza del Valle. Los guardias lograron controlar el fuego. La APPO se deslindó de los hechos.

El secretario de Gobernación, Carlos Abascal, reconoció, el 14 de noviembre de 2006 que "el conflicto de Oaxaca será legado a Felipe Calderón; argumenta que la solución a la crisis requiere tiempo, del cual ya no se dispone" (Martínez 2007b, p. 36)

El 15 y el 18 de noviembre hubo movilizaciones de mujeres que llevaban cacerolas para hacer ruido, y espejos que ponían enfrente de los policías para que vieran su imagen como represores del pueblo. Llevaban carteles para generar conciencia y les manifestaban su repudio por lo que estaban haciendo en Oaxaca. Las marchas fueron infiltradas con provocadores: el día 15 fue detectada la priista Margarita Baltasar Quintero. Ese día fueron detenidos los hermanos José y Josué Gandhi Caballero Martínez y

los señores Andrés del Campo Ortega y Verónica Sanabria Villalvazo, integrantes de la Asociación Mexicana de Asesores en Derechos Humanos (AMADH), quienes al circular por el centro de la ciudad de Oaxaca, fueron interceptados por tres vehículos así como varias motocicletas, de los cuales descendieron varios hombres con armas largas, quienes los amagaron y obligaron a bajar de la camioneta, misma que revisaron y sustrajeron todos los papeles, además de despojarlos de cámaras fotográficas, videos, rollos y cintas que llevaban (Hechos. Recomendación 15/2007 CNDH).

El día 15 Rosario Ibarra, presidenta de la Comisión de Derechos Humanos de la Cámara de Senadores, presentó un informe de lo sucedido tras el ingreso de las fuerzas federales en Oaxaca, realizado con familiares de agraviados y organizaciones no gubernamentales. El saldo de la represión en Oaxaca era entonces de 15 muertos, 98 desaparecidos, 109 heridos y 93 detenidos.

El 17 de noviembre fue asesinado Marcos Contreras Mendoza en el centro de Oaxaca, afuera del templo del Carmen Alto y cerca del plantón en Santo Domingo. Una mujer que iba a una tienda de telas fue ultrajada sexualmente en el centro de la ciudad; acusaron a la PFP de revisarla y, al hacerlo, le tocaron busto, glúteos y otras partes del cuerpo mientras que uno de ellos la abrazaba (Martínez 2007, p. 261). El 18, la APPO le exigió a Eduardo Medina Mora, secretario de Seguridad Pública, el retiro de la PFP y que investigara el ultraje sexual atribuido a los agentes de la PFP. El 19 de noviembre la PFP reprimió "violentamente una marcha pacífica en la ciudad de Oaxaca con un saldo de al menos quince heridos. En el incidente resultó herido el fotógrafo del diario *Reforma*, Tomás Martínez" (CCIODH 2007, p. 279). El día 20 de noviembre hubo otra marcha de la APPO en la que se registró un enfrentamiento por más de cuatro horas con agentes de la PFP. El saldo fue de 53 intoxicados y lesionados de la APPO y al menos 5 policías; fueron agredidos "Alejandro Torres de *El Universal* quien recibió el impacto de una bomba lacrimógena y el camarógrafo de Televisión Azteca Alejandro Domínguez, quien fue golpeado con toletes en las piernas y la cámara" (Martínez 2007, p. 262).

El 21 de noviembre en la madrugada, comandos ulisistas incendiaron el campamento central de la APPO. "La policía no intervino. Usaban armas y portaban radios. Prendieron fuego a lonas, mesas, puestos que se encontraban en el lugar y robaron unas tres toneladas de víveres" (Martínez 2007b, p. 37), y a las 15:00 horas la barricada Cinco Señores fue agredida por elementos de las fuerzas especiales de la Policía Ministerial que dispararon en contra de dos jóvenes, identificados como el Cholo y el Conejo y los detuvieron. Uno de ellos, Ricardo Osorio Bolaños, sufrió graves lesiones. El clima era cada vez más complicado. La PFP estaba sembrando miedo, terror.

El 23 de noviembre la APPO denunció penalmente a Ulises Ruiz, a Vicente Fox y a otros altos funcionarios ante la PGR por genocidio, desaparición forzada y otros crímenes de lesa humanidad. Presentó los casos de 17 personas asesinadas durante el conflicto y 34 desde el inicio del gobierno de Ulises Ruiz.

A partir del 11 de noviembre se realizó formalmente el Congreso Constitutivo de la APPO en las instalaciones del Hotel del Magisterio. El 13 de noviembre el Congreso Constitutivo de la APPO logró formalizar la estructura orgánica mediante un Consejo Estatal, Consejos Regionales y Sectoriales. Se contó con la participación de 2 500 delegados de las ocho regiones de todo el estado, representantes de colonos, mujeres, campesinos, estudiantes, de todos los sectores y de las comunidades de Oaxaca.

"En el congreso se delinearon algunas de las líneas programáticas de la organización, su estructura orgánica y su programa de acción inmediato. En una mesa, se realizó el diagnóstico de la situación nacional e internacional, en otra el contexto estatal y en una más, lo que se denominó, la crisis de las instituciones" (Martínez 2007, p. 136). Se reafirmó la amplia representación del pueblo. El 20 de noviembre "las más de 150 comunidades indias de la Sierra Juárez resolvieron constituirse en Asamblea de Pueblos Zapotecos, Mixes y Chinantecos para llevar la lucha por el derrocamiento del gobernador Ulises Ruiz" (CCIODH 2007, p. 280). En el Congreso se aprobaron, también, los principios con los que se debe regir dicha organización, las acciones y tareas inmediatas así como diversos pronunciamientos sobre las diferentes asignaturas coyunturales. Tres preocupaciones generales surgieron en el Congreso que fueron: 1] Constituirse en una organización y un espacio de carácter estatal al servicio de los pueblos de Oaxaca; 2] transformar la revuelta popular en una revolución pacífica, democrática y humanista, y 3] vincularse y articularse al contexto nacional e internacional en la lucha contra el neoliberalismo y todas las formas de injusticia contra la sociedad (Martínez 2007, p. 139).

El 19 de junio Francisco Ramírez Acuña dio por concluidas las negociaciones con los diferentes grupos de Oaxaca, por lo que el tema lo turnó para ser resuelto por el gobierno estatal. Dijo que las movilizaciones en esa entidad y las exigencias de la Asamblea Popular de los Pueblos de Oaxaca eran responsabilidad exclusiva del gobernador Ulises Ruiz Ortiz. "Hemos cumplido a plenitud (con Oaxaca); toca al gobernador Ruiz resolver (el conflicto) a tiempo para que no se reactive."[75] Ante esta negativa a intervenir, la dirigencia de la APPO se pregunta: Si Gobernación dice que "el caso Oaxaca está cerrado y es local, ¿a quién vamos a recurrir?"[76]

Del análisis y propuestas que se presentaron en el Congreso Constitutivo de la APPO destacamos las siguientes:

En referencia al contexto estatal, se señala el autoritarismo y la crisis de las instituciones que han caracterizado al actual régimen y su necesidad de transformación. Para lograrlo, plantea de manera general la necesidad de un nuevo constituyente y una nueva Constitución, así como las reformas legales e institucionales que deberían implementarse:

a] *En el ámbito político*, requieren reformas a la actual Ley Orgánica Municipal, reconocimiento de los Ayuntamientos Populares que surgieron durante el movimiento, la ciudadanización de las instituciones de derechos humanos, hacer real y efectiva la división de poderes, reconocimiento, libre determinación y autonomía de los pueblos indígenas, consolidación de los regímenes normativos propios de las comunidades como los Estatutos Comunales y Municipales; desaparición de las delegaciones de gobierno; participación política de las mujeres; respeto a la separación de la Iglesia y el Estado.

b] *En el ámbito electoral*: anular las reformas electorales que permiten prorrogar el mandato; establecer como formas de participación ciudadana el referéndum, la revocación de mandato, la consulta popular, el plebiscito, la iniciativa popular, la segunda vuelta electoral, la creación de un Consejo de los Pueblos; el reconocimiento de las formas de participación de los pueblos indígenas y su intervención

---

[75] El 18 de julio de 2007, Ulises Ruiz desató la represión, nuevamente, en contra de la APPO. Diputados del PRD insistieron en la Secretaría de Gobernación para que colaborara a solucionar el problema de Oaxaca. El contubernio del gobierno federal con el gobernador es evidente. A este reclamo no hizo caso y sí a enviar Ejército y Policía Federal para reforzar la policía local "a reprimir al pueblo oaxaqueño", por lo que llamaron a esta política un "encubrimiento a los abusos cometidos en Oaxaca, falta de sensibilidad, respuesta autista".

[76] Entrevista con Ezequiel Rosales. *La Jornada*, 25 de julio de 2007.

en las instancias estatales y nacionales; la desaparición de las diputaciones plurinominales y la ciudadanización de las instituciones y procesos electorales.

c] *En lo económico*: impulsar mecanismos de interacción directa entre productores y consumidores; cooperativas; proyectos de desarrollo regional sustentable; reducir sueldos a funcionarios; Ley de Transparencia; rendición de cuentas; ciudadanizar la contraloría interna y crear un órgano de fiscalización popular; participación de recursos a las agencias y localidades de los municipios; participación colectiva en las obras proyectos y acciones con recursos federales; reconocimiento y valoración jurídica, económica y fiscal del tequio; respeto a los pueblos indígenas en el control, uso y disfrute de sus tierras, territorios y recursos naturales; detener los megaproyectos del Plan Puebla-Panamá.

d] *En lo social*: garantizar la salud, seguridad laboral y educación para que estos servicios lleguen a todos los rincones del estado; pensión a personas con capacidades diferentes; educación emancipadora, crítica, científica, liberadora y gratuita, que promueva la interculturalidad y los valores éticos comunitarios en todos los niveles educativos; fortalecer el uso de las lenguas indígenas; apoyos económicos a los jóvenes de escasos recursos para que avancen en sus estudios y formación; evitar cuotas de inscripción; reducción en 50% del costo del transporte a los estudiantes; ampliación de la matrícula de la Escuela Normal Bilingüe e Intercultural; participación de los sindicatos en la Junta Local de Conciliación y Arbitraje, para vigilar la aplicación de la Ley del Trabajo; la promoción de radios comunitarias; el rechazo a la Ley Federal de Radio y Televisión y la Ley General de Telecomunicaciones; que la Corporación Oaxaqueña de Radio y Televisión "pase a manos de la sociedad oaxaqueña"; control y administración de las zonas arqueológicas por las comunidades y pueblos indígenas; que PEMEX no siga contaminando y afectando a los pescadores en el Pacífico; solución a la conflictividad agraria privilegiando el diálogo y la reconciliación entre las partes involucradas; rechazo al Programa de Certificación y Titulación de los Bienes Comunales y Ejidales; restitución de la cantera verde al zócalo; reparación e indemnización a los afectados por las obras del

Cerro del Fortín; reconstrucción de la Fuente de las Siete Regiones y del Llano; suspensión de las obras de ampliación del ADO, en el barrio de Jalatlaco (Resumen de las mesas de trabajo, Oaxaca, mimeo, 13 de noviembre del 2006).

Para su estructuración orgánica, el Congreso decidió formar un Consejo Popular de los Pueblos de Oaxaca, integrado con representantes de las ocho distintas regiones del estado, en número de 10 por cada una de ellas con excepción de Valles Centrales, que tendría 20, así como de los sectores que se han venido aglutinando en la APPO como los comerciantes, artesanos, organizaciones civiles, comunidades eclesiales de base, ayuntamientos populares, transportistas, mujeres, barricadas, colonias, sindicatos, jóvenes, intelectuales, trabajadores del arte y la cultura, estudiantes, presos, perseguidos y exiliados, pueblos indígenas de los Valles Centrales y, de manera especial, el magisterio (en Martínez, pp. 162-165).

El sábado 25 de noviembre, por convocatoria de la APPO, se realizó la séptima megamarcha en la ciudad de Oaxaca en la que participaron decenas de miles de manifestantes. El plan era terminar la manifestación de forma pacífica acordonando el centro histórico durante 24 horas. Allí estaba acuartelada la PFP, por lo que durante este tiempo se la cercaría. Ulises Ruiz y el gobierno federal vieron allí la oportunidad de actuar y tomaron la decisión de reprimir al movimiento social. Ulises Ruiz montó la provocación con sicarios y grupos paramilitares para que las fuerzas federales –PFP, AFI, Policía Militar– intervinieran en la represión del movimiento con las policías del estado.

Las fuerzas federales y la policía del estado, junto con los comandos ulisistas de paramilitares y sicarios, utilizaron la ciudad como territorio en el que cometieron libremente todo tipo de excesos sembrando el terror. Hicieron redadas, pusieron retenes y se movieron en patrullajes. Detuvieron a los que querían, sin respetar persona, derecho o ley alguna. Dispararon a discreción. Muchos heridos fueron llevados en camionetas a los hospitales. Conforme a testimonios que citamos más adelante, se teme que varios muertos que nunca aparecieron hayan sido llevados a lugares sin registro, para ocultar los crímenes.

El 24 de noviembre por la noche, Ardelio Vargas Fosado, comandante en jefe del operativo, declaró que la policía iba a pasar de una fase persuasiva a otra de intervención superior. "¡Se agotó la tolerancia!", sentenció.

El entonces presidente Vicente Fox, y su sucesor Felipe Calderón –que en menos de una semana asumiría formalmente la Presidencia de la República y a la sazón tenía graves problemas para hacerlo– pactaron con el PRI y autorizaron la represión masiva que la PFP al mando de funcionarios del gabinete federal de seguridad y policías del estado realizaron, por lo que todos ellos tienen grave responsabilidad en los hechos.

Radio Ciudadana estuvo convocando a la población para que agrediera a los participantes en la marcha con ácido muriático o lanzándoles agua caliente. César Mateos, vocero de la APPO, y Jorge Sosa fueron detenidos por las policías estatales Ministerial y Preventiva con apoyo de la PFP (Martínez 2007, p. 263). El 13 de diciembre "el padre de César Mateos declara que a su hijo lo golpearon, le quitaron sus tarjetas de crédito y le sacaron el dinero del banco. Que en una cuenta tenía 125 mil pesos y en otra 60 mil" (*La Jornada*, 14 de diciembre).

La marcha empezó a mediodía y a las 17:00 se disponían a formar el cordón; sin embargo, la PFP comienza a perseguir y disparar abiertamente a la gente.

Según se supo posteriormente, priistas infiltraron la marcha de la APPO y ocasionaron destrozos. Fuentes del gobierno admitieron que la PFP detuvo a operadores de Ulises Ruiz, entre ellos a Geodardo Martínez Canseco, colaborador del diputado local por la zona mixe y a Jesús Madrid Jiménez, promotor de las Unidades Móviles para el Desarrollo, además de dos militantes del PRI que realizan actividades en la zona mazateca. Los grupos priistas actuaron en células y Martínez Canseco habría encabezado una de ellas (Martínez 2007, p. 170).

Radio Ciudadana azuzaba a la policía y a los sicarios informando el nombre de los dirigentes de la APPO, sus direcciones, datos de sus hijos, de sus vehículos y ofreciendo dinero por la detención de algunos de ellos.

Luego de una marcha que atrajo a miles de simpatizantes del movimiento popular, un grupo de jóvenes pertrechados con bazukas hechizas, piedras, palos, bombas molotov se enfrentan a la policía. Oaxaca se volvió zona de lucha, pillaje e incendios. Incendian sedes públicas, autos particulares, una sucursal bancaria. Se incendia el archivo histórico que se encontraba en el Tribunal Superior de Justicia que contenía documentos del siglo XVI a la primera mitad del siglo XIX (Nota del periódico *El Universal*).

A Ulises Ruiz le pareció que eran "pequeños detalles" (Martínez 2007b, p. 38).[77] Luego de un primer enfrentamiento vendría otro hasta que la PFP, después de varias horas tomó el control de Santo Domingo. En su retirada miembros de la APPO y comandos ulisistas infiltrados la emprendieron contra automóviles y oficinas públicas que ardieron toda la noche.

En los enfrentamientos hirieron a varios periodistas: Amaury Guadarrama de la agencia Cuarto Oscuro, Virgilio Sánchez de *Reforma*, Abundio Núñez de *El Financiero*. Marcelino Coache, miembro de la APPO reportó cerca de 40 lesionados. Conforme al periódico *Milenio*, 27 de noviembre, "el 26 de noviembre jóvenes appistas lanzan bombas molotov contra las oficinas de Hacienda ubicadas en la colonia Reforma" (Martínez 2007, p. 264). Los infiltrados, con la complacencia de la fuerza pública, provocaron incendios en diversos edificios públicos como el Tribunal Superior de Justicia, la Cámara de Diputados y la Secretaría de Hacienda, e incitaron a que la turba

---

[77] Conforme al diario *Reforma* del 27 de noviembre del 2006, el saldo fue de: "152 personas detenidas, 20 vehículos y automóviles quemados y 19 inmuebles dañados, entre los cuales se encuentran: el Tribunal Superior de Justicia, oficinas del Poder Judicial Federal, el teatro Juárez, el hospital Molina, las Oficinas de Relaciones Exteriores, la Asociación de Hoteles y Moteles, el SAT, la Secretaría de Turismo, el Hotel Camino Real, el restaurante Copal, una sucursal de Banamex, la sucursal de Telmex, la Mueblería Nueva, las oficinas de Aviacsa, la Plaza Santo Domingo, la tienda Piticó, una oficina de caja de ahorro y dos casas habitación" (Martínez 2007, p. 170).

enardecida cometiera desmanes, para después culpar a la APPO. Uno de estos infiltrados al que no le pagaron lo prometido, Eduardo "N" Bautista, en represalia, presentó su testimonio en Radio Hit, y lo dejó por escrito. A las 19:00 en Radio Ciudadana Ulises Ruiz festejó que hubiera incendios porque consideró que con ello se terminaría con el movimiento popular. "Es el último coletazo del dinosaurio", aseguró.

Llama la atención que, mientras estos desmanes sucedían, la policía no parecía percatarse de los hechos, como si estuvieran previamente pactados y no precisamente con la APPO, sino con comandos ulisistas de paramilitares y sicarios, para tener pretexto de las graves acusaciones que se formularon en contra de los detenidos. Conforme al testimonio de uno de los presos en Tepic, "la mayoría de las personas detenidas en Nayarit no tenían nada que ver con la APPO ni habían estado en el enfrentamiento con la PFP, no fueron los autores de los incendios que [mandó hacer] el gobierno para su beneficio" (Osorno, p. 253). La intervención de la policía se dirigió a grupos de gente que se había manifestado pacíficamente y, al parecer, a lograr una cuota de detenidos con población que era ajena por completo a los hechos. De esta manera, la PFP se posicionó en las azoteas de los edificios para no ser cercada y desde allí inició su agresión a los manifestantes con gas lacrimógeno y proyectiles. En las calles circunvecinas a la marcha instalaron retenes para revisar a todos los que pasaban, que tenían que darles cuenta de quiénes eran y a dónde iban. Terminaron haciendo detenciones indiscriminadas y masivas (Testimonio 4, p. 82). Para la policía toda la población civil era su enemiga. Si alguien pasaba circunstancialmente por el lugar en que había retenes o hacían redadas, podía ser arbitrariamente detenido y bastaba el señalamiento de los agentes, sin mediar prueba alguna, para ser criminalizado y, a pesar de ser la víctima, pasaba a ser considerado "de alta peligrosidad".

El gobierno utilizó la fuerza pública para agredir a la población inerme, para detener indiscriminadamente y para torturar a los detenidos. Los partes informativos de la policía fueron inventados para justificar la ilegalidad con la que los comandos ulisistas actuaron. Detuvieron a 54 personas.

Estudiantes de medicina denunciaron que ese día, a muchas cuadras del epicentro de los acontecimientos, cerca de la escuela ubicada en el norte de la ciudad de Oaxaca, ocurrió una balacera y la desaparición de Luis Javier Pacheco Vázquez, estudiante del quinto año que colaboraba en los puestos de socorro. Añadieron que en la asamblea de la escuela se denunció que, alrededor de las 21 horas del mismo sábado, un grupo de personas que intentaba resguardarse en las instalaciones de la facultad, al ser perseguido por paramilitares y judiciales, fue arteramente acribillado en el frontispicio de la institución como lo evidenciaron testigos presenciales, siendo los cuerpos levantados por los elementos mencionados. Dijeron que hasta el momento de la denuncia, permanecían en calidad de desaparecidos (Martínez 2007, p. 172).

En las inmediaciones de Ciudad Universitaria fueron detenidos Alberto Tlacael Cilia, del Centro de Derechos Humanos Yaxkin con dos personas más, una de ellas Sarah Ilitch Weldon de nacionalidad francesa. La marcha pacífica terminó con un operativo policiaco que agredió a los manifestantes y con detenciones masivas que duraron hasta la madrugada. Alberto Tlacael Cilia fue liberado el 7 de diciembre con el pago de una fianza de 108 mil pesos.

En la madrugada todo era desolación. Reyna Ruiz, testigo de ese episodio al salir a buscar a su esposo el profesor Roberto Morales Hernández, que fue detenido, relata:

[mi esposo] me llamó como a las ocho de la noche para decirme que iba al Seguro Social. Esa noche fue para mí de mucha angustia, porque él ya no se comunicó otra vez. Salí a las dos de la mañana a buscarlo con unos vecinos y, lo único que encontré en la Plaza de Santo Domingo y en las calles de El Llano, era gente del ayuntamiento lavando sangre y recogiendo pedazos de ropa. Lo hacían con tanquetas de presión para que la sangre se levantara del piso. Supimos que en las puertas de la iglesia de Santo Domingo a muchos compañeros que quisieron entrar, no se les permitió y que ahí dejaron su sangre y, algunos, su vida. Nos consta porque lo vimos en la madrugada. Vimos cómo echaban en bolsas negras pedazos de seres humanos. (Almazán 2007, pp. 143-144).

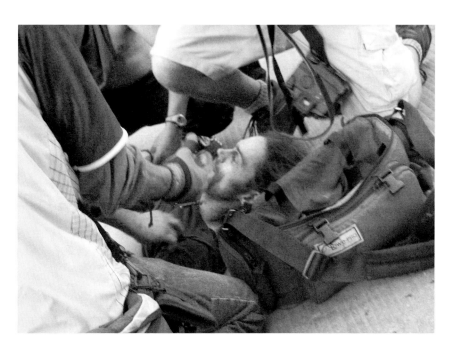

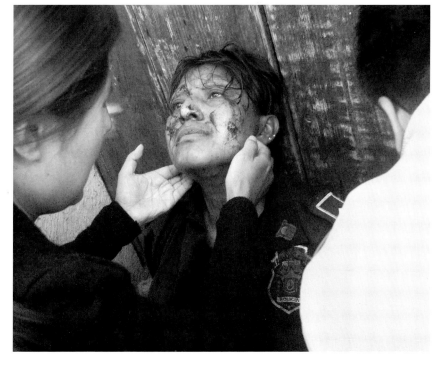

Ese día se reportan más de 140 heridos, cinco de ellos periodistas,[78] 149 detenidos y numerosos destrozos como saldo de varias horas de enfrentamiento. "Mataron a tres, ...cerca del hospital civil cayeron tres compañeros, pero los cuerpos nunca fueron presentados, y sí hubo más muertos por otras partes, por otros puntos" (Testimonio 19, CCIODH 2007, p. 83). Los tres muertos fueron vistos frente a la Facultad de Medicina, luego "los perdieron", ya no se supo dónde quedaron sus cuerpos ni quiénes eran. La policía se desplazó en ambulancias de la Cruz Roja para agredir a la población (Testimonio 325, CCIODH 2007, p. 84). Un estudiante del Tecnológico quedó muy malherido de bala. En urgencias del Hospital General y del IMSS llevaban a la gente herida y la aventaban como bultos.

OFENSIVA TOTAL Y OPERACIÓN LIMPIEZA

Horas después de esta redada masiva, el domingo 26 de noviembre, Ulises Ruiz aparece triunfante. Es la última semana de la administración de Vicente Fox. La alianza del PRI es indispensable para que Felipe Calderón asuma formalmente la presidencia en San Lázaro. Ulises Ruiz tiene las manos libres. Esa semana y la siguiente buscará consolidar su posición deteniendo a los representantes, dirigentes y activistas de la APPO. Hará de cuenta que la victoria es suya.

Ese domingo 26 escoltas del gobernador hirieron a balazos a Bernardo Pérez Luna que, luego de haber sido operado, fue secuestrado del Hospital Civil por agentes de la Policía Ministerial;[79] civiles armados quemaron las oficinas de Flavio Sosa, dirigente de la APPO; la PFP se dedicó a realizar cateos sin orden judicial en domicilios particulares, escuelas y centros de trabajo, en búsqueda de integrantes y dirigentes de la APPO. Y durante todo el día, Radio Ciudadana estuvo incitando a la violencia: en contra de las oficinas

[78] Porfirio Domínguez Muñoz Cano, Joel Domingo Ramírez Jiménez, Abundio Núñez Sánchez, corresponsales en Oaxaca del diario *El Financiero*, Amaury Guadarrama de *Cuarto Oscuro*, y Virgilio Sánchez, corresponsal del diario *Reforma*, sufrieron diversas lesiones propiciadas por elementos de la Policía Federal Preventiva.

[79] *Reforma*, 27 de noviembre de 2006.

de la Pastoral Social del Arzobispado, así como de la iglesia de los Siete Príncipes, en donde fue baleada la camioneta del sacerdote Carlos Franco Pérez. También estuvo llamando a incendiar las oficinas de Servicios para una Educación Alternativa (EDUCA).[80]

El 26 de noviembre detuvieron a 24 personas más y entre el 27 y el 30 de noviembre a otras 11. Se intensificaron patrullajes y cateos. Al agudizarse de este modo la represión hubo llamados a radicalizar la lucha.[81] El lunes 27 de noviembre Guadalupe Ortiz Cruz, indígena mixteco, sufrió un atentado en Putla de Guerrero. Marcos García Macedas y él habían ido a las comunidades de esa región a informar de las detenciones masivas realizadas por la PFP en la ciudad de Oaxaca los días 25 y 26. A las 10:30 fueron emboscados por dos vehículos. La camioneta en la que se transportaban recibió 177 disparos de diferentes armas. Marcos García logró trasladarse a un sanatorio en Putla de Guerrero, iba malherido y pidió protección a la comunidad porque "lo habían seguido hasta el hospital". Al día siguiente del atentado, el grupo de la Policía Ministerial fue relevado. Conforme a su testimonio, "nosotros siempre hemos creído que el atentado fue cometido por la Policía Ministerial" que se dedicó a limpiar de evidencias el lugar de los hechos "porque aparte de las diversas policías que hay en la región, los grupos paramilitares están bajo las órdenes del gobernador" (Almazán 2007, pp. 95-97).

El gobierno del estado estaba decidido a detener a quienes habían participado, de manera más visible, en el movimiento. El 27 de noviembre decidió apresar a varios profesores que ubicó en la telesecundaria de Viguera y a la profesora María del Carmen López cuando supo que participaba en el Consejo Estatal de la APPO

[80] Conforme a denuncia de Marcos Leyva, miembro de Educa.

[81] El Comando Magonista de Liberación de la Tendencia Democrática Revolucionaria del Pueblo anuncia que ante la represión, hará uso de las armas: "Advertimos a la élite en el poder que al estar cancelando las vías legales y pacíficas de lucha en nuestro país, será la única responsable del escalamiento del conflicto social y político en curso, así como de la réplica revolucionaria armada. Hasta ahora nos habíamos mantenido a la expectativa y en estado de alerta para evitar que el movimiento popular aglutinado en torno a la APPO fuese reprimido so pretexto de la acción revolucionaria armada", señala (Martínez 2007b, p. 39).

reunido en la facultad de veterinaria de la Universidad. Los padres de familia de la telesecundaria se dieron cuenta del operativo, acordonaron el lugar e impidieron el secuestro de los profesores. Mientras, el equipo de seguridad de la APPO obtuvo oportunamente la información del operativo que el gobierno preparaba y actuó para que la profesora escapara. Al día siguiente, el gobierno del estado intentó de nueva cuenta detenerla. A las 10:30 de la mañana realizó un operativo mixto con policía federal y estatal por tierra y aire en el Jardín de Niños Erasmo Castellanos Quinto donde ella trabaja, con el objeto de detenerla. Tampoco tuvo éxito.

El martes 28 la PFP detuvo, con exceso de violencia y sin orden de aprehensión, a Erick Sosa Villavicencio al salir de su trabajo como bombero en el aeropuerto de la ciudad de Oaxaca. Fue trasladado al penal de alta seguridad de Matamoros. A la fecha de su detención no se había involucrado en las acciones de la APPO; su delito fue "ser hermano de Flavio", dirigente de la APPO. El 9 de junio del 2007 fue liberado por "desvanecimiento de pruebas".

Las detenciones continuaban. Juan Santamaría fue detenido el jueves 30 de noviembre por policías vestidos de civil que llegaron en carros sin placas a su departamento. Lo acusaron de estar en las barricadas. Por ese "delito" estuvo preso más de un mes (Almazán 2007, p. 115). Arturo Reyes García fue detenido el 1º de diciembre por poner barricadas y recluido en Tlacolula de Matamoros acusado de sedición, portación de arma y robo. Fue torturado y obligado a decir que lo hacía por paga, que recibía dinero de Gabino Cué, a través de Roberto Pensamiento y Zenén Bravo. Su hermano Gabriel opina: "Su único delito es estar con el pueblo, pelear por el pueblo" (Almazán 2007, p. 91). Un primo suyo, Heriberto López Reyes había sido detenido días antes para que diera información sobre la ubicación de Arturo. También a Heriberto le fabricaron delitos y le exigieron una fianza de 14 mil pesos para salir; sin embargo la juez, que era sobrina de Ulises Ruiz, elevó la fianza a 24 900 pesos (Testimonio en Almazán 2007, pp. 93 y 94). Además de los 171 ya detenidos, 90 de ellos profesores, se hablaba de 300 órdenes de aprehensión en contra de simpatizantes de la APPO. Ante esta situación muchos activistas se resguardaron.

La absoluta falta de garantías, la negativa al *habeas data*, la persecución sistemática a dirigentes y activistas de la APPO hicieron necesario que los perseguidos y consejeros se trasladaran al Distrito Federal por acuerdo de la CEAPPO. El 28 de noviembre, en un salón de la Iglesia de los Pobres de la colonia Reforma, sesionó el Consejo de la APPO en el marco del Foro de los Pueblos Indígenas que ahí se realizaba, convocado por Iniciativa Ciudadana de Diálogos por la Paz, la Justicia y la Democracia. Uno de los acuerdos del Consejo de la APPO fue que, ante el clima de represión y por razones de seguridad, un grupo de representantes saliera del estado hacia el Distrito Federal para continuar atendiendo las tareas políticas del movimiento. En este grupo se ubicó a Flavio Sosa Villavicencio, María del Carmen López Vásquez, Marcelino Coache Verano, Erangelio Mendoza, Zenén Bravo, Berta Elena Muñoz Mier, Jesús López Rodríguez y Felipe Canseco. Mientras que el equipo restante de consejeros se quedaría en el estado de Oaxaca al frente de la lucha. El grupo de exiliados salió de Oaxaca el día 30.[82]

La última barricada –la de Cinco Señores– se levantó tras el asalto que las fuerzas federales emprendieron en contra de la población indefensa, tras lo cual se entregó Radio Universidad a las autoridades universitarias. La APPO junto con el pueblo habían ya ganado la lucha al gobierno del estado, cuando entró el gobierno federal, para cambiar los escenarios y escarmentar al pueblo sacrificando a su gente indefensa.

El 2 de diciembre, con sabor a victoria "sale del aire Radio Ciudadana luego de un mes y medio de transmisiones y 'haber cum-

---

[82] Según la crónica de Alejandro Torres y Jorge Octavio Ochoa, de *El Universal* del 1° de diciembre del 2006: "A Flavio Sosa, Zenén Bravo, Erangelio Mendoza, Jesús López, María del Carmen López Vásquez, Felipe Canseco Ruiz y Marcelino Coache les tomó casi 19 horas llegar a la capital del país, desde que salieron, la tarde del miércoles, de la Iglesia de los Pobres en la colonia Reforma de la ciudad de Oaxaca. La ruta de escape los llevó primero por colonias paupérrimas de la capital oaxaqueña y luego por brechas, terracerías, sembradíos, montes, hasta panteones que les permitieron librar los retenes de la Policía Federal Preventiva y su probable detención. El plan de escape fue cuidadosamente preparado y ejecutado con precisión. Las medidas de seguridad se extremaron a tal punto que sólo una vez se detuvo el convoy para que orinaran. No habían comido" (Martínez 2007, p. 180).

plido sus objetivos' aseguraron los locutores Marco Tulio y Alexis" (Martínez 2007, p. 267).

El domingo 3 de diciembre "el arzobispo auxiliar Óscar Campos Contreras pide la libertad de los presos para lo cual ha instruido a la Comisión de Justicia y Paz de dar seguimiento a casos concretos y documentados" (Martínez 2007b, p. 40). El lunes 4 de diciembre, en la ciudad de México, detuvieron a Flavio Sosa Villavicencio, su hermano Horacio, Ignacio García Maldonado y Marcelino Coache Verano. Días antes habían detenido a Arturo Reyes, líder de las colonias de la Zona Norte e integrante de la Comisión Única de Negociación. Los hermanos Sosa Villavicencio fueron internados en el Centro Federal de Readaptación Social del Altiplano, en Almoloya de Juárez, Estado de México, y los señores Coache Verano y García Maldonado fueron trasladados al penal de Cosolapa, en el estado de Oaxaca; su traslado fue televisado. El 5 de diciembre, tras la asunción de Felipe Calderón al gobierno, el PAN festejaba en la Cámara de Diputados la detención de Flavio Sosa y demás dirigentes de la APPO. Ese día, a propuesta del pintor Francisco Toledo, se conforma el Comité de Liberación 25 de Noviembre con intelectuales y abogados para procurar la puesta en libertad de las personas que han sido detenidas.

Por parte de los organismos de derechos humanos hubo respuesta en cuanto a documentar las graves violaciones que ocurrieron en Oaxaca. El 16 de diciembre inició la V visita de la Comisión Civil Internacional de Observación por los Derechos Humanos. El 18 de diciembre la CNDH rindió su informe preliminar sobre lo sucedido en Oaxaca en donde concluye que: "en el estado y, principalmente, en la ciudad capital se mantiene la situación de conflicto, y no existen las condiciones necesarias y suficientes para la vigencia y observancia de los derechos fundamentales". El día 20 Ulises Ruiz desestima el informe de la CNDH.

DETENCIONES MASIVAS Y ARBITRARIAS

Como se recordará, el sábado 25 de noviembre de 2006 se realizó la séptima mega marcha de la APPO. Por la tarde, los policías realizaron detenciones masivas entre transeúntes que ni siquiera habían participado en la manifestación y utilizaron la fuerza pública en forma desmedida. Sin mediar flagrancia ni órdenes de aprehensión, los detuvieron; ya sometidos, y sin necesidad alguna, los golpearon, torturaron y lesionaron. A partir de su detención y de los distintos puntos en donde los fueron concentrando para su traslado, comenzaron su odisea. Conforme al relato de las víctimas:

[Ese día] Me dirigía al centro de la ciudad a hacer las compras de víveres para mi hogar... venía la PFP deteniendo gente... la calle estaba bloqueada por ellos. Fui detenida injustamente sin saber por qué. Me golpearon e insultaron. Me iban a matar. Me llevaron arrastrando de los cabellos como si fuera yo una delincuente mientras me golpeaban en las piernas y en los glúteos con un palo muy grueso (María del Socorro Cruz, en Almazán, p. 151).

A las 12 del día salí de mi pueblo, Santa Cruz, a la ciudad de Oaxaca a comprar unos medicamentos... ya de regreso, como a las siete de la noche, por una calle de la ciudad me alcanzaron unos policías y me golpearon muy fuerte en la cabeza y me dejaron tirado en el piso (Pablo Juventino Solano Martínez, en Almazán, p. 107).

Como a las 8:45 de la noche, iba con mi padre y mi hermano en la calzada... cuando un grupo de aproximadamente ocho policías avanzó hacia nosotros... Sin mediar palabra [uno] me dio varios golpes con su tolete mientras otros me golpeaban por detrás tirándome al piso... Ahí me di cuenta de que mi padre y mi hermano también estaban así (Alfredo Santiago Rivera, en Almazán, p. 117).

Caminaba en la plaza de Santo Domingo como a las nueve de la noche cuando me agarraron... Me agarraron y me golpearon (Mercedes Pantoja, en Almazán, p. 139).

Fui detenido a la altura de Zetuna... Me agarró un policía y me azotó en el piso y después vinieron otros dos... esos tres me estaban pateando, golpeando, no podía hacer nada. Vinieron otros dos, uno venía corriendo y como yo estaba en el piso, me dio una patada muy fuerte en el estómago... sentía que me desmayaba pero no dejaban de patearme. De todos los golpes que me dieron, todavía tengo dolor muscular aquí en la espalda; en la muñeca izquierda todavía tengo las molestias, los dolores (Rigoberto Vázquez Torres, en Almazán, p. 147).

De forma injusta y arbitraria fuimos detenidos por la PFP yo y mis hijos. Mis hijos siguen presos en el reclusorio de Miahuatlán. Fuimos golpeados con toletes, pateados, amenazados y humillados con palabras obscenas (Alberto Santiago Pérez, en Almazán, p. 135).

Sin haber hecho nada malo, y sin orden de aprehensión en mi contra, fui violentamente detenido alrededor de las 8:30 de la noche en el centro histórico de Oaxaca de Juárez por elementos de la PFP... Diciéndome groserías, un poiicía me golpeó con su puño y pie en diversas partes del cuerpo –principalmente brazos, pecho y espalda–; golpeándome con su puño, me bajó de la banqueta para aventarme boca abajo sobre la acera. Boca abajo me pateó varias veces el cuerpo, después me ordenó que pusiera ambos brazos detrás de mi espalda; con miedo de ser golpeado en la cabeza, lo hice. Finalmente, el policía puso su bota sobre mi espalda, como muestra absurda de superioridad (Christian M. Cebolledo Gutiérrez, en Almazán, p. 82).

Ese día iba yo con mis primos en la calle de Hidalgo, cuando me detuvieron los de la PFP. Me agarraron de los pelos y me aventaron al piso diciendo "Hija de tu pinche madre, no intentes nada porque te va a ir mal". Estaba tan asustada que ni me movía (Celia Salazar Hernández, en Almazán, p. 111).

Nos detuvieron a mi hermana y a mí, nos encañonaron y nos amenazaron que nos iban a violar igual que a las mujeres de Atenco (Carmen Sánchez Cruz, en Almazán, p. 72).

Fui detenida con mi hija que me ayudaba a cargar mi canasta de dulces pues me dedico al comercio... Aunque no opusimos resistencia, nos patearon y nos dieron de garrotazos en la espalda y de tubazos en el estómago. Me dejaron tirada sin poderme mover. Me torturaron viendo cómo golpeaban a mi hija hasta casi reventarle el ojo a puñetazos y, de un golpe en la garganta, la dejaron como muerta. En ese momento yo le grité al PFP "¡Ya mataste, maldito, a mi niña!"

y él me dijo "¡Ya cállate, puta, porque si gritas, ahorita la violo y la mato y tú vas a ser la culpable!" Yo sólo la abracé al ver que la seguía golpeando, pero se puso muy rígida y el golpeador se asustó y entonces la arrastró del pelo; yo me aferraba de su cuello, abrazándola. Nos aventó en una patrulla y ahí me golpeé con el filo en la frente. Dejaron de golpearme porque trajeron a un joven que parecía estar agonizando. El mismo que me estaba golpeando se bajó de la patrulla y sacó de su cinturón una granada, la destapó y la puso en la cara del muchacho, le subió su pie con la bota sobre la espalda y le jalaba el pelo para alzarle la cara y que aspirara el contenido de la granada (Paulina J. Morales Ramírez, en Almazán, pp. 131 y 132).

Agarraban a cualquier persona que estuviera ahí –ancianos, mujeres, niñas–, a todos los golpeaban. Yo sentía la impotencia al escuchar a las mujeres gritando, llorando, pidiendo piedad, que no las siguieran golpeando. Yo no podía hacer nada porque encima de mí estaban varios policías que, cada vez que me movía, me pegaban (Rigoberto Vázquez Torres, en Almazán, pp. 147-148).

Una vez que fueron detenidos, por ese sólo hecho fueron considerados culpables y los policías se dedicaron a robar, torturar y acosar sexualmente a sus víctimas:

Nos subieron a una camioneta, nos quitaron nuestras cosas, nos robaron dinero y celulares (Carmen Sánchez Cruz, en Almazán, p. 72).

A algunas compañeras les quitaron su bolsa de mano (Paulina J. Morales Ramírez, en Almazán, p. 132).

Nos subieron a una camioneta... En el trayecto nos golpeaban la cabeza y nos pisaban los pies, las piernas y la espalda; nos esculcaban las bolsas del pantalón (Alfredo Santiago Rivera, en Almazán, p. 118).

Yo llevaba una bolsa, un celular, dinero. Me quitaron 2 mil pesos en efectivo (Celia Salazar Hernández, en Almazán, p. 111).

Un elemento de la PFP me robó mi celular Motorola C-115, y otro rompió mis lentes (Christian M. Cebolledo Gutiérrez, en Almazán, p. 83).

Me golpearon brutalmente tanto en la cabeza como en la columna, motivo por el cual... no puedo viajar ya que tengo la columna desviada y la pelvis de lado un centímetro y medio (Roberto Morales Hernández, en Almazán, p. 142).

Yo fui golpeado y herido en el lado izquierdo de la cara, sangré todo el tiempo de traslado de la ciudad de Oaxaca al reclusorio de Miahuatlán. Pero los golpes los estoy sufriendo todavía: fracturas en la nariz, inflamación en los dos ojos, dolor de costillas y una herida en el gemelo de la pierna derecha que hasta la fecha no se ha podido restablecer (Alberto Santiago Pérez, en Almazán, p. 135).

Nos subieron a una camioneta, unos encima de otros... cada vez que nos quejábamos, nos golpeaban. Cada vez que les decíamos que nos dolía una parte del cuerpo, más nos pegaban ahí (Rigoberto Vázquez Torres, en Almazán, p. 148).

Luego llegó una patrulla, me subieron y me llevaron a un lugar que no conozco donde había más compañeros heridos. De ahí nos pasaron a otra patrulla golpeándonos... Los policías nos iban pisoteando (Pablo Juventino Solano Martínez, en Almazán, p. 107).

Me subió a golpes a una camioneta... Una vez arriba, me senté al borde de la camioneta, recargando la espalda sobre la cabina... inmediatamente volví a cubrir mi cabeza con ambos brazos, gracias a ello pude evitar que un policía me rompiera la cabeza con su tolete, ya que sentí dos toletazos contra mis brazos (Christian M. Cebolledo Gutiérrez, en Almazán, p. 82).

Nos golpearon, nos patearon, nos arrastraron. Jalándonos del cabello nos preguntaban quién era nuestro líder, cuánto nos pagaban, nombres, querían nombres, contestara uno o no, nos golpeaban (Carmen Sánchez Cruz, en Almazán, p. 72).

En el trayecto me fueron molestando mucho... pero las amenazas más fuertes iban dirigidas contra todos. Nos dijeron que nos iban a violar, a quemar con gasolina, a bañarnos con hielo, a torturar en una casa antes de llegar a nuestro destino. Los policías nos obligaron a todos a mantener la cabeza siempre abajo (Christian M. Cebolledo Gutiérrez, en Almazán, p. 83).

Me subieron a una camioneta y uno de ellos me ordenó que me pusiera boca abajo y le dijo a sus compañeros: "A esta vieja se ve que le encanta la verga, de todas las pinches viejas piojosas y mugrosas es la que mejor culo tiene" y en ese momento metieron entre mis piernas un palo y lo inclinaron varias veces hacia mi vagina; como opuse resistencia, fui golpeada con el mismo palo en el cuello y en el glúteo derecho. Hasta le fecha tengo problemas en el cuello, rodilla y espinilla derecha, en la cual existen marcas. Me quitaron los tenis, una esclava de oro, juego de aretes y anillos, un celular y 1 800 pesos en efectivo que llevaba para la comida de mis hijos. Me machucaron los pies (María del Socorro Cruz, en Almazán, p. 152).

Sometidos, torturados y vejados, comenzó la odisea. Los lugares a donde fueron llevados antes de ser internados en los penales de Miahuatlán y Tlacolula fueron el centro de la ciudad, el Llano, la base militar aérea de La Raya y el cuartel de la policía en San Bartolo Coyotepec. Durante ese tiempo el hostigamiento sexual continuó, así como la tortura.

Nos llevaron a El Llano, ahí ya había otras mujeres... escuchaba a mujeres, a hombres que ya estaban ahí. Todo el tiempo con la cabeza abajo, si no nos golpeaban nos insultaban, nos amenazaban. Me levantaron el rostro y empezaron a interrogarme, en ese momento pude ver a elementos de la PFP encapuchados, bats de madera, perros (Carmen Sánchez Cruz, en Almazán, p. 72).

Nos bajaron a golpes en El Llano; pude ver a mis compañeras todas golpeadas de la cabeza y de la cara, iban bañadas en sangre (Celia Salazar Hernández, en Almazán, p. 111).

Posteriormente me llevaron al Paseo Juárez, El Llano. Me bajaron con otras personas, nos volvieron a jalonear y nos sentaron en el piso (María del Socorro Cruz, en Almazán, p. 152).

Creo que llegando a la esquina de El Llano me bajaron y empezaron a golpearme otra vez. Me jalaron del cabello, no podía decir nada porque me pegaban si hablaba, no tenía derecho a hablar (Mercedes Pantoja, en Almazán, p. 139).

De ahí nos trasladaron a la base aérea. Me volvieron a intimidar acosándome sexualmente (María del Socorro Cruz, en Almazán, p. 152).

Nos trasladaron al hangar de La Raya, cerca del aeropuerto, ahí nos tuvieron como media hora, intimidándonos, hostigándonos, amenazándonos; viendo cómo golpeaban a los jóvenes que iban en otras camionetas (Carmen Sánchez Cruz, en Almazán, p. 72).

Nos trasladaron a La Raya. Ahí estuvimos horas (Mercedes Pantoja, en Almazán, p. 140).

En otra camioneta nos llevaron a un cuartel militar, ahí estuvimos más de una hora. Había mucha gente de la PFP, había soldados (Celia Salazar Hernández, en Almazán, p. 112).

Nos tuvieron sentadas en el borde de una jardinera sobre la Avenida Juárez, después nos subieron a la patrulla 740. De ahí nos llevaron a la base militar aérea de La Raya. Algunas jovencitas pidieron ir al baño, las bajaron y les dijeron que fueran a lo oscuro, por los arbolitos y luego las rodearon para no permitirles que orinaran y las volvieron a subir a la patrulla (Paulina J. Morales Ramírez, en Almazán, p. 132).

Después nos llevaron al cuartel de San Bartolo Coyotepec y nos volvieron a acomodar porque íbamos demasiadas en una camioneta y, al dar vuelta, por la velocidad que llevábamos, estuvimos a punto de salirnos varias. Ordenaron cargar armas y cortaron cartucho, yo pensé que nos iban a dar el tiro de gracia, pero no fue así (Carmen Sánchez Cruz, en Almazán, p. 72).

Después nos trasladaron al cuartel de la policía estatal. El comandante dijo que cargaran armas y lo hicieron: en ese momento cortaron cartucho para amagarnos e intimidarnos (María del Socorro Cruz, en Almazán, p. 152).

Nos trasladaron al cuartel general de la policía del estado de Oaxaca, en Santa María Coyotepec (Paulina J. Morales Ramírez, en Almazán, p. 132).

En manos ¿de qué autoridad?

En la madrugada fueron llevados a los penales de Miahuatlán y Tlacolula donde fueron encerrados hombres y mujeres juntos en un
cuarto, sin recibir atención médica, a pesar de ir heridos. Desde la
madrugada, comenzaron a hacer sus declaraciones, sin abogado defensor, y fueron consignados sin que hubiera "ninguna denuncia en
contra de ellos, sin que el Ministerio Público acreditara la responsabilidad penal que los detenidos hubieran tenido. Sin que hubiera
testigos que hicieran un señalamiento directo en contra de esos detenidos. El Ministerio Público, de una manera por demás irrespon-
sable, los consignó al juzgado". Debían declararse culpables de los
delitos prefabricados de daño en propiedad ajena, asociación delictuosa y otros que, por consigna, los agentes del Ministerio Público les
imputaban, bajo amenaza de seguirlos torturando, o bien tenían que
firmar dejando sus acusaciones con espacios en blanco. Los agentes
omitieron registrar las denuncias por tortura que habían sufrido y
que les formularon en las declaraciones.

Conforme a un testimonio, la misma persona que fungía como
agente de Ministerio Público, fungía como secretario y como abogado defensor [sic]. Finalmente les permitieron avisar a sus familiares
por teléfono ¡que estaban bien!

Ingresamos en la madrugada del 26 de noviembre al Centro de Readaptación Social (CERESO) de Miahuatlán (Christian M. Cebolledo
Gutiérrez, en Almazán, p. 83).

Por fin pudimos ir al baño después de muchas horas de aguantar (Paulina J. Morales Ramírez, en Almazán, p. 132).

Al bajar, los policías me quitaron mi celular (Alfredo Santiago Rivera,
en Almazán, p. 118).

Nos tuvieron encerrados a hombres y mujeres juntos (Pablo Juventino
Solano Martínez, en Almazán, p. 107).

Estuvimos encerrados hasta el día siguiente (Carmen Sánchez Cruz,
en Almazán, p. 72).

Yo me sentía muy mal, pues tenía dos heridas en la cabeza por las que perdí mucha sangre. Me sentía tan débil que no podía caminar de frente, me iba de costado y me quería caer al piso, tenía que apoyarme en los compañeros para no caerme... tenía la mitad de la cara blanca y la otra mitad cubierta de sangre. Igual se encontraban veinte compañeros más, entre ellos, algunas mujeres (Pablo Juventino Solano Martínez, en Almazán, p. 108).

Ahí dizque nos revisaron los médicos, pero nunca nos dieron algo para las heridas o para las fracturas (Rigoberto Vázquez Torres, en Almazán, p. 148).

Toda la noche subíamos una por una a declarar (Celia Salazar Hernández, en Almazán, p. 112).

Nos llevaron a declarar esa noche, ahí nos enteramos de qué se nos acusaba (Carmen Sánchez Cruz, en Almazán, p. 73).

[Presionaron para que declarara] bajo el argumento de que si declarábamos el defensor de oficio iba hacer la llamada con la familia para que supiera de nuestra situación. Declaramos y la verdad la llamada nunca la hicieron (Testimonio 111, p. 110).

Esa noche nos tomaron nuestra declaración y nos amenazaron con que si no nos confesábamos culpables de los delitos que ya tenían escritos, nos iban a seguir golpeando o que nos iban a subir a un avión y nos tirarían al mar y que nuestros familiares nunca se iban a enterar (Roberto Morales Hernández, en Almazán, p. 142).

Nos pasaron a un pasillo y nos fueron llevando a declarar al Ministerio Público. No supe qué ni de qué me acusaban, pues llenaron el formato de declaración dejando esos espacios en blanco. No me permitieron nombrar abogado y me asignaron al de oficio (Alfredo Santiago Rivera, en Almazán, p. 118).

Pasé a declarar al Ministerio Público, di mi testimonio, dije todo lo que había pasado. Leí el documento donde estaba lo que yo había dicho, pero me percaté de que no aparecía que me habían golpeado, que me habían amenazado, que me habían torturado mental y física-

mente, entonces le reclamé y él, con tono enojado, gritando, me dijo
que estaba siendo muy paciente conmigo, dándome a entender que
si no aceptaba, ellos iban a hacer otra declaración. Yo nunca había
pasado por eso y tuve que firmar por el miedo (Rigoberto Vázquez
Torres, en Almazán, p. 148).

Luego nos llevaron a declarar; ahí la misma persona fungía como
Ministerio Público, como secretario y, al final, me dijo que era el defensor de oficio. Me dijo que con lo declarado era suficiente, que ya
había cerrado el caso, no prestando atención a mi solicitud de expo-
ner todo lo que había pasado en manos de la PFP (Paulina J. Morales
Ramírez, en Almazán, p. 133).

[El día 26 de noviembre del 2006] nos dieron de medio almorzar.
Nos dieron permiso de hablar a nuestros familiares para decir que estábamos bien (Celia Salazar Hernández, en Almazán, p. 112).

Los testimonios dan idea de la falta de independencia, de ética,
así como del papel contrario a su función que jugó la Comisión Estatal de Derechos Humanos:

Nos sacaron a comer como al mediodía, pero de repente nos volvieron a encerrar. La actitud de los oficiales cambió totalmente, no nos
dejaban siquiera ir al baño. Llegaron de Derechos Humanos del estado sólo tomando fotografías a quienes ellos querían. En ese momento
comenzamos a escuchar los ruidos de los helicópteros, pensé que nos
iban a desaparecer, a lanzar del helicóptero (Carmen Sánchez Cruz,
en Almazán, p. 73).

Aproximadamente a las 4:30 de la tarde del día 26 [de noviembre
del 2006] llegaron personas de la Comisión de Derechos Humanos del
estado para preguntarnos en qué condiciones nos encontrábamos,
pero se hicieron de la vista gorda de todos los golpes que habíamos
recibido (Paulina J. Morales Ramírez, en Almazán, p. 132).

Formaron a los hombres y, por la puerta, pudimos ver a elementos de
la PFP esposándolos. Primero salieron los hombres, después las mujeres. Nos esposaron delante de personas de Derechos Humanos del
estado, ellos pudieron ver que una compañera llevaba la mano frac-

turada, muy lastimada y, aún así, le apretaron más las esposas y le golpearon la mano; nosotros les exigimos que tomaran una fotografía o algo, evidencia, pero no hicieron nada (Carmen Sánchez Cruz, en Almazán, p. 73).

A Tepic, sin comprobarles alta peligrosidad y conculcando su derecho a defensa

El director de Prevención y Readaptación Social del estado, mayor Hermilo Aquino Díaz, solicitó al subprocurador Netolín Chávez Gallegos el traslado de 138 inculpados del fuero común de dos penales de Oaxaca a penales de alta seguridad fuera del estado "en virtud de que dichos inculpados presentaban un alto grado de peligrosidad". El Comisionado del Órgano Administrativo Desconcentrado de Prevención y Readaptación Social de la Secretaría de Seguridad Pública Federal, Juan Manuel Herrera Marín, acepta trasladarlos al Centro Federal de Readaptación Social número cuatro Noroeste de Tepic, Nayarit. Al realizarse este traslado de personas, a las que "no se acreditó, en ningún momento... la peligrosidad que el citado secretario les adjudicó a los detenidos, lo que es un requisito indispensable para permitir el ingreso a esa clase de penales" y que "aún no tenían la categoría de reos", los agentes del Ministerio Público "no tomaron en cuenta que los detenidos se encontraban a su disposición como probables responsables de delitos del fuero común, provenientes de hechos cometidos en la ciudad de Oaxaca", así como tampoco el derecho de los indiciados "a solicitar su libertad provisional bajo caución, a presentar testigos, a ser auxiliados para obtener la comparecencia de los testigos, siempre que se encuentren en el lugar del proceso, a que se les reciban las pruebas que ofrezcan y a que se le faciliten todos los datos que soliciten para su defensa y que consten en el proceso" (CNDH, Informe Especial Oaxaca).

Según la CNDH:

Las irregularidades acreditadas en la actuación de los servidores públicos del estado de Oaxaca produjeron violaciones a los derechos humanos de las personas mencionadas porque no les permitieron que ejercieran sus derechos a una adecuada defensa, impidiéndoles al alejarlos físicamente del lugar donde se integraba la averiguación previa en su contra, solicitar su libertad caucional, a presentar testigos que se encontraban en la ciudad de Oaxaca, lugar de los hechos, a ofrecer otras pruebas y a beneficiarse de una defensa adecuada. Por otra parte, los agentes del Ministerio Público citados, al alejar físicamente a los presuntos responsables del lugar de los hechos y trasladarlos a una ciudad distante, tampoco integraron debidamente las averiguaciones previas, omitiendo realizar las diligencias en las que era necesaria la presencia física de los indiciados para acreditar debidamente la corporeidad material de los delitos investigados y la probable responsabilidad de los detenidos.

Los citados derechos a una adecuada defensa, para que los indiciados pudieran ejercerlos adecuadamente, era requisito indispensable que permanecieran en la ciudad de Oaxaca, por ser éste el lugar en el que sucedieron los hechos y donde tiene su asiento la autoridad ministerial a cuya disposición se encontraban privados de su libertad en calidad de probables responsables, además de que los testigos de los hechos y demás pruebas también se encontraban en el mismo sitio. Al haber ordenado los agentes del Ministerio Público del fuero común del estado de Oaxaca, el traslado de los indiciados a la ciudad de Tepic, entregándolos físicamente para su custodia y traslado a una autoridad de carácter federal como es la Policía Federal Preventiva, que carece de facultades para intervenir en la integración de las averiguaciones previas que se integraban en contra de los indiciados como probables responsables de delitos del fuero común, sin facultades incluso para efectos de la custodia de los indiciados, impidió en forma indebida y sin facultades legales para hacerlo, que los detenidos a su disposición pudieran ejercer los derechos a una adecuada defensa que han quedado mencionados, toda vez que en lugar de practicar en la averiguación previa relativa las diligencias indicadas para acreditar el cuerpo del delito, la probable responsabilidad de los indiciados y las promovidas por los defensores de los indiciados para acreditar su inocencia, se concretó a entregarlos a una autoridad incompetente, para que bajo su custodia y privados de su libertad, fueran trasladados a cientos de kilómetros a un penal federal ubicado en el estado de Nayarit, impidiéndoles así, no obstante ser presuntos responsables de delitos no señalados como graves por el Código de Procedimientos Penales del estado de Oaxaca, aplicable al caso, solicitar la libertad caucional a la que tenían derecho, a presentar pruebas, y a ejercer su derecho a la defensa, violando en su perjuicio los derechos de legalidad y seguridad jurídica de los que son titulares. Por lo anterior, con los actos descritos, los agentes del Ministerio Público de la Procuraduría General de Justicia del estado de Oaxaca transgredieron en perjuicio de las personas trasladadas al Centro Federal de Readaptación Social número 4 Noroeste en el estado de Nayarit, sus derechos de legalidad y seguridad jurídica garantizados por los artículos 14, párrafo segundo y 16, párrafo primero, de la Constitución Política de los Estados Unidos Mexicanos, por una irregular integración de la averiguación previa (ibid).

A partir de estos hechos que "transgredieron en perjuicio de los agraviados su derecho a la legalidad y seguridad jurídica," la CNDH determinó que varios servidores públicos de Oaxaca incurrieron en responsabilidades.

El 27 de noviembre trasladaron de los penales de Miahuatlán y Tlacolula a 141 detenidos (de los cuales 34 eran mujeres) al CEFERESO 4 de alta seguridad "El Rincón", en Nayarit, sin haberlos puesto a disposición del juez.[83] Los enviaron en helicópteros desde la

[83] "Los señores Florina Aragón Peralta, Luis Barrera Gabriel, Adrián Bautista Espinoza, Jesús Bolaños Santiago, Gerardo Alberto Bonilla Ledesma, Christian Marcel Cebolledo Gutiérrez, María Ruth Cabrera Vázquez, Guidier Cervantes Ventura, Elia Coca Gómez, Roque Coca Gómez, Edith Coca Soriano, Alberto Alejandro Correa Orozco, Agustín Venancio Cruz Bautista, Jesús Manuel Cruz Cruz, Lamberto Miguel Cruz Cruz, Isai Cruz Martínez, Mercedes Cumplido Pantoja, Reynaldo Contreras Santiago, David Fernández Pacheco, Rosein García Guzmán, Armando García Salas, Juan de Dios Gómez Ramírez, Salomón González Aguilar, Luis Jorge González Rosales, Heladio Guzmán Valdivia, Cruz Buenaventura Hernández, William Héctor Hernández Martínez, Gilberto Herrera Flores, Ignacio Mendoza Santiago, Gerardo Juárez Martínez, Silvia Brígida Juárez Martínez, José Pérez Pedro Antonio, Ebert Ignacio Legaria Hernández, Julio Alberto López Hernández, Reumen López Niño, Cornelio López Sánchez, Teodulfo Luis García, Juan Carlos Luis Mendoza, Alejandro Luna López, Jaime Legaria Ramírez, Vladimir Daniel Márquez Reyes, Juan Martínez, Juan Carlos Martínez Domínguez, Jaime Aureliano Martínez Gordillo, Florinda Martínez Jiménez, Rufina Petronila Martínez López, Dionisio Martínez Luis, Miguel Ángel Matus Morales, David Melchor Cervantes, Uriel Julio Méndez Hernández, Martha Méndez Pérez, Roberto Morales Hernández, Fortunato Morales Pastelin, Paulina Josefa Morales Ramírez, Gerardo

base militar con ejército y militares (Testimonios 29 y 25, CCIODH 2007, pp. 86, 87). "La Fiscalía Móvil estaba actuando en la Zona Militar, cuando no es su jurisdicción y rebasa sus facultades. Los representantes del Ministerio Público se presentaban con cubrebocas y pasamontañas. En los helicópteros cuando subían los detenidos ya estaban allí el Ministerio Público y los defensores de oficio" (Testimonio 219, CCIODH 2007, p. 88). Durante el trayecto los amenazaban con que los iban a tirar al mar y a desaparecer (Testimonios 144, 11, 52, 357, 130, CCIODH 2007, pp. 86, 87, 89). Hasta Nayarit rindieron declaración al juez.

Los familiares de los detenidos no fueron notificados de este traslado, sino que fueron sistemáticamente engañados, amenazados, humillados y torturados sicológicamente. En helicópteros se realizó el operativo diseñado para humillar a los presos políticos, golpearlos, torturarlos física y sicológicamente. Los policías se referían a ellos como "perros". Los llevaron agachados de "cebollita" todo el trayecto para que no ubicaran a dónde iban. Todos refieren la amenaza de que los iban a aventar vivos al vacío desde el helicóptero. Posteriormente los subieron al avión que los transportó a Tepic. Todo el tiempo tuvieron que ir agachados, sin saber adónde iban, amenazados con ser lanzados al mar o engañados de que los llevaban a las Islas Marías. A los menores los iban hostigando sexualmente y amenazando con que los iban a violar.

> El 26 de noviembre 56 compañeros fuimos trasladados en helicóptero al aeropuerto de la ciudad de Oaxaca (Alberto Santiago Pérez, en Almazán, p. 135).

> Al salir escuché gente que estaba fuera del Cereso: eran los familiares gritando: "¡Malditos, malditos! ¿A dónde se los llevan?", mientras nos iban empujando hacia los helicópteros (Carmen Sánchez Cruz, en Almazán, p. 73).

David Morales Treviño y Rubén Elberth Morelos Treviño presentaron lesiones que no corresponden a mecánicas de detención, sometimiento o sujeción, haciendo evidente un uso excesivo de la fuerza por parte de los elementos de la Policía Federal Preventiva" (CNDH Informe Especial Oaxaca).

Cuando preguntamos a los policías adónde los llevan, nos dijeron "los estamos trasladando al penal de Tlacolula". Nos fuimos inmediatamente a Tlacolula y ahí nos dijeron: "no están aquí. Ya los regresaron a Miahuatlán". Jugaron con nuestros sentimientos porque muchos familiares regresamos a Miahuatlán esa noche. A las 10:25 nos plantamos enfrente, llevábamos cobijas y ropa para nuestros familiares. Ahí nos encañonaron de manera vil los de la PFP y nos dijeron: "Se largan de aquí, porque si no, se los va cargar su pinche madre a todos". Yo soy muy llorona pero muy valiente y le dije a uno de ellos: "¿Por qué nos habla así, si lo único que queremos es que le pasen una cobija a nuestros familiares?" Me dijo "¿Cómo se llama tu esposo?", le di su nombre y me contestó: "Ah, sí, aquí está ese pinche güey, pero no le vamos a pasar nada, así que ¡Vámonos, circulando!"... El lunes nos siguieron engañando, que estaban en Miahuatlán, que en Tlacolula. Todo el lunes 27 anduvimos de penal en penal. Así que nos organizamos en grupo, pero en todas partes nos decían "aquí no están" y "aquí no están". Esa noche fue terrible porque no sabíamos dónde estaban... Nunca nos dijeron que estaban en Tepic: hasta las 10 de la noche lo supimos (Reyna Ruiz, en Almazán, p. 144).

Como a las 4 p.m. llegaron dos helicópteros con policías de la PFP. Nos esposaron y, agachados, agarrando el pantalón del compañero de adelante, nos hicieron subir al helicóptero que nos llevó al aeropuerto de Oaxaca (Alfredo Santiago Rivera, en Almazán, p. 118).

Aproximadamente a las 4 de la tarde fuimos esposados y transportados en helicóptero, por la PFP, hacia el aeropuerto de Oaxaca. Nos acomodaron en cebollita con la cabeza siempre agachada y como yo era el que estaba más cerca de la puerta fui pateado por cada policía que subía al helicóptero (Christian M. Cebolledo Gutiérrez, en Almazán, p. 83).

Nos subieron al helicóptero y nos fueron sentando en el piso, con la cabeza bien agachada: si la alzábamos, nos golpeaban bien fuerte (Pablo Juventino Solano Martínez, en Almazán, p. 108).

Nos subieron al helicóptero, pero a golpes. Durante el traslado nos decían que nos iban a tirar del helicóptero (Celia Salazar Hernández, en Almazán, p. 112).

A bordo del helicóptero, escuché la amenaza de un policía de que nos iban a aventar (Christian M. Cebolledo Gutiérrez, en Almazán, p. 83).

En todo el trayecto fuimos agachados y nos decían que nos iban a tirar al mar (Alfredo Santiago Rivera, en Almazán, p. 118).

Nos trasladaron como prisioneros de guerra, con esposas metálicas; nos subieron a un helicóptero a golpes y con las más crueles humillaciones. Me pateaban y amenazaban con tirarme al vacío, yo les imploré que no lo hicieran porque tengo tres hijos pequeños (María del Socorro Cruz, en Almazán, p. 152).

Empezaron a decirnos... "¡Ahorita los vamos a tirar uno por uno, para que así se los lleve la chingada!"... Entre los policía se decían "Mira aquel cerro, ahí empezaremos a tirar a todos *estos perros*..." En ese momento yo prefería que me dieran unos plomazos y no que me tiraran vivo desde el aire (Pablo Juventino Solano Martínez, en Almazán, p. 108).

Al parecer nos llevaron a Ixtepec donde nos subieron a un avión (Carmen Sánchez Cruz, en Almazán, p. 73).

Nos bajaron del helicóptero y nos subieron en un avión, todos bien agachados, nos sentaron agachados y nos empezaron a decir que nos iban a llevar a las Islas Marías (Pablo Juventino Solano Martínez, en Almazán, p. 108).

Al bajar ya estaba un avión esperándonos. Otra vez fotos, nuestro nombre, edad, de dónde somos y todo eso. Seguíamos esposadas, así nos subieron al avión. Durante el traslado nos iban amenazando otra vez con tirarnos del avión (Celia Salazar Hernández, en Almazán, p. 112).

En el avión nos iban hostigando, nos amenazaban con lanzarnos; cada una íbamos en el asiento de enmedio y al lado del pasillo un elemento de la PFP. Durante todo el camino fuimos hostigadas, todo el tiempo con la cabeza abajo, no veíamos absolutamente nada (Carmen Sánchez Cruz, en Almazán, p. 73).

Durante el traslado nos iban amenazando con que nos iban a lanzar al mar, y si levantábamos la cabeza nos la pisaban y nos pateaban. A los menores los iban molestando y amenazando con que los iban a violar; les hablaban con groserías e insultos y les pisaban la cabeza diciendo que al llegar se iban a poner un condón y se los iban a echar (Roberto Morales Hernández, en Almazán, p. 142).

Llegamos a Nayarit, aunque en ese momento no sabíamos dónde estábamos (Carmen Sánchez Cruz, en Almazán, p. 73).

Agravios al llegar al Cefereso de Nayarit

Los agravios que las personas que llegaron de Oaxaca, gente inocente y honesta, sufrieron al llegar al Centro Federal de Readaptación Social de Nayarit fueron muy graves. Con la antinomia de que *"aquí se van a educar"*, los custodios y autoridades del penal actuaron como criminales y enfermos mentales en agravio de mujeres y hombres indefensos. Abusaron y hostigaron sexualmente de los detenidos. Los presos políticos fueron sometidos a tortura permanente durante el mes que estuvieron allí. El maltrato se hizo extensivo a sus familiares que, para hacerles sentir el calor humano que tanto necesitaban, se trasladaron al penal a cientos de kilómetros de distancia. A los detenidos se les sometió a un trato degradante. Les llamaban "porquería", "basura"; les daban de comer alimentos en estado de descomposición; los mantuvieron incomunicados, sin permitirles hacer llamadas telefónicas. Sus testimonios son elocuentes:

Llegando al Centro Federal de Readaptación Social de Nayarit nos informaron: "Han llegado a un penal federal de máxima seguridad, aquí sólo podrán contestar '¡Señor, sí señor!', *aquí se van a educar"* [sic] (Carmen Sánchez Cruz, en Almazán, p. 73).

[A las mujeres] nos quitan nuestra ropa, y así, desnudas, nos obligaron a hacer sentadillas, a pesar de que muchas íbamos muy lastimadas (Carmen Sánchez Cruz, en Almazán, p. 73).

En el penal de Tepic nos desnudaron y nos dieron la ropa que dan ahí y nos llevaron a la celda (Mercedes Pantoja, en Almazán, p. 140).

Nos dieron el uniforme y nos llevaron a otro edificio, ahí nos tomaron fotografías con un cartel, de frente, de perfil y las huellas digitales. Nos subieron a las celdas (Carmen Sánchez Cruz, en Almazán, p. 73).

[A las mujeres] nos revisaron, nos desnudaron y nos tomaron fotos. Por la madrugada nos cortaron el pelo; [yo] me sentía muy mal porque hacía 12 años que no me lo cortaba, y aquí, sin más, me lo mutilaron. Nos humillan, nos piden que nos bajemos la pantaleta y que nos alcemos la camisola, los guardias nos ven, esto es una humillación (Edith Coca, Testimonio, en *La Jornada*, 27 de diciembre 2006).

La policía violó también a los hombres:

Cuando llegamos escuché a las mujeres ingresar primero, mientras yo y los demás compañeros esperábamos su ingreso total. Cinco o diez minutos después de haberse estacionado el camión en el que llegamos, los guardias empezaron a violar y a obligar a realizar sexo oral a mis compañeros. Todo fue en silencio. Se podía escuchar el sexo anal y oral que se realizaba en medio y hasta atrás del camión... Calculo que el abuso sexual duró cerca de dos horas y treinta minutos, periodo tras el cual un policía dijo: "Ahora sí tuvieron una bienvenida inolvidable". No sé de cuántos compañeros abusaron, yo calculo unos quince. De hecho escuché que subían y bajaban guardias a cada rato del camión... Las humillaciones no terminaron ahí, nuestro ingreso al Ceferaso fue terrible. Esposados, nos pusieron en posición de perrito con la cabeza hacia abajo mientras íbamos ingresando uno por uno. Por ser uno de los últimos tuve que esperar mucho tiempo en esa posición a pesar de que ya no aguataba el dolor de rodillas, espalda, brazos y cuello... Después me obligaron a desvestirme y a hacer cinco sentadillas así, desnudo. Me revisaron con una lámpara los genitales. Más adelante, esposado y con las manos atrás, ingresé caminando mientras que un guardia me lastimaba los brazos con una especie de llave china (Christian M. Cebolledo Gutiérrez, en Almazán, pp. 83-84).

Llegamos al penal, nos bajaron del autobús y nos fueron metiendo en un salón y nos empezaron a revisar. Nos quitaron toda la ropa, nos tomaron fotos, huellas; nos raparon, nos quitaron los bigotes y nos dieron un traje color paja y un par de sandalias (Pablo Juventino Solano Martínez, en Almazán, p. 108).

Al llegar a Tepic nos ordenaron que nos desvistiéramos. Yo iba muy lastimado de la columna y, sin embargo, me pusieron desnudo a hacer cinco sentadillas (Roberto Morales Hernández, en Almazán, p. 142).

Ingresando al penal nos tiraron al suelo... nos insultaban, nos gritaban. Un policía dijo: "*Ésta es la porquería* que anda haciendo sus mamadas allá en Oaxaca". Nos desnudaron, nos dieron ropa (Rigoberto Vázquez Torres, en Almazán, p. 148).

Los familiares de los detenidos

El lunes 27 a las 10 de la noche supieron los familiares que sus presos estaban en Tepic.

Decidimos irnos para Nayarit al día siguiente pero el martes yo no tenía un solo centavo. Yo sabía que mi esposo llevaba en su cartera 600 pesos, con eso pensábamos terminar la quincena, pero yo no tenía nada. Sin embargo, también habían detenido al hermano de unos vecinos, y uno de ellos me dijo: "Yo te doy un *raid*, no te preocupes", y me llevaron en su camioneta hasta Tepic. Pero el martirio no terminó allí. Yo fui la primera mujer en llegar al penal. Me dijeron: "Si quieres entrar, tienes que presentar acta de matrimonio, acta de nacimiento de tu esposo y tuya notariadas, tres cartas de recomendación de algún vecino o de alguien de tu trabajo respaldadas con el original de la credencial de elector; no puedes llevar pants, tacones, ropa gris ni azul marino". Me sentí impotente ante tantos requisitos. Sabía que mi esposo era uno de los 32 más golpeados y quería verlo. Al otro día me llegaron por fax los papeles. Nadie quería notariarlos y yo me sentía impotente. Cuando llegamos al penal el día 28 ahí estaban un senador de Nayarit, cuatro abogados, Derechos Humanos y cinco abogados que venían de Oaxaca, todos querían ayudarnos y, sin embargo, el cerco no se podía derribar, no podíamos ver a nuestros familiares.

Tuve que esperar tres días para ver a mi esposo cinco minutos, cinco minutos que se me hicieron un segundo... En el penal, para llegar a donde él estaba, tuve que pasar por rayos X, tres horas y media de revisión. Ahí se dieron cuenta de que yo llevaba una corona en la muela y que era muy grande. Una custodio me dijo "¿Qué traes allí, es muy grande? Quítatela, y quítate también la otra que traes floja". Yo no me las podía arrancar porque las coronas nos las cimentan, pero ella, con una pinza, me dio un golpe y me la bajó; en la primera no pudo, hasta la segunda. Me lloraba el ojo y me dolía la boca, pero no lloré, no le podía demostrar que me iba a derribar, sino que era yo la que iba a derribar ese cerco para ver a mi esposo... Viví los 25 días en Tepic. Algunos días comía, otros, no. Fui a pedir ayuda al gobernador de Nayarit... pero me dijo: "No señora, cómo les vamos a ayudar si ni permiso nos pidieron para traernos aquí los desechos del drenaje de Oaxaca"... Había gente poderosa que pasaba en su carro de lujo y nos gritaban: "¡*Basuras*, váyanse de aquí!". (Reyna Ruiz, esposa de Roberto Morales, en Almazán, pp. 145-146).

Trato inhumano y degradante durante su cautiverio

"El martes 28 de noviembre nos sacaron y nos cortaron el cabello" (Carmen Sánchez Cruz, en Almazán 2007, p. 74)

Me enteré hasta el día 29 que nos encontrábamos en el Cefereso de Tepic, Nayarit, y que ya me habían dictado auto de formal prisión sin que estuviera presente mi abogado defensor, violando mis derechos individuales (María del Socorro Cruz, en Almazán 2007, p. 152).

En una ocasión nos obligaron a comer melón blanco con todo y cáscara. A los compañeros del pasillo B no los dejaron dormir toda una noche (Christian M. Cebolledo Gutiérrez, en Almazán 2007, p. 84).

Cuando era necesario salir del cuarto pedían bajarnos el pantalón y la trusa hasta los pies y subirnos la playera y la camisola (Alberto Santiago Pérez, en Almazán 2007, p. 136).

Cuando nos sacaban de nuestra celda ya sea para ir a exámenes psicológicos o a Trabajo Social, nos revisaban, nos hacían bajarnos las pantaletas, también al regresar; pedir una toalla sanitaria era una tortura (Carmen Sánchez Cruz, en Almazán 2007, p. 74).

Solamente salíamos cuando nos requerían para realizarnos algún examen psicológico, físico o pedagógico. En cada salida el guardia nos cateaba y, frente a él, teníamos que levantarnos la camisa y la playera, sacudirlas y, manteniéndolas arriba, bajarnos primero el pantalón hasta las rodillas y después también la trusa. Eran dos revisiones por salida (Christian M. Cebolledo Gutiérrez, en Almazán 2007, p. 85).

En todo ese tiempo no salimos, nunca vimos el sol, incluso nos prohibieron ver hacia una ventana que había en el pasillo (Carmen Sánchez Cruz, en Almazán 2007, p. 74).

Nunca salimos ni una sola hora al patio o a algún lugar a donde pudiéramos caminar o realizar alguna actividad recreativa. Estuvimos encerrados día y noche con lo más elemental para vivir (Christian M. Cebolledo Gutiérrez, en Almazán 2007, p. 84).

Nunca nos permitieron hacer una llamada telefónica (Rigoberto Vázquez Torres, en Almazán 2007, p. 148).

Saña, hasta el final de su detención

El 11 de diciembre los presos políticos denuncian amenazas de castración (Martínez 2007, p. 175).

El 16 de diciembre nos levantaron a la una de la madrugada para que nos bañáramos y nos vistiéramos. Ya vestidos nos dijeron que unos compañeros iban a salir porque iban a ser trasladados a las Islas Marías o a La Palma, y que a otro grupo lo iban a fusilar. El maltrato físico disminuyó pero el psicológico era más fuerte (Roberto Morales Hernández, en Almazán 2007, p. 143).

El sábado 16 de diciembre salió un grupo de compañeros, nosotros no sabíamos nada, simplemente nos levantaron a medianoche y vimos que salieron pero ya no regresaron, nos quedamos solas. Es muy desesperante cuando salen compañeros y uno se queda. Ese día salió mi hermana, yo me quedé (Carmen Sánchez Cruz, en Almazán 2007, p. 74).

El 16 de diciembre nos dieron pollo en descomposición. Todos nos enfermamos del estómago y en la noche nos llevaron suero oral y guayabas (Alfredo Santiago Rivera, en Almazán 2007, p. 118).

Así tuvimos que soportar 25 días. Nunca nos dieron oportunidad de comunicarnos con nuestros familiares. Nos pasaban la comida por una rejita que medía como 15 x 25 centímetros; nos sentíamos peor que un perro encerrado (Pablo Juventino Solano Martínez, en Almazán 2007, p. 108).

Yo estuve presa 25 días. Veinticinco días de hostigamiento y de alimentos en mal estado. No recibimos atención médica, ni siquiera una vendoleta, nada. Tomábamos agua de la llave y no nos cambiábamos el uniforme como en dos semanas (Carmen Sánchez Cruz, en Almazán 2007, p. 73).

El gobernador [de Nayarit] nos fue a visitar una vez [a los familiares de los presos políticos] y nos dijo: "Váyanse de aquí porque éste es un estado tranquilo, no tenemos problemas y ya me veo entre marchas y mítines". Pero no nos dimos por vencidos. Organizamos nuestras marchas (Reyna Ruiz, en Almazán 2007, p. 146).

[Nos dijeron que] conforme al expediente de "la juez del juzgado mixto de primera instancia de Miahuatlán... deben ser trasladados (de regreso a Oaxaca) porque están poniendo en riesgo la seguridad del estado de Nayarit" (Alba Gabriela Cruz, en Almazán 2007, p. 70).

El 20 de diciembre nos levantaron a medianoche. Desde las 12 de la noche nos quitaron nuestras cosas, no podíamos ir al baño, nada. Nos hicieron bajar hostigándonos y nos volvieron a encerrar. Escuchamos cómo salían los hombres, cómo les gritaban, les entregaron sus pertenencias y todo el día nos dejaron con el uniforme, por eso nos dimos cuenta de que íbamos a ser trasladadas; sin decirnos nada, nunca nos dijeron nada (Carmen Sánchez Cruz, en Almazán 2007, p.73).

El día 20 de diciembre salimos del Cefereso hacia el aeropuerto de Tepic. Mientras estábamos agachados en el camión, los guardias nos amenazaron con llevarnos a las Islas Marías (Christian M. Cebolledo Gutiérrez, en Almazán, p. 85).

Nos llevaron de regreso a la ciudad de Oaxaca el 20 de diciembre... Nos decían las oficiales que escogiéramos a dónde nos gustaría ir, a las Islas Marías o a La Palma. En el aeropuerto de Nayarit nos recibieron los de la AFI, y ellos nos llevaron a la ciudad de Oaxaca (Celia Salazar Hernández, en Almazán, pp. 112 y 113).

Sus reflexiones tras la experiencia vivida

Nunca me imaginé que el gobierno llegara hasta este extremo... Hay familias rotas a causa del mal gobierno. Hasta la fecha sigo encerrado sin haber cometido ningún delito. Yo soy inocente (Pablo J. Solano Martínez, en Almazán, p. 109).

Yo hubiera preferido morir que vivir ante tanta humillación (María del Socorro Cruz, en Almazán, p. 153).

El gobierno no tiene pruebas contra nosotros. Nuestro único delito es exigir nuestro derecho y justicia (Rigoberto Vázquez Torres, en Almazán, p. 149).

Nuestro único delito ha sido pensar y reclamar justicia al Estado (Carmen Sánchez Cruz, en Almazán, p. 74).

En Oaxaca, lo que unos llaman "aplicación del estado de derecho", es solamente una aberración jurídica (Alba Gabriela Cruz, en Almazán, p. 70).

3. DESPUÉS DEL ASALTO

Tras la brutal represión, se dio el repliegue e, inmediatamente después, la reorganización para lograr la libertad de los presos políticos, la renuncia de Ulises Ruiz, la salida de la PFP y, de manera categórica, el castigo a los responsables de los delitos cometidos por las autoridades estatales y federales.

El pueblo nunca dejó de movilizarse y se sobrepuso al terror que se le quiso imponer. Si para quienes tenían mayor experiencia y compromiso este temor era muy fuerte, para los que carecían de ellos el impacto fue mayor. Resulta, pues, admirable la voluntad y la fuerza de la gente.

Fue también notable la inventiva y fortaleza social del movimiento. Ante situaciones adversas, casi perdidas, reaccionó con brío e iniciativa no sólo remontando la situación, sino tornándola en condición de ventaja durante todo el movimiento: el 14 de junio de 2006 fueron desalojados del zócalo y reprimidos con lujo de violencia; sin embargo, a las tres horas, el magisterio con el apoyo de la población modificó la correlación de fuerzas, reconquistó sus posiciones y la policía tuvo que huir en desbandada. El gobierno de Ulises Ruiz les destrozó Radio Plantón, su medio de comunicación con la sociedad; esta condición también fue revertida. En su lugar, el movimiento emergente tuvo a su disposición Radio Universidad para transmitir con mayor potencia. Al movimiento de mujeres que se manifestaba en una marcha le fue negado el acceso a la televisión a dónde acudieron para dar su punto de vista; esta negativa tuvo por consecuencia que se apoderaran de ese canal televisivo y lo convirtieran en Televisión Cacerola, la televisión y radio de las mujeres en el movimiento; los comandos ulisistas balacearon las instalaciones de la televisión y sacaron del aire este medio; el pueblo se apoderó de todas las radios comerciales de la ciudad de Oaxaca. Cuando Ulises Ruiz agredió gansterilmente a la población y quiso desalojar al pueblo de las radios mediante el sistema terrorista de la "caravana de la muerte", el pueblo levantó y sostuvo dos mil barricadas durante el movimiento para impedir el paso del convoy y defender su vida.

DEMANDAS POPULARES

Tras la represión del gobierno federal, una parte de la dirección del Consejo de la APPO tuvo que salir forzadamente al exilio y, por temporadas, a la semiclandestinidad. La constante persecución modificó los escenarios de lucha. La diáspora de una parte de sus dirigentes y el encarcelamiento de gran cantidad de inocentes, hicieron que el movimiento popular cediera su estrategia de levantamiento generalizado por otras estrategias de lucha, para evitar la disolución del movimiento; orientó el proceso de rearticulación a la recuperación de la moral y a la conquista de las calles para vencer al "tirano", así como demostrar que no había perdido su capital político como la instancia genuina de representación del pueblo, de sus intereses, de sus aspiraciones y esperanzas, y para conservar y mantener la convocatoria de la fuerza popular organizada.

El objetivo de lucha ante cada embestida fue creciendo en lugar de disminuir, y nunca claudicó.

a] Para empezar, la lucha popular había centrado sus demandas en que se les dieran los recursos de los Fondos 28 y 33 asignados por la federación a sus municipios y que se les permitiera ejercer su derecho a la democracia interna en sus localidades y sindicatos. Al continuar el gobierno con su política de agresión a los municipios y organizaciones populares, negarles la posibilidad de interlocución y reprimir la libertad de manifestarse públicamente, el movimiento popular añadió, a las demandas sociales y laborales, las demandas políticas de libertad de expresión y liberación de sus presos políticos, de que cesara la represión y se destituyera a los funcionarios que instrumentaban las políticas represivas.

b] El gobierno respondió con la represión el 14 de junio de 2006. El pueblo, entonces, se organizó masivamente, desconoció el mandato de quien se ostentaba como gobernador y propició la ingobernabilidad de hecho, puesto que no era un gobierno del pueblo ni para el pueblo.

c] Al responder el Estado a esta situación de ingobernabilidad con una política de contrainsurgencia y terrorismo, la APPO controló la ciudad, ocupó la radio y la televisión, se atrincheró y resistió exitosamente las caravanas de la muerte y las campañas de odio que el gobierno desató en su contra.

d] La coyuntura nacional de la cuestionada legitimidad en las elecciones presidenciales provocó, en primer lugar la parálisis cómplice del gobierno federal ante la evidente ingobernabilidad y ante los crímenes de Estado que se estaban cometiendo contra la resistencia civil pacífica de la población y, en un segundo momento, el apoyo del gobierno federal a Ulises Ruiz, aumentando la presencia militar en el estado, realizando prácticas navales cuyo propósito único era la disuasión, aumentando el número de efectivos y la participación de la PFP en operativos inducidos por el gobierno del estado y en los comandos ulisistas de terrorismo, evadiendo la cuestión toral de la falta de legitimidad de Ulises Ruiz. La razón es evidente: el gobierno federal "cojeaba de la misma pata". Aun así la resistencia de la APPO fue exitosa y no había manera de que Ulises Ruiz se reposicionara en la gubernatura.

e] Al responder el Estado con asesinatos, disturbios y zafarranchos que realizaba con una policía que se hacía acompañar de criminales y sicarios, y cuyos desmanes y delitos atribuía mediáticamente a la APPO, propició un escalamiento de la violencia criminal que justificó el envío de fuerzas federales para contener el movimiento. La APPO desarrolló entonces una capacidad de resistencia más compleja, al punto de plantearse cercar pacífica y simbólicamente a la fuerza federal.

f] El Estado respondió con la detención masiva e indiscriminada de la población, enviando a gente pacífica e inocente a penales de alta seguridad en lugares lejanos para someterlos mediante tratos crueles e inhumanos a un régimen sicológico propio para "quebrarles la voluntad". Lo mismo hizo con representantes populares y con los familiares de éstos, con el mismo propósito. La APPO respondió, modificando sus formas de lucha y profundizando en el alcance de sus demandas. Ya no sólo se pide la caída de Ulises Ruiz, se busca una reforma del Estado que impida las condiciones de una tiranía como la que se padece. Se exige a la República que agote sus procedimientos internos tanto para derrocar a Ulises Ruiz como para castigar a los responsables de crímenes de lesa humanidad. Se accede a la comunidad internacional para que testifique el nivel de barbarie con la que el Estado ha implementado su política contrainsurgente y terrorista. Decide juzgar, por el peso de su soberanía, a los responsables de estos crímenes. Mantiene las demandas que a lo largo de este proceso han quedado sin resolverse.

Los gobiernos del estado y el federal detuvieron masivamente a la población. Torturaron a los detenidos, los humillaron y los enviaron a cárceles de alta seguridad en el exilio. Desataron una persecución contra todos los que identificaban como integrantes de la APPO, sin importar que no hubiera delito de por medio. Lograron detener a algunos de los representantes populares cuando buscaban el diálogo que se necesitaba para la solución de los graves problemas que se habían creado. Criminalizaron el derecho a la expresión pacífica y pervirtieron la justicia. Se podría pensar que los cálculos políticos por parte del gobierno eran que, con estas acciones, se desactivaría la movilización popular, que la organización no sobreviviría sin los dirigentes, que los presos políticos servirían de "moneda de cambio" para anular la demanda de desconocimiento de Ulises Ruiz.

Las actividades del movimiento popular confluyeron en tres ámbitos estratégicos:

1. La liberación de los presos políticos se convirtió en la demanda estratégica de primera urgencia. Para lograrlo, la APPO se dio a las tareas de: crear organizaciones para la liberación de los detenidos; reintentar la mesa de diálogo y negociación con la Secretaría de Gobernación; reanudar sus demandas por la liberación de sus presos políticos, el retiro de las fuerzas federales del estado de Oaxaca, el cese a la represión, y recurrir a los organismos internacionales de derechos humanos para documentar y difundir los crímenes cometidos.

2. La demanda estratégica de lograr la destitución de Ulises Ruiz, no cejó. Se siguió luchando por el juicio político, documentando las violaciones a derechos humanos que se cometieron por parte de los gobiernos estatal y federal, acudiendo a organismos de derechos

humanos a nivel nacional e internacional y sometiendo a juicio popular a los responsables de los crímenes cometidos impunemente.

3. El fortalecimiento de su lucha significó atender prioritariamente la organización interna de base; posicionarse en la lucha del imaginario social y propiciar condiciones políticas favorables a nivel local.

Así pues, inmediatamente los integrantes del movimiento se dieron a la tarea de constituir organizaciones abocadas a la liberación de los detenidos. El 5 de diciembre, a iniciativa de Francisco Toledo, se integró el Comité de Liberación 25 de Noviembre[1] con el propósito de exigir la presentación con vida de las personas desaparecidas y la excarcelación de los presos políticos detenidos en forma ilegal durante las manifestaciones y los enfrentamientos ocurridos entre PFP y la APPO en las semanas recientes. Dicho comité conoció de actos extremos de tortura por parte de la PFP como la mutilación de dos dedos a la profesora Blanca Mendoza Ramírez de la Facultad de Ciencias Políticas de la UNAM (Martínez 2007b, p. 41). Días después, el 15 de diciembre, se formó el Comité Pro-Libertad de Presos Universitarios, integrado por familiares de las personas que fueron trasladadas desde esta ciudad a Nayarit, al penal de San José del Rincón,[2] y el Comité de Familiares de Desaparecidos, Asesinados y Presos Políticos de Oaxaca que haría su aparición el 1° de enero del 2007.

La tarea más urgente de la APPO era lograr la liberación de los presos políticos. A las tres semanas se tuvieron los primeros resultados. El 16 de diciembre fueron liberadas 43 de las 134 personas detenidas en Nayarit.[3] El resto de los detenidos en Nayarit fue trasladado a

---

[1] A este organismo se integraron, además del artista plástico, Elena Poniatowska, Carlos Monsiváis, Carlos Montemayor, Graciela Iturbide, Demián Flores, Rafael Barajas *El Fisgón*, Gabriel Macotela, Ángeles Romero Frizzi, Sara Méndez Morales, Alejandro de Ávila Blomberg, Claudina López Morales, Alma Soto, César Mayoral Figueroa, Israel Ochoa Lara, Armando Figueroa, Casiano Luis Mejía, Arturo Peimbert y Romualdo Wilfredo Mayrén Peláez, coordinador de la Comisión de Justicia y Paz de la Arquidiócesis de Antequera-Oaxaca, entre otros.

[2] *La Jornada*, 16 de diciembre de 2006.

[3] Los liberados arribaron alrededor de las 15:20 horas en dos autobuses contratados por el gobierno nayarita, y tan pronto descendieron quedaron arropados por la multitud. Los 43 ex presos, 17 de ellos profesores afiliados a la Sección 22

Oaxaca el día 20 de diciembre. Los 91 presos que llegaron en esta segunda ocasión fueron reubicados en dos penales del estado, 52 de ellos en el Cereso femenil de Tlacolula y 39 en la la cárcel regional de Miahuatlán. Al día siguiente fueron liberados 11 de ellos, 6 de Miahuatlán y 5 de Tlacolula. El día 25 de diciembre, a un día de cumplirse un mes de la detención, 18 personas más salieron libres del Reclusorio Femenil de Tlacolula. El 31 de diciembre, 11 personas más fueron liberadas de Miahuatlán y 7 de Tlacolula. Estas liberaciones ocurrieron después de que los obligaron a firmar que fueron detenidos porque habían sido forzados a "promover actos violentos".

A pesar del clima de incertidumbre que había provocado el arresto masivo de ciudadanos, el 25 de noviembre de 2006 la APPO reanudó la exigencia social por el cumplimiento de sus demandas. El 6 de diciembre se realizó una marcha en Huajuapan de León, Oaxaca, en la que participaron más de 2 mil maestros, y los días 10, 15 y 17 de diciembre en la ciudad de Oaxaca. Especial significado de solidaridad nacional con Oaxaca tuvo la participación de destacados luchadores sociales y dirigentes políticos del país en la mega marcha del 10 de diciembre.

El pueblo de Oaxaca dejó atrás el miedo y salió nuevamente a las calles. Con un amplio y organizado cinturón de seguridad consiguieron que no se registraran incidentes y evitar la infiltración de provocadores como lo ocurrido el 25 de noviembre. El recorrido fue de doce kilómetros. En el acto de la Plaza de la Danza encabezaron Zenén Bravo, Erangelio Mendoza, Gilberto Hernández así como Leonel Cota Montaño y Rosario Ibarra de Piedra. La marcha fue encabezada por los familiares de los detenidos cuya libertad se exigió (Martínez 2007b, p. 42).

Las marchas de resistencia y de protesta exigían la liberación de los presos políticos, particularmente los detenidos en Tepic, la desti-

del Sindicato Nacional de Trabajadores de la Educación (SNTE), se fundieron en largos abrazos con sus padres, hermanos, esposos, esposas, hijos y demás familiares que llegaron a recibirlos con ramos de flores. También hubo tristeza y lágrimas entre los familiares de los demás detenidos que aún seguían en el penal de Nayarit.

tución de Ulises Ruiz, la salida de la PFP de Oaxaca y el cese a la represión. El día 11 se presenta el libro *Voces de la valentía en Oaxaca* con testimonios de mujeres víctimas de violaciones a los derechos humanos durante el conflicto. Piden la liberación de las 34 mujeres detenidas. El día 20 la organización Mujeres Sin Miedo, que encabeza la actriz Ofelia Medina, realizó un acto político cultural con organizaciones y la comunidad artística local en la plazuela del Carmen Alto, para respaldar al movimiento magisterial y popular. Participaron en el acto Ofelia Medina, Lila Downs, Daniel Giménez Cacho, Lorena Vera y Teresa Ruiz. Leyeron testimonios de las mujeres encarceladas. El 22 de diciembre se realizó otra marcha multitudinaria de la APPO con las mismas exigencias. La Policía Ministerial y Municipal con equipo antimotines y los bomberos con pipas de agua se atrincheraron en las calles aledañas al zócalo para evitar el eventual paso de los manifestantes.

En cuanto a la demanda de retirar las fuerzas federales del estado de Oaxaca, se logró lo siguiente: el 12 de diciembre la PFP anunció una reducción de los primeros 250 elementos de un total de 4 000 que llegaron a la entidad, un convoy de 10 camiones de transporte, así como el retiro del 60% de vehículos antimotines. El día 16 la PFP "en lo que denominó 'repliegue estratégico', se retiró del zócalo, El Llano, el Parque del Amor y se reconcentró en el Gimnasio Flores Magón, la zona militar y otros puntos. Aún permanecen 2 mil 500 elementos de los 4 mil que llegaron" (Martínez 2007b, p. 44). La PFP dejó el resguardo de la zona a policías estatales. Pocos días antes, el 8 de diciembre, las fuerzas federales –PFP, AFI y Ejército–, sin avisarle previamente al gobernador, realizaron un operativo en la PGJ del estado y encontraron carros robados y armas sin registro por lo que detuvieron a cinco agentes y aseguraron armamento.

La Comisión de Diálogo de la APPO demandó el 5 de diciembre a la Secretaría de Gobernación reinstalar la mesa de negociación para reactivar el cumplimiento de los acuerdos pactados con el gobierno de Vicente Fox, lograr la cancelación de todas las órdenes de aprehensión y obtener la liberación de todos los presos políticos. El 21 de diciembre el secretario Francisco Ramírez Acuña se reunió con una comisión de oaxaqueños[4] a quienes les expresó su "deseo" de que los detenidos en el operativo federal del 25 de noviembre pasado fueran liberados en los próximos días. Sin embargo, insistió en que no podía intervenir directamente en este asunto porque violentaría la autonomía del estado de Oaxaca, en cuyos juzgados estaba la decisión de liberar a unas 70 personas que seguían presas. El 7 de enero la Secretaría de Gobernación pospuso de manera indefinida la reunión que tenía programada para el día 8 con la APPO, con el argumento de que éstos no integraron un proyecto de agenda de trabajo relativa a la reforma del Estado, que permitiera a la parte oficial brindar una contrapropuesta; sin embargo, el 10 de enero se reunió Ramírez Acuña con Ulises Ruiz. A partir de entonces se ha producido un vacío.

El gobierno federal de Felipe Calderón renunció a proteger los derechos humanos de los mexicanos, con el argumento de que era un asunto que debían atender los gobiernos de los estados. El caso de Oaxaca es paradigmático. La impunidad fue flagrante. La Secretaría de Gobernación cerró las puertas al pueblo, que recurrió a las marchas y a otras medidas de presión para insistir en sus demandas. El 29 de marzo del 2007, arropado por más de dos mil efectivos militares y policiacos, Calderón compartió el estrado con Ulises Ruiz en un acto oficial en el Istmo de Tehuantepec. El periodista Diego Enrique Osorno, al reportarlo en su libro (276) se pregunta: "¿Qué tienen en común estos personajes que parecen apoyarse mutuamente?" y se responde: tienen en común "la necesidad de permanecer rodeados por policías y soldados, en mucho mayor número que por civiles durante cada una de sus intervenciones públicas. Ambos, el presidente y el gobernador, se han convertido en gobernantes sin pueblo".

En la ciudad de México la APPO instaló un plantón frente al Senado de la República para presionar a las autoridades federales a intervenir políticamente en la solución del conflicto en Oaxaca. También de dicho plantón fueron desalojados el 18 de marzo del

---

[4] La comisión de los oaxaqueños fue integrada por siete dirigentes: Jesús López, Erangelio Mendoza, Yésica Sánchez, Zenén Bravo, Juan Sosa, Joel Gómez y Patricia Jiménez. El diálogo tuvo la intermediación del obispo emérito Samuel Ruiz y Dolores González, de Serapaz.

2007.[5] El 27 de marzo el plantón se reinstaló en el Monumento a la Revolución haciendo, con el Consejo Nacional de Huelga, un frente más amplio.

Ulises Ruiz instaló la Comisión Especial para la Reforma del Estado que buscará, dice, reformar las instituciones y darle un nuevo rostro al gobierno del estado y a su vínculo con la sociedad civil. En el documento publicado acepta incluso la posibilidad de elaborar una nueva Constitución y manifiesta tener la voluntad "para subsanar los errores que hayamos cometido y, sobre todo para impulsar con quienes me hicieron su gobernante, la búsqueda de soluciones"... "Queremos un nuevo pacto que reforme la educación, la política, la sociedad, la legislación indígena, la administración pública, la economía estatal, con énfasis en lo rural y los aspectos relacionados con la justicia".

Por su parte, miembros de diversas organizaciones no gubernamentales agrupadas en la Iniciativa Ciudadana de Diálogo por la Paz, la Democracia y la Justicia, anunciaron que no participarán en la convocatoria de la Comisión Especial para la Reforma del Estado; Adelfo Regino Montes, de Servicios del Pueblo Mixe, manifestó que no legitimarán con su presencia una nueva simulación del Estado.

Alrededor de 40 organizaciones civiles, académicos y artistas, entre ellos Francisco Toledo, descalifican la convocatoria de Ruiz para la reforma en Oaxaca. Ana María Hernández estableció que la propuesta del gobernador "abona a la mentira" y censuró la designación de Héctor Sánchez como secretario técnico de la Comisión de la Reforma del Estado. El grupo representado por Adelfo Regino Montes, Gustavo Esteva, Miguel Ángel Vásquez de la Rosa, Juan José Consejo y Carlos Plascencia presentó un documento que plantea 11 acuerdos mínimos para avanzar en esta tarea: pluralismo político; verdadero estado de derecho; respeto a la división de poderes;

[5] El día 18 de marzo de 2007, alrededor de las 23:45 horas, un grupo de policías vestidos de civil y granaderos al mando de José Manuel López de Cossío, director de Gobierno del Distrito Federal y de Jesús Romero, arribaron al plantón, destruyeron el campamento, se llevaron los enseres y golpearon a varios integrantes de la APPO. Gustavo Sosa Villavicencio, hermano de Flavio, fue hospitalizado a consecuencia de la golpiza que recibió.

justicia y seguridad pública y no represión; transparencia; participación ciudadana; equidad de género; reforma electoral de fondo que ciudadanice los órganos comiciales; libertad de expresión e independencia de órganos estatales; control ciudadano de los bienes estatales y avance de la justicia social[6] (Martínez 2007b, p. 46).

Las batallas en el imaginario social

Hay tres celebraciones populares que el gobierno ha oficializado y que la APPO decidió convertirlas nuevamente en celebraciones del pueblo. Una es la Guelaguetza, otra es la Noche de Rábanos y la tercera es el Juguetón. Por su carácter comercial la primera ha sido, sin duda, la que mayor atención y tensión ha generado, pero las otras dos, desde que el pueblo le disputa la hegemonía en la celebración de las festividades, el gobierno de Ulises Ruiz las ha convertido en pretextos para la represión.

Como quedó registrado, la APPO forzó al gobierno ulisista a suspender la celebración oficial de la Guelaguetza en 2006 y, en su lugar, la realizó como fiesta popular.[7]

La Noche de los Rábanos, que se acostumbra celebrar en Oaxaca entre el 23 y 24 de diciembre, surgió como fiesta tradicional de los hortelanos de la comunidad de Trinidad de las Huertas. El día 23 de diciembre de 2006 alrededor de 300 policías municipales resguardaron el templo de Santo Domingo de Guzmán para impedir que la APPO celebrara en el atrio una Noche de Rábanos alterna. Para evitar la confrontación, la gente de la APPO, así como hortelanos y artesanos de municipios de los Valles Centrales, principalmente de Ocotlán de Morelos, instalaron alrededor de las seis de la tarde su muestra de rábanos en la Plazuela del Carmen. Conforme a un reporte del periódico *La Jornada*,[8] en la muestra se pudieron observar

[6] *El Universal*, 19 de diciembre de 2006

[7] En 2007 Ulises Ruiz se vengó y provocó una tragedia durante la Guelaguetza popular y realizó su Guelaguetza oficial acordonado de policía y ejército, sin turismo, con sus acarreados, lo que consideró un éxito rotundo.

[8] La celebración alterna de la Noche de Rábanos programada por la APPO suponía una eventual recuperación del atrio del templo de Santo Domingo, de donde

figuras hechas con rábanos que representaban al gobernador Ulises Ruiz y a los fallecidos durante el conflicto, así como los helicópteros, las tanquetas y los agentes de la PFP enviados a la capital oaxaqueña.

La otra celebración que evoca el imaginario social es el Juguetón que se convierte en una festividad comunitaria de generosidad. Se recolectan juguetes que la gente dona para ser repartidos como regalo de Reyes a los niños para los que se hace la colecta. El 5 de enero de 2007, unos 60 policías municipales de Oaxaca cercaron los centros de acopio de juguetes que la APPO instaló en el atrio del templo de Santo Domingo con la autorización de la Iglesia católica, sobre la calle Macedonio Alcalá, frente al Instituto de Artes Gráficas de Oaxaca (IAGO), en la esquina con Ignacio Allende, donde quedaron retenidas ocho mujeres encargadas de la recolección. Desde el 4 de enero, Aristeo López Martínez, coordinador de Seguridad Pública, Vialidad y Tránsito Municipal, advirtió que no iba a permitir la instalación del APPO-Juguetón o que, si se quedaban, serían desalojados. Los ciudadanos que se acercaron a entregar sus juguetes debieron colocarlos en el piso, detrás de la valla de agentes instalada frente al IAGO, lo que provocó la irritación no sólo de quienes atendieron la convocatoria, sino de transeúntes y turistas que reprocharon la actitud del cuerpo policiaco. "Es una arbitrariedad, un abuso, porque aparte de que teníamos permiso de la iglesia, nos asiste el derecho constitucional de manifestación", afirmó Patricia Jiménez Alvarado, de la Coordinadora de Mujeres Oaxaqueña Primero de Agosto (COMO), una de las encargadas del centro de acopio.[9] El pro-

los integrantes del movimiento popular y magisterial fueron desalojados en noviembre pasado por la PFP. Cástulo López manifestó que dicha celebración, tal y como ocurrió con la "Guelaguetza popular", tuvo el propósito de "devolverle su sentido popular y contribuir a su regeneración", porque el gobierno del estado "ha convertido esta fiesta en mero mercantilismo y espectáculo folclórico." (Reportaje de Octavio Vélez Ascencio, *La Jornada*, 25 de diciembre de 2006.)

[9] Conforme al Testimonio 203 a la CCIODH (p. 91) "Estábamos en el acopio de juguetes... en Santo Domingo y la policía no nos permitió que recolectáramos los juguetes aun cuando ese espacio no es del municipio... La respuesta del pueblo fue increíble, pues eran bolsas y bolsas y bolsas de juguetes. Hasta las 6 de la tarde llega Aristeo, el jefe de la policía a decir que o nos quitábamos de ahí o nos iban a desalojar... Se desplegaron como 100 policías para no permitirnos a 8 mujeres de la

pósito sólo era conseguir juguetes para los hijos de las víctimas. Tan grande fue el acopio que alcanzaron para todos los niños. Ulises Ruiz quiso entrar en competencia con la APPO e hizo su propio Juguetón en El Llano. La APPO superó, con mucho, el juguetón oficial, a pesar de que éste contó con todos los recursos oficiales.

LA REPRESIÓN AMPLIADA

La APPO mantuvo sus demandas mediante la presión pública con marchas y plantones de protesta. El 10 de enero la APPO salió a las calles a exigir de nuevo la destitución de Ulises Ruiz, la liberación de presos políticos y la salida de la PFP de Oaxaca. El 3 de febrero se realizó la novena mega marcha. La gran columna humana volvió a recibir aplausos y vítores de cientos de personas que se apostaron en las aceras de las arterias para verla pasar o sumarse a la protesta. Unos cuatro mil policías de diferentes corporaciones, según informes de la Secretaría de Protección Ciudadana (SEPROCI) del estado, se atrincheraron alrededor del zócalo para impedir el paso de los manifestantes. El 8 de marzo se realiza nuevamente otra marcha multitudinaria de 100 mil personas, conforme a la APPO o de 8 mil según la SEPROCI. Además de las consabidas demandas, en esta marcha se exigía a la Secretaría de Gobernación instalar una mesa de negociación en un plazo perentorio.

Tratamiento a los familiares de los presos. La administración de Ulises Ruiz convirtió la eventual liberación de los presos en moneda de cambio para "negociar" con su situación jurídica la despresurización del movimiento con la intención de desactivarlo. Los presos se convirtieron en rehenes políticos del régimen.

El 27 de diciembre de 2006 el Consejo Estatal de la APPO había acordado la instalación de un plantón ante penales de la entidad a partir del 28. El día 1º de enero el Comité de Familiares de Desaparecidos, Asesinados y Presos Políticos de Oaxaca (COFADAPPO), integrante de la APPO, instaló su campamento frente al penal

Coordinadora instalarnos en el espacio; sin embargo nos instalamos... esto es inaudito, inconcebible. Esto solamente se puede ver en las dictaduras."

de Miahuatlán, en el que estaban recluidos 18 presos políticos (había otros 19 en el de Tlacolula) para exigir su liberación inmediata e incondicional. Tan pronto se instaló el plantón iniciaron las agresiones por parte de las autoridades del penal. El 4 de enero el COFADAPPO realizó una marcha que terminó en mitin frente al penal. Ese día, conforme lo denunció Yolanda Gutiérrez Ortiz, mamá de uno de los presos políticos, éstos fueron amenazados de que si el Comité no retiraba el plantón y dejaban de hacer marchas "serían golpeados con tablas" y además los "tacharían", es decir, que se les encerraría en sus celdas por más de 20 días. Fueron, además, amenazados de muerte. Los familiares dieron a conocer estas amenazas a la prensa y responsabilizaron a las autoridades a cargo de sus familiares. El 13 de enero el Comité realizó otra marcha. Ese día el plantón fue desalojado violentamente por más de cien agentes de la Policía Preventiva del Estado (PPE) y Municipal. Fueron detenidos por "intento de linchamiento" y "portación de arma de fuego", Arnulfo Ezequiel Vásquez, Humberto Vásquez, Miguel López Cruz, esposo de Edith Coca Soriano, presa en el penal de Miahuatlán, y Jesús Villaseca Pérez –hijo del fotógrafo de *La Jornada* Jesús Villaseca Chávez–, quien narró lo que le sucedió después de terminar el mitin:

"Llegaron unos 100 policías con lujo de violencia a desalojar el plantón, golpeando a quienes se encontraban a su paso e intimidando a personas de la tercera edad. A mí me agarran, me golpean, me arrastran del cabello y me suben a una camioneta. Me avientan al piso, me echan gas lacrimógeno cuando ya estaba sometido y todavía me ponen una navaja en la espalda. Me decían 'pinche greñudo, te vamos a tirar al mar; pinche chilango, te vamos a violar, cuando te metamos al tambo te van a *dar violín* todos los días; a tu vieja, a la güerita, ya se le están cogiendo ahorita'. Fue una tortura sicológica muy severa."
Los policías le robaron su equipo de trabajo: una cámara fotográfica digital Cannon con diversas lentes, valuada en unos 40 mil pesos. En los separos de la Procuraduría General de Justicia del Estado, tras ser puestos a disposición del Ministerio Público por la PPE, mencionó que unos agentes de la Policía Ministerial platicaron con ellos, los trataron bien e incluso admitieron la injusticia de su detención. "Nos dijeron que entendían cómo estaba funcionando el gobierno y que así

como nosotros éramos inocentes así eran todos los demás que habían sido detenidos."[10]

Los integrantes del Comité que no fueron detenidos, se refugiaron en casas aledañas al reclusorio y fueron "rescatados" por una comitiva de organismos de derechos humanos. El 14 de enero de 2007 hubo una marcha en Oaxaca y otra en la ciudad de México en protesta por el desalojo del Comité en el penal de Miahuatlán y por la liberación de los presos políticos. El día 15 de enero, integrantes y simpatizantes de la APPO y de la COFADAPPO burlaron los retenes de la policía al salir de misa en la catedral de Oaxaca, y se manifestaron por la destitución de Ulises Ruiz y la liberación de los presos políticos y de sus familiares. Ese día fueron liberados los ocho familiares detenidos en el plantón de Miahuatlán, tras el pago de una fianza de más de 100 mil pesos depositada por el Comité de Liberación 25 de Noviembre, creado por el pintor Francisco Toledo.

Política contra el magisterio. La política de Ulises Ruiz se orientó en contra de la organización magisterial y para profundizar y oficializar la división existente en la Sección 22, creando y reconociendo la Sección 59; fomentar la inseguridad de los maestros de la 22, obligándolos a regresar a clases y, aprovechar esta circunstancia para secuestrarlos privándolos de su libertad en las escuelas; provocar la separación de la Sección 22 de la APPO sembrando la división y confusión; dividir internamente a la Sección 22.

La guerra sicológica de Ulises Ruiz en contra del movimiento magisterial fue permanente. El 13 de diciembre de 2006 se seguían escuchando en la radio spots como los siguientes: "No APPOyes la violencia", "Somos presos de los maestros", "Sólo un cobarde esconde su rostro", El recreo es para jugar... pero ¿si no hay escuela?" (*Excélsior*, 14 de diciembre de 2006).

El mismo día 22 de diciembre de 2006 que la Sección 22 marchaba como parte de la APPO en las calles, fue creada la Sección 59 a la que se le adjudicaron más de 125 escuelas en la región de la Cañada, en los municipios de Huautla de Jiménez y Teotitlán de Flores

[10] *La Jornada*, 17 de enero de 2007.

Magón; 58 escuelas en el sector de Pinotepa Nacional, de la región de la costa; 35 más en la región de Tuxtepec, en el sector Centro y Temascal y, en los Valles Centrales, en los municipios de Santa Lucía del Camino, Santa María del Tule, Santa María Ixcotel y Vigueira. Las escuelas en poder de la Sección 22 siguieron siendo hostigadas y tomadas por priistas de Ulises Ruiz.[11] El 15 de febrero de 2007 el profesor de la Sección 22 Arcángel Ortiz Ortiz, coordinador de la APPO en la región de la Mixteca, fue aprehendido en su escuela con lujo de violencia por las autoridades municipales de San Miguel El Grande, Tlaxiaco. Fue liberado tres días después. El 17 de febrero renunció Enrique Rueda Pacheco al cargo de secretario general de la Sección 22; la razón que adujo fue que se consideraba víctima de una "campaña de odio" de algunas corrientes del movimiento magisterial. Su renuncia fue considerada como "traición al movimiento magisterial". El 18 de febrero de 2007, la Asamblea Estatal de la Sección 22 acordó realizar medidas de apremio –toma indefinida de oficinas gubernamentales hasta que no fueran entregadas más de 200 escuelas que estaban en poder de priistas y miembros de la recién creada Sección 59 del SNTE–. El 24 de febrero, una maestra perteneciente a la Sección 22 fue agredida sexualmente. Se levantó una denuncia penal por los hechos.

El 17 de diciembre de 2007 el portavoz de la APPO Florentino López Martínez, junto con Macario Otalo Padilla y Pedro García García fueron detenidos y golpeados al salir de una plenaria de la APPO por policías que los subieron a una camioneta sin placas de circulación. Entre sus captores reconocieron a Alejandro Barrita Ortiz director de la Policía Auxiliar, Bancaria e Industrial (PABIC). Florentino denunció que sus agresores le dijeron: "somos del escuadrón de la muerte", su símbolo era una cruz de color rojo [tipo suástica] y lo amenazaron con subirlo a un helicóptero y tirarlo al mar.[12]

---

[11] Testimonio de Horacio Gómez Pineda (Almazán 2007, p. 156).

[12] En el trayecto los policías "nos golpearon, nos amenazaron con que nos iban a matar, que nos iban a subir a un helicóptero y de ahí a tirar al mar. Uno de ellos me preguntó, '¿sabes nadar?'. Y le contesté que no. Entonces, me dijo: '¿cómo le vas a hacer?'", relató Padilla. Después de llevarlos a varios lugares con la cara cubierta con trapos y de ser interrogados y fichados en un lugar que presuntamente es la

El 16 de enero, personas vestidas de civil detuvieron a Juan Carlos García Cruz, el Konan, simpatizante de la APPO y lo torturaron para que entregara a David Venegas Reyes, el Alebrije, consejero estatal de la APPO. Como no dijo nada, le sembraron un arma de fuego.[13] El 23 de febrero Pedro Cristiano Gutiérrez, arquitecto de 33 años, fue atacado con golpes y arma blanca, por lo que su estado de salud era grave, reportó la CCIODH.[14] El 13 de abril del 2006 fue aprehendido David Venegas Reyes.

El 26 de diciembre de 2006 dos miembros de la APPO fueron emboscados y heridos de bala cuando regresaban a sus comunidades después de participar en una marcha junto con unos 800 militantes del Frente Popular Revolucionario y del Movimiento Unificador de Lucha Triqui Independiente en la región de la Mixteca. El 27 de diciembre fue detenido Heladio López Pérez porque exhibió unas mantas que decían: "Ulises Ruiz Ortiz no eres bienvenido en el pueblo de San Pablo Guilá", en una reunión en su pueblo a donde había llegado Ulises Ruiz a inaugurar dos obras que habían sido terminadas e inauguradas hacía ya dos años.

La cuestión de los presos políticos fue parte del escenario central del conflicto. Los procesos penales iniciados en contra de Flavio y Horacio Sosa fueron entorpecidos sistemáticamente por los jueces. El 17 de abril de 2007, Marcelino Coache Verano, consejero estatal de la APPO ganó un amparo de la justicia federal y quedó en libertad del proceso penal que la justicia estatal seguía en su contra por los delitos de sedición, asociación delictuosa y daños por incendio, a causa de un enfrentamiento con la PFP en noviembre de 2006. Pero antes de que saliera del penal de Cosolapa, le fue dictado un nuevo auto de formal prisión derivado de la reclasificación de los delitos que hizo un juez local, a petición de la Procuraduría General de Justicia del Estado (PGJE), y de nuevo quedó formalmente preso.

Base Militar número 15 fueron liberados en la parte trasera de la Plaza Oaxaca (*La Jornada*, 19 de diciembre de 2006).

[13] El 27 de agosto del 2007 el Primer Tribunal Unitario del Decimotercer Circuito confirmó la condena de tres años y medio de prisión. Fue el primer integrante de la APPO en recibir una sentencia penal.

[14] *La Jornada*, 25 de marzo de 2007.

II. EL JURADO POPULAR

1. RECLAMO DE JUSTICIA

Es necesario que las graves violaciones que el gobierno de Ulises Ruiz cometió en contra de su pueblo tengan las consecuencias jurídicas y políticas que ameritan. Por lo mismo,

1. La Suprema Corte de Justicia de la Nación debe rendir su informe al pueblo mexicano dando cuenta de los resultados de su investigación y dejando constancia de las graves violaciones a las garantías que ha cometido el gobierno de Ulises Ruiz.

2. Es indispensable que el Senado de la República sustente el juicio político al gobierno de Ulises Ruiz, y la sección instructora desahogue de cara a la nación su cometido.

3. Es necesario que la Procuraduría General de la República, como órgano responsable de la persecución de los delitos, sustente el juicio de *genocidio* y otros delitos iniciado en contra de Ulises Ruiz.

4. En materia de derechos humanos es absolutamente urgente que los organismos públicos o, en su caso, los internacionales en la materia,

a] requieran *medidas cautelares* para protección de los participantes en el movimiento popular que han sido amenazados de muerte y de quienes se giran órdenes inicuas de aprehensión en el criterio de criminalizar el movimiento popular.

b] Vigilen, visiten, recojan evidencias de lo sucedido, elaboren sus informes o los perfeccionen de manera objetiva y cabal.

c] Insten, recomienden e interpongan sus oficios para que cese la violación a los derechos humanos y se encaucen los procedimientos jurídicos para que esos actos de gobierno no queden impunes.

INFORMES DE ORGANISMOS NACIONALES E INTERNACIONALES SOBRE DERECHOS HUMANOS

Debido a la gravedad de los acontecimientos y de las graves violaciones registradas en Oaxaca, diversos organismos de derechos humanos interesados en la situación manifestaron su preocupación por lo acaecido, investigaron sobre lo sucedido y presentaron a las autoridades y a la opinión pública los resultados de su trabajo junto con sus inquietudes y recomendaciones. Las autoridades mexicanas del estado de Oaxaca y del gobierno federal, han dejado ver claramente su falta de compromiso por el debido respeto a los derechos humanos, y sus respuestas rayan en el desdén, complicidad y desfachatez por considerarse impunes a los crímenes que han cometido o solapado.

Human Rights Watch. En el *Informe mundial* que Human Rights Watch presentó el 11 de enero del 2007, México aparece con serios problemas: la tortura persiste de manera generalizada; los jueces aceptan confesiones arrancadas en estas prácticas; los agentes que realizan dicha práctica y las autoridades que son responsables de que se realice, gozan de impunidad; más del 40% de la gente que está en prisión privada de su libertad no ha recibido sentencia condenatoria de ningún juez por algún delito.

Foro de São Paulo. En el Foro de São Paulo de partidos políticos latinoamericanos de izquierda –realizado el 14 de enero de 2007 en San Salvador, República de El Salvador–, las 66 delegaciones participantes se pronunciaron en su resolutivo final por detener "la persecución, la desaparición política de personas y luchadores sociales de Oaxaca y exigir castigo a los culpables de los crímenes de lesa humanidad cometidos recientemente en México", se refirieron en particular al gobernador Ulises Ruiz "por su política genocida y [por ser un] mal gobernante de Oaxaca".

Familia de víctima. Kathy Will, madre del periodista asesinado Brad Will, ha señalado que "existen serias denuncias de abusos a los derechos humanos en Oaxaca. Es tiempo de que el gobierno mexicano actúe y detenga esta situación castigando a los responsables de este crimen. Nuestro hijo ha sido sólo uno de tantos periodistas agredidos durante el año pasado en México. Queremos justicia. La impunidad debe terminar".

Organizaciones ecuménicas. Con la aspiración ética de propiciar condiciones justas en el estado, creyentes de diferentes religiones y organizaciones cristianas convocaron el 20 de enero de 2007 a una Jornada Ecuménica por Oaxaca con el lema *Por una paz que nazca de la justicia.* En flagrante violación a derechos fundamentales, la policía municipal impidió la Jornada, cercando los accesos al atrio del templo de Santo Domingo, a pesar de que contaban con el permiso del Ayuntamiento.

La Comisión Civil Internacional de Organizaciones de Derechos Humanos (CCIODH) presentó, el 16 de enero de 2007, un informe preliminar del conflicto en Oaxaca en el que documenta la presencia y operación de grupos parapoliciacos, vinculados supuestamente con el gobierno estatal para asesinar y detener a simpatizantes de la APPO. El día 20 de ese mes presentó su informe de manera oficial. Es una de las investigaciones más completas y serias de lo sucedido que fue publicada el 18 de febrero del 2007 con el título *Informe sobre los hechos de Oaxaca. Quinta visita del 16 de diciembre de 2006 al 20 de enero de 2007.* Los resultados de investigación que allí se presentan han sido analizados detenidamente en este ensayo. Son tan graves las imputaciones y es tan evidente la impunidad a esos crímenes a nivel del gobierno del estado que ameritan ser recogidos para realizar una investigación sobre la verdad jurídica de los hechos a nivel del gobierno federal. Sin embargo, el 22 de enero, la titular de la Unidad de Derechos Humanos de la Secretaría de Gobernación, María del Carmen Díez Hidalgo –en lugar de recoger las denuncias y analizar la gravedad de los hechos consignados–, con una absoluta falta de interés, de seriedad y de inteligencia, descalificó *ad hominem* a la CCIODH, con el falaz argumento de que no es un organismo "reconocido" o con la "respetabilidad de organizaciones no gubernamentales tipo Amnistía Internacional".

El 18 de febrero, la CCIODH publicó su informe sobre las violaciones que había documentado e, infructuosamente, intentó entrevistarse con el secretario de Gobernación para entregarle los resultados de la investigación. El subsecretario de Gobierno, Abraham González

Uyeda, fue quien los recibió el 2 marzo y se comprometió "a atender las denuncias y testimonios incluidos en el informe, además de investigar los delitos en que estén involucrados funcionarios y actuar en consecuencia". La CCIODH advirtió que era muy grave que después del tiempo transcurrido aún no hubiera ningún consignado por tantas muertes y represión y que todavía hubiera medio centenar de presos de manera injustificada. El vocero de la Comisión, Iñaki García García consideró "una ingenuidad" pensar que el conflicto ya estuviera resuelto. En el informe las principales violaciones que destacan son: "la violación al derecho a la vida, las torturas, los malos tratos, las detenciones ilegales y la limitación de la libertad de expresión". Informó que el reporte también sería entregado al Parlamento Europeo, en Bruselas, y a la Oficina del Alto Comisionado de Naciones Unidas para los Derechos Humanos, en Ginebra, Suiza.

Comisión Nacional de Derechos Humanos. José Luis Soberanes Fernández, presidente de la CNDH, señaló el día 15 de enero de 2007 que en Oaxaca continúan sin existir las condiciones necesarias para la vigencia y observancia de los derechos fundamentales. El 13 marzo aseguró que en Oaxaca ocurrieron violaciones graves de los derechos humanos: torturas, detenciones arbitrarias, cateos ilegales y la muerte de al menos 20 personas. El 15 de marzo presentó ante las Comisiones Unidas de Derechos Humanos de las cámaras de Diputados y Senadores su segundo informe sobre los hechos de violencia ocurridos en Oaxaca, en el que destaca que hubo negligencia por parte del gobierno federal y abandono de las tareas de gobierno por parte de Ulises Ruiz Ortiz. Además, subrayó, la ex procuradora de Oaxaca transgredió los derechos a la legalidad y seguridad jurídica de las poblaciones de los municipios de Oaxaca y áreas conurbadas. En el caso del homicidio del periodista Bradley Roland Will hubo irregular integración de la averiguación previa, se observaron anomalías en interrogatorios superficiales y que algunos no fueron realizados, diligencias inoportunas o erradas y una consignación endeble. Pidió "iniciar un procedimiento administrativo contra Lino Celaya, porque cuando fue secretario de Protección Ciudadana violentó los derechos humanos de 141 personas, al enviarlos al penal de Nayarit, y contra la ex procuradora Lizbeth Caña, por dilación en la procuración de justicia, y si hay delito, iniciarle averiguación previa". El Informe fue considerado por los organismos de derechos humanos, como muy "tibio". El Consejo de la APPO considera que el organismo público no investigó debidamente las violaciones a los derechos humanos, que minimizó a tal grado los hechos que presenta una visión distorsionada de la realidad, que su informe fue tardío, que no requirió las medidas cautelares cuando urgentemente se requerían dada la gravedad de las circunstancias, que no tuvo una postura firme y decidida para detener la agresión de la que el pueblo era víctima –incluso cuando pudo constatar la flagrante violación que se continuaba perpetrando con los detenidos en el penal de Tepic–, que sus Recomendaciones no atienden el fondo del asunto, además de ser extemporáneas, tibias y dejan fuera a autoridades federales y estatales gravemente implicadas. Finalmente, que los procedimientos que recomienda son absolutamente inconducentes ya que encarga al gobierno del estado la investigación de las violaciones a los derechos humanos que él mismo perpetró y ha dejado de intervenir en la investigación de hechos muy graves, posteriores a su informe.[1]

Amnistía Internacional consideró que la confianza en el sistema legal mexicano está destruida. Amnistía Internacional ilustró sus acusaciones con casos de personas que fueron detenidas de forma irregular, con pruebas poco fiables, algunos sufrieron torturas, malos tratos o agresiones sexuales, y durante sus procesos judiciales se violaron principios como la presunción de inocencia o la asistencia legal adecuada. En el caso de acusados pertenecientes a alguna etnia indígena, con escasos o nulos conocimientos del español, la situación se agrava ya que éstos no suelen contar con un traductor o un abogado defensor que los entienda y les explique los detalles del proceso legal en su contra. Además, criticó que "los agentes del Ministerio Público tengan poderes excesivos para determinar el valor de la prueba" y los jueces las dan por ciertas "sin garantizar explícitamente su examen con arreglo al principio de presunción de inocencia de la persona sospechosa". "La impunidad de las violaciones de derechos humanos sigue siendo la norma" y "en los pocos casos en los que se

---

[1] Como la tortura y casi linchamiento policiaco de Emeterio Merino Cruz el pasado 16 de julio de 2007.

han llevado a cabo investigaciones oficiales sobre abusos, los mecanismos de rendición de cuentas son tan débiles que las personas responsables rara vez comparecen ante la justicia".

La intervención de la Suprema Corte de Justicia de la Nación

Por exigencia del Consejo de la APPO, se logró que la Cámara de
Diputados aprobara la solicitud a la Suprema Corte de Justicia de la
Nación (SCJN) para que investigara la violación grave a las garantías
individuales en Oaxaca.[2] El ministro Juan N. Silva Meza señaló el 20
de abril de 2007 que un tema prioritario para la SCJN era la creación de
una comisión que investigara los hechos denunciados como violación
de los derechos humanos durante el conflicto social en Oaxaca.[3]

[2] Entre los elementos entregados destacan los informes de la CNDH y de la CCIO-
DH sobre el caso Oaxaca; la demanda de juicio político en contra del gobernador
Ulises Ruiz, hecha por varios legisladores; testimonios de decenas de personas a quienes les fueron vulneradas sus garantías durante el conflicto; copias de actas de defun-
ción y de "averiguaciones previas irregulares" en contra de activistas, además de
fotografías y videos.

[3] El 12 de junio del 2007, el ministro Juan N. Silva Meza presentó su proyecto de
dictamen en el que propuso que la SCJN ejerza su facultad de investigación respecto
a lo sucedido en Oaxaca del 2 de junio al 31 de diciembre de 2006 a fin de esclarecer
"por qué se dieron esas violaciones graves de garantías individuales, quién las ordenó
y si obedeció a una estrategia estatal o al rebasamiento de la situación y a la deficien-
te capacitación de las policías", todo ello con el objeto de que al determinar el por
qué ocurrieron, se pueda contrarrestar ese estado de incertidumbre y afectación en
la vida de la comunidad que motivaron la gravedad de las violaciones. (Artículo de
Jesús Aranda en *La Jornada*, sección *Política*, 13 de junio de 2007). Los ministros de la
Suprema Corte estaban divididos en cuanto a la posibilidad de ejercer su facultad
de investigación para determinar si hubo violación grave a las garantías individuales
en esa entidad. Sin embargo, el 19 de junio de 2007 la SCJN acordó investigar las
posibles violaciones a las garantías individuales. Precisó que la comisión especial que
conocerá los hechos ocurridos en Oaxaca, de mayo de 2006 a enero de 2007, deberá
investigar la actuación de las autoridades federales, estatales y municipales en la presunta violación grave de garantías individuales en Oaxaca por la probable omisión o
pasividad, para restaurar, mantener el orden público y la seguridad en esa entidad.
El ministro presidente de la SCJN, Guillermo I. Ortiz Mayagoitia manifestó que "no
hemos sabido todavía configurar el uso correcto de la fuerza pública, lo cual da como
resultado excesos y en algunos casos violación de garantías". El 22 de junio de 2007

La respuesta que Ulises Ruiz le dio al porfesor Raúl Gatica, dirigente del Consejo Indígena Popular de Oaxaca "Ricardo Flores Magón" (CIPO-RFM) cuando salió exiliado a Canadá ante la negativa del gobierno del estado de garantizar su seguridad, misma que fue requerida como medida cautelar por la Comisión Interamericana de Derechos Humanos, define claramente la postura que guarda respecto a los organismos de derechos humanos: "A mí, pueden venirme la Interamericana, la Nacional, la Estatal y hasta la Interplanetaria, y yo las mando a 'chingar a su madre'. Tú me haces un desmadre y yo te meto a la cárcel. Óyelo bien, cabrón".

JUICIO

Ante la incapacidad del Estado mexicano para solventar la justicia con relación a los muy graves crímenes cometidos por servidores públicos y delincuentes de la sociedad que actuaron a su cobijo, el pueblo decidió juzgar, con el peso de su soberanía, a los responsables de estos crímenes. Se realizaron tres foros internacionales con este propósito. El primero de denuncia, el segundo para recopilar nuevos elementos de convicción y para constituir el jurado. El tercero, cuando el jurado –en visita *in loco* a Oaxaca–, recopiló nuevos testi-

acordó crear la Comisión, a pesar de que sus conclusiones no sean vinculatorias para otras autoridades. Los magistrados podrán tener acceso a cualquier instalación del gobierno y a "todo tipo de documentos e informes, que pudieran guardar relación con la investigación, con independencia de que sea de naturaleza reservada o confidencial". Es la primera vez que la Corte someterá a investigación a un ex presidente de la República para determinar si incurrió en violaciones graves a las garantías de la población, la segunda en la que somete a revisión el presunto uso excesivo de la fuerza pública en que incurrió la Policía Federal Preventiva –bajo el mando del entonces secretario de Seguridad Pública y Procurador General de la República, Eduardo Medina Mora– en la administración de Felipe Calderón, y la tercera, de manera consecutiva, en que somete a un gobernador a pesquisas. La Suprema Corte de Justicia de la Nación señaló que tomará en cuenta los informes de Amnistía Internacional. El 27 de agosto de 2007 el pleno de la Corte aprobó los términos y condiciones que deberá cumplir la comisión encargada de investigar la presunta violación grave de garantías individuales en el estado de Oaxaca, de mayo de 2006 a enero de 2007, y designó a los magistrados penales Roberto Lara Hernández y Manuel Baraibar Constantino para desarrollar la primera parte de la averiguación monios, que valoró la carga abrumadora de evidencias y emitió su sentencia por los crímenes cometidos.

La estructura del Estado cobija la impunidad

El Primer Foro Internacional de Defensa de los Derechos Humanos se realizó el 9 de enero del 2007, en la Cámara de Diputados. Asistieron 435 participantes y se presentaron decenas de testimonios sobre la represión y graves violaciones cometidas por el gobierno estatal y el federal en su intento de acallar los justos reclamos del pueblo de Oaxaca. Una recopilación de estos testimonios se publicó bajo la coordinación de José Antonio Almazán González en el libro *Defensa de los derechos humanos en Oaxaca.*[4]

La constitución del jurado popular

El Segundo Foro Internacional de Defensa de los Derechos Humanos se realizó los días 8 y 9 de febrero de 2007. Fue convocado por las asambleas Popular de los Pueblos de Oaxaca (APPO) y de México (APPM), así como por legisladores del PRD y de la senadora Rosario Ibarra de Piedra, presidenta de la Comisión de Derechos Humanos del Senado de la República. Dado que se continuaron cometiendo violaciones a los derechos humanos y siguió dándose la impunidad respecto a los crímenes cometidos al amparo del estado, representantes de diversos sectores sociales convocaron a constituir un jurado popular[5] para analizar los testimonios y las pruebas presentadas con relación a las violaciones a los derechos fundamentales presuntamente cometidas por servidores públicos, y emitir un juicio "de carácter moral" y, en su caso, dictar una sentencia de castigo a los responsables.

---

[4] Publicado por el Grupo Parlamentario del PRD en mayo de 2007. Los testimonios que allí se recogen se han incorporado al presente trabajo de reconstrucción histórica y análisis jurídico de los hechos.

[5] El jurado popular quedó integrado por Miguel Concha Malo, Pablo Franco Hernández, Guillermo García Romero, Horacio Gaspar Luna, Enrique González Ruiz, Gilberto López y Rivas, Eduardo Miranda Esquivel, Carlos Payán, Elena Poniatowska, Samuel Ruiz García, Ernesto Sánchez Aguilar, José Sotelo Marbán y Fausto Trejo.

Los participantes en el foro denunciaron que en Oaxaca

se robustecía la forma autoritaria del ejercicio en el poder, lo que representa una amenaza abierta a los movimientos sociales y a la sociedad civil en su conjunto. La represión en el estado trascendió el ámbito local, a ser de carácter nacional. Felipe Calderón mostró la forma como quería gobernar, pues tanto él como Ulises Ruiz privilegiaron la fuerza represiva como colofón de su ilegitimidad para solventar su debilidad política al haber llegado al poder mediante fraude electoral.

Los integrantes del jurado –conformado por intelectuales, académicos, escritores, defensores de derechos humanos y juristas– afirmaron que propondrían a los poderes de la Unión y estatales medidas cautelares y la expedición inmediata de una ley de amnistía para los presos, procesados, sentenciados y perseguidos por motivos políticos en el país, en la entidad sureña y en Atenco, "para lograr su inmediata e incondicional libertad". Emprenderían, además, acciones urgentes para denunciar las violaciones a los derechos humanos y generar respuestas de investigación, impartición de justicia y solidaridad con los afectados, así como recomendaciones y censuras a los gobiernos involucrados, para que se abstengan de continuar las violaciones denunciadas y restituyan el pleno goce de los derechos de los afectados, en el contexto de un auténtico estado social y democrático de derecho. Asimismo se pronunciaron por la creación, desde el Estado y la sociedad civil, de una *comisión de la verdad*, de carácter público, autónomo e imparcial, como un método "idóneo para conocer a plenitud cómo fueron los hechos relacionados con crímenes históricos del pasado y del presente cometidos al amparo del poder público, y que establezca, dentro de sus funciones, medidas de protección inmediata a los afectados, amén de que encauce el deslinde de responsabilidades y el castigo a los criminales contra el pueblo de México".

El jurado pronuncia su veredicto

El Tercer Foro Internacional de Defensa de los Derechos Humanos se realizó en la ciudad de Oaxaca el 21 abril. El tribunal popular "de moral pública", integrado por intelectuales, abogados y otros personajes, encontró culpable al gobernador Ulises Ruiz Ortiz por la comisión de delitos de lesa humanidad durante el conflicto político y social vigente en la entidad. "Los testimonios de las atrocidades ordenadas por Ulises Ruiz Ortiz caracterizan un gobierno de ignominia y barbarie inaudita". El texto del veredicto de sentencia se presenta a continuación como colofón a este trabajo.

El 9 junio, en una resolución dada a conocer en la Cámara de Diputados, el Tribunal Popular de Moral Pública dictó la siguiente sentencia:

> Se mandata éticamente al sentenciado [Ulises Ruiz] a liberar de inmediato a todos los presos políticos y a que presente con vida a todos los desaparecidos del estado de Oaxaca; se le exige que renuncie a la titularidad del Ejecutivo del estado por ser un sujeto repudiado por la mayoría del pueblo soberano, y lo declaramos persona *non grata*, lo que quiere decir que es indeseable dondequiera que se presente. Se insta a personas, organizaciones y partidos que se identifiquen como progresistas a promover juicio político en contra del tirano, para lograr no solamente su destitución del puesto de Gobernador del estado, sino su enjuiciamiento penal y su inhabilitación de por vida para desempeñar algún cargo público o función relacionada con la docencia o la investigación; [también] se faculta al pueblo de Oaxaca para que continúe en la lucha de liberación de esta tiranía por los medios jurídicos que considere convenientes.

VEREDICTO

VEREDICTO DEL TRIBUNAL POPULAR CONSTITUIDO POR LOS FOROS EN DEFENSA DE LOS DERECHOS HUMANOS EN OAXACA, DADO A CONOCER EL VEINTIUNO DE ABRIL DEL AÑO DOS MIL SIETE

En Oaxaca las autoridades pervierten la justicia, por lo que no existe un Estado de Derecho. Las violaciones a los derechos humanos son sistemáticas por lo que no rige la Constitución

ULISES RUIZ ORTIZ ES CULPABLE
DE CRÍMENES DE *LESA* HUMANIDAD

Es universalmente aceptado que para la existencia de un genuino Estado de Derecho, son indispensables dos requisitos:

1. Que las autoridades se sometan estrictamente al imperio de la ley, realizando únicamente aquellos actos que les permita la norma jurídica; y,

2. Que se respeten integralmente los derechos humanos de las personas que habitan el territorio del Estado.

Igualmente, entre las naciones civilizadas se admite que sólo existe una genuina Constitución ahí donde la separación de poderes es una realidad.

Nada de lo anterior sucede en Oaxaca, donde priva el ejercicio autoritario del poder, basado en la fuerza de los gobiernos federal y estatal y no en la voluntad del pueblo, titular originario de la soberanía. Es un hecho verificable que el Ejecutivo oaxaqueño tiene subordinados a los otros dos poderes.

Debido a la falta de un medio legal efectivo para llevar a juicio a Ulises Ruiz Ortiz y a otros funcionarios públicos tanto federales como del estado, nos hemos constituido como Tribunal Popular de moral pública, sin atribuirnos funciones de autoridad pero con el peso moral del aval de la sociedad, con la ética para impartir justicia y con fundamento en el artículo 39 Constitucional que deposita la soberanía primordial en el pueblo de México. En nuestra calidad de integrantes de este Tribunal Popular, hemos recibido pruebas de forma directa e inmediata acerca de la responsabilidad de quien tiene en sus manos el Ejecutivo local, Ulises Ruiz Ortiz, y se nos aportaron elementos que comprueban que gobierna para su propio interés y el de un reducido grupo económico y político, y no para beneficio del conjunto de los oaxaqueños. Por el contrario, la mayoría de éstos demanda su renuncia o destitución, por considerarlo responsable de graves delitos, incluyendo la ejecución extrajudicial de personas, la desaparición, el encarcelamiento y la tortura de decenas de inocentes, la persecución y la amenaza de represión sobre quienes se oponen a sus acciones ilegales y antidemocráticas, y el sostenimiento de un aparato de represión que anula las libertades esenciales de las oaxaqueñas y los oaxaqueños. Asimismo se le acusa de perversión de la justicia, de cometer los delitos y crímenes, a través de sicarios, de los que acusa a sus opositores y por los que los ha privado de la vida o de la libertad sin respetar el debido proceso, incurriendo en crímenes adicionales de uso excesivo e innecesario de la fuerza, tortura continua, saña en contra de los dirigentes de las organizaciones sociales y de los integrantes de los pueblos indígenas, tratos crueles, inhumanos y degradantes y violación sistemática de los derechos humanos.

Motivación

El conflicto por el que pasa Oaxaca entre el gobierno de Ulises Ruiz Ortiz y el movimiento popular se agudizó durante el año 2005 por la forma escandalosa en que el gobierno ha utilizado el poder para beneficio propio, enriqueciéndose desmedidamente, en lugar de mirar por el bien común, y por el hartazgo del pueblo al percibir la dominación a la que se ven sujetos y la represión que sufren cuando se organizan para detener los excesos de tales abusos. Este modo de ejercer el poder por parte del gobernador y su golpeteo constante a las organizaciones sociales agravó la crisis de legitimidad en Oaxaca. En estas condiciones, en el 2006, la lucha sindical del magisterio fue el detonante para organizar la resistencia en contra de quien utilizó el poder de manera despótica. Al agudizarse esta contradicción, el gobernador recurrió a la represión y el pueblo a la insurgencia pacífica que, a su vez, se vio nuevamente golpeada por el uso excesivo de la fuerza, por la utilización criminal de métodos contrainsurgentes por parte del gobierno, por la contratación de sicarios para delinquir y por el manejo del engranaje completo del aparato de Estado para pervertir la justicia, criminalizando al inocente y exculpando al criminal. El surgimiento y funcionamiento de la Asamblea Popular de los Pueblos de Oaxaca (APPO) ha respondido a este patrón de comportamiento. Se ha convertido en movimiento emergente de resistencia pacífica que se ha manifestado en contra del gobierno, que ha desafiado el poder caciquil y que ha resistido en su lucha con relativo éxito, a pesar del ilegal y desmedido uso de la fuerza con que el Estado la ha querido aniquilar, con la tarea de acumular la suficiente fuerza para modificar las condiciones de opresión que ya no soporta.

La ilegitimidad del Estado en Oaxaca

El propósito fundamental del poder político en todo Estado es perseguir el bien común, mediante la justicia. Por eso tiene bajo su responsabilidad el manejo de los aparatos de legitimación formal del poder político, el monopolio del uso de la fuerza, y es el encargado de regular las estructuras socio económicas y de servicio. Cuando un gobernante se apodera del control de estas instancias y contraviene el propósito fundamental del Estado pierde legitimidad, si es que la tuvo de origen, y se convierte en un poder tiránico.

Recordemos que, en nuestro sistema político, la legitimidad se obtiene a partir del momento en que se obtiene mayoría en la elección y, por ende, al tener el mandato del pueblo. A esta forma de obtener el poder se le conoce en la doctrina política como legitimidad *ab origine*, de origen. Sin embargo, la legitimidad no se entiende que se obtiene de una vez para siempre, sino que se confirma o se pierde en cada acto de gobierno por el uso que se hace del poder. A este ejercicio del poder, actuando con legitimidad, se le conoce como legitimidad *a regimine* o *a regimine principium* que equivale a "vivir en democracia". La formalidad no endereza la legitimidad de una elección viciada que puede legalmente ser legítima, pero ser de hecho ilegítima en el fondo. Un gobierno que asume el poder con un mandato legítimo de origen, también puede perderlo por el uso perverso del poder. San Agustín, desde el siglo V, al referirse en su análisis a este tema, lo hacía de este modo: "¿Si suprimimos la justicia, qué son entonces los reinos sino grandes latrocinios?"

Consideraciones ético jurídicas

En los foros sobre Derechos Humanos convocados por integrantes de la sociedad, se presentaron pruebas contundentes de los agravios infligidos por Ulises Ruiz Ortiz, con la complicidad de sus colaboradores, de diputados, de jueces y de las llamadas fuerzas del orden, a ciudadanas y ciudadanos que no cometieron ningún ilícito. Se documentó sobradamente que se han dado detenciones sin orden de autoridad judicial que constituyen verdaderos secuestros, se les ha aplicado tortura psicológica y física con el consecuente daño en su integridad personal, que se ha perseguido a los familiares de opositores políticos y que se intenta someter a los gobernados por medio del terror ejercido desde el Estado.

Con los testimonios y medios de prueba recabados por este Tribunal, y partiendo de las imputaciones claras y directas que los afectados formularon de los hechos ocurridos y denunciados, se interpreta y acredita que los perpetrados por Ulises Ruiz Ortiz son delitos de *lesa humanidad*, pues:

a] Los comete desde el poder, aprovechando todas las circunstancias que le favorecen: cuerpos policíacos, jueces, celadores, recursos económicos que le permiten comprar a la prensa que está al mejor postor, e intelectuales y escritores cuya pluma se cotiza en el mercado.

b] Ha contado además con la protección del gobierno federal del ex presidente Vicente Fox y ahora con la de Felipe Calderón, quienes han militarizado el estado e intervenido represivamente a través de la Policía Federal Preventiva.

c] Echa mano de grupos paramilitares, verdaderos escuadrones de la muerte que, con eficiencia letal, siembran el miedo y el dolor entre el pueblo, bajo el manto protector de los gobiernos federal y del Estado.

d] Se mantiene en la total impunidad debido a que los órganos formalmente encargados de aplicar la justicia hacen oídos sordos a las denuncias que se presentan ante ellos.

e] El Congreso de la Unión también le presta protección, pues no lo ha sometido a juicio político a pesar de la evidencia de sus crímenes.

f] Las víctimas no han delinquido, sino que los reprime por defender derechos de la población y por ejercitar atribuciones constitucionales. No obstante, son ellas quienes sufren represión y no los transgresores de la ley y del Estado de Derecho, que permanecen al mando de los cuerpos que debieran prestar seguridad pública.

g] Esta perversión del derecho incluye también a las autoridades federales y a la Policía Federal Preventiva y responsables carcelarios de Nayarit, a donde fueron trasladados temporalmente los presos políticos de Ulises Ruiz Ortiz.

h] El móvil de sus ilícitos es conservar ilegítimamente el poder, en contra de la voluntad de la gran mayoría de los oaxaqueños y oaxaqueñas.

i] Reincide cada vez que lo quiere hacer, debido a que nunca ha sido sancionado conforme a la ley.

j] Por medios criminales pretende aniquilar la resistencia de quienes se oponen a sus determinaciones políticas.

k] Tales acciones ofenden a la totalidad de la población oaxaqueña, a los mexicanos y a toda la especie humana, y se realizan con alevosía, premeditación y ventaja.

Los testimonios de las atrocidades ordenadas por Ulises Ruiz Ortiz caracterizan un gobierno de ignominia y barbarie inaudita. Mientras que los testimonios presentados singularizan a un pueblo con gran dignidad y valentía. La resistencia civil que está presentando el pueblo oaxaqueño, comprendido su aguerrido sector magisterial, es ejemplo de cómo se pueden y se deben defender las convicciones. Lo declarado por las víctimas y sus familiares merece toda credibilidad, pues proviene de hombres y mujeres conscientes, además de que coincide con lo expresado por los analistas honestos y esclarecidos que han sido testigos del movimiento popular y de la acción gubernamental para aniquilarlo.

Sentencia

Por lo expuesto y con fundamento en los principios de la ética social y política y de las reglas que deben regir la convivencia entre las personas y las naciones, declaramos que Ulises Ruiz Ortiz es un criminal de *lesa humanidad* y dictamos la siguiente sentencia moral:

Primero. Se mandata éticamente al sentenciado a liberar de inmediato a todos los presos políticos y a que presente con vida a todos los desaparecidos del estado de Oaxaca.

Segundo. Se le exige que renuncie a la titularidad del Ejecutivo de Oaxaca, por ser un sujeto repudiado por la mayoría del pueblo soberano.

Tercero. Lo declaramos *persona non grata*, lo que quiere decir que es un indeseable donde quiera que se presente.

Cuarto. Se insta a las personas, organizaciones y partidos que se identifiquen como progresistas promover juicio político en contra del tirano, para lograr no solamente su destitución del puesto de gobernador del Estado, sino su enjuiciamiento penal y su inhabilitación de por vida para desempeñar ningún cargo público ni una función relacionada con la docencia o la investigación.

Quinto. Se faculta éticamente al pueblo de Oaxaca para que continúe en su lucha de liberación de esta tiranía por los medios jurídicos que considere convenientes.

Sexto. Se dirige al pueblo de México para que se cree una Comisión de la Verdad que investigue los hechos de la guerra sucia del pasado y del presente; y a los servidores públicos y representantes populares honestos para que promuevan de inmediato una ley de amnistía general que proteja e incluya a todos los presos de conciencia del país.

Séptimo. Iníciense trámites para juzgar a los cómplices de Ulises Ruiz Ortiz, tanto en la administración estatal como en la federal.

Octavo. Hágase esta sentencia del conocimiento de los organismos gubernamentales y no gubernamentales, nacionales y de la justicia universal, que promueven y defienden los Derechos Humanos. Publíquese.

Oaxaca de Juárez, República Mexicana a 21 de abril del 2007.

LOS JUECES DEL TRIBUNAL POPULAR DE MORAL PÚBLICA

Miguel Concha Malo

Guillermo García Romero

José Enrique González Ruiz

Eduardo Miranda Esquivel

Elena Poniatowska

Ernesto Sánchez Aguilar

Fausto Trejo

Pablo Franco Hernández

Horacio Gaspar Luna

Gilberto López y Rivas

Carlos Payán

Samuel Ruiz García

José Sotelo Marbán

EPÍLOGO

EPÍLOGO

Que la memoria no se pierda

La APPO convocó a realizar diversas actividades conmemorativas del movimiento. El 14 de junio de 2007, en un ambiente de celebración, los maestros izaron la bandera en las escuelas del estado, y en la ciudad de Oaxaca se instalaron barricadas en sitios a ser recordados, donde sus simpatizantes habían sido asesinados el año anterior.[1] Radio Plantón salió nuevamente al aire; sin embargo, el gobierno de Ulises Ruiz no estaba dispuesto a que tuvieran lugar estos eventos como celebraciones del movimiento popular. Tan pronto inició sus trasmisiones, Radio Plantón fue intervenida. Le inyectaron una interferencia de silencio que, al sintonizar la estación en su área de cobertura, sólo se escucha un ruido blanco.

El siguiente lunes 18 de junio, después de realizar una marcha, los maestros y sectores populares de la APPO instalaron un plantón indefinido en el zócalo de la ciudad de Oaxaca, como medida de presión para que la Secretaría de Gobernación atendiera sus reclamos de lograr la destitución de Ulises Ruiz, la libertad de todos los "presos políticos y de conciencia", la cancelación de todas las órdenes de aprehensión, la entrega de 188 escuelas –ocupadas por priistas y miembros de la Sección 59–, y la instalación de una mesa de diálogo. Ese mismo día fue detenido César Luis Díaz, consejero de la APPO e integrante de la organización Comité de Defensa de Derecho Indí-

---

[1] En Santa Lucía del Camino; en la colonia Jardín, frente a la estación de radio La Ley; en avenida Símbolos Patrios; en el Instituto Tecnológico de Oaxaca y en el canal 9 de Televisión, Camino a San Luis Beltrán; en la calle Netzahualcóyotl y en el municipio conurbado de Santa María Coyotepec, donde se ubica la casa de gobierno del estado, en el crucero Cinco Señores en las inmediaciones de la Universidad Autónoma Benito Juárez de Oaxaca, donde la policía desmanteló la última barricada en 2006

gena de Santiago Xanica, acusado de posesión de armas de fuego y a quien los celadores del penal de Santa María Huatulco amenazaron con lincharlo.

El 20 de junio, dos organizaciones supuestamente ciudadanas –el Consejo Ciudadano para el Progreso y la Organización Independiente de Comerciantes Establecidos– amenazaron con desalojar "pacíficamente" el plantón de la APPO. Ezequiel Rosales Carreño denunció que el Poder Judicial del estado emitió nuevas órdenes de aprehensión en contra de 12 miembros del consejo estatal, entre ellos al propio denunciante, a Patricia Jiménez, Zenén Bravo, Jesús López, Rafael Rodríguez y Felipa Franco, mientras que mantenía en su poder a ocho presos políticos. Al 13 de diciembre de 2007 quedaban todavía seis: Flavio Sosa Villavicencio, Víctor Hugo Martínez Toledo, David Venegas Reyes, Miguel Angel García, Jaciel Cruz Cruz y Adán Mejía.

El clima político se siguió tensando. El 27 de junio acuartelaron a policías municipales y estatales en previsión de una supuesta confrontación con la APPO. Don Arturo Lona Reyes, obispo emérito de Santo Domingo Tehuantepec, señaló preocupado que la reforma del Estado podría ser la última oportunidad para transformar Oaxaca y evitar un estallido social, porque "hay un pueblo desesperado". La APPO realizó una nueva marcha para exigir la destitución de Ulises Ruiz, la libertad de los presos políticos y el castigo a los responsables de los crímenes de estado cometidos en contra del pueblo de Oaxaca. Ese día la APPO denunció que, en días recientes, Ulises Ruiz había estado reclutando "golpeadores", a quienes les pagaba hasta 300 pesos con el propósito de que atacaran a la APPO, al estilo *halconazo*.

La Guelaguetza popular

Ulises Ruiz decidió acordonar –con soldados y con policías federales y estatales– el auditorio del Cerro del Fortín para evitar que la APPO realizara la Guelaguetza popular el lunes 16 de julio. El sábado 14 instaló este cerco y un retén sobre la carretera que comunica dicho lugar. La APPO decidió entonces cambiar el lugar de la celebración de su Guelaguetza a la Plaza de la Danza, en lugar del tradicional cerro del Fortín, a fin de "evitar un nuevo baño de sangre". Ese día el gobierno federal liberó el primer pago de rezonificación, después de 14 meses de haber iniciado la lucha. El domingo 15 los militares, sin motivo legítimo, retuvieron en la carretera a la delegación del Papaloapan que participaría en la Guelaguetza popular.

El día de la Guelaguetza popular, 16 de julio, era tanta la gente que no cupo en la Plaza de la Danza para su celebración, por lo que unos diez mil ciudadanos se dirigieron al Cerro del Fortín que tradicionalmente es la sede de esta festividad. "Las 16 delegaciones de bailarines que se iban a presentar fueron acompañadas de sus respectivas bandas musicales, que durante el trayecto de más de 10 calles las acompañaron con música regional. Hasta ahí todo era fiesta".[2] Al llegar al cerco, la APPO envió una comisión de delegados para solicitar el paso. Dicha solicitud fue denegada y los delegados fueron fotografiados para ser fichados y luego golpeados con escudos y toletes.

Ante esta agresión, agentes infiltrados del Estado desataron la violencia lanzando piedras a la policía estatal que, a su vez, las regresó con gases lacrimógenos para dispersar a la multitud. El enfrentamiento duró unas tres horas. La policía estatal, con la ventaja del apoyo federal, sintió que era el momento de la venganza: "acuérdense del 14 de junio, cabrones" gritaban.[3]

El gobierno federal instrumentó en el llamado *Operativo Guelaguetza 2007*, en el que participaron elementos del Ejército Mexicano, junto con agentes de la PFP y de la AFI. Por parte del gobierno del estado, intervinieron policías de las diversas corporaciones, agentes infiltrados que provocaron la represión, y gente de civil que andaba en coches sin placas y motociclistas que participaron en las aprehensiones.[4]

[2] "Toman policías venganza", reportaje de Virgilio Sánchez, corresponsal del periódico *Reforma*, 17 de julio del 2007.

[3] Ibid.

[4] "El enfrentamiento entre policías y esta organización fue 'un acto perfectamente planeado, fueron militares vestidos de civil con ropas de color negro quienes iniciaron la agresión, atacaron con gases, piedras y balas' señaló María López Almazán en representación de la APPO en conferencia de prensa en el Senado de la República." (*La Jornada*, 18 de julio del 2007).

En la batalla, fueron incendiados cinco camiones de transporte público, dos coches particulares y una pipa. Como consecuencia fueron detenidas, según distintos reportes, entre 36 y 80 personas de las cuales, conforme a comunicado del gobierno del estado, seis eran menores de edad que por la noche fueron dejados en libertad. Hubo decenas de intoxicados. La policía reportó 15 agentes lesionados y, por parte de la APPO 50 heridos, dos de ellos de gravedad.

Los testimonios de lo sucedido dan cuenta de la barbarie. Las detenciones arbitrarias se repitieron, "en un retén de la ciudad, la policía bajó a todos los pasajeros de un camión urbano. A Emeterio, de 64 años, lo detuvieron. "Tú tienes las manos con tierra. Tú lanzaste piedras. Llévenselo." Una vez en la cárcel, Don Emeterio decidió que no saldría hasta que no fuera liberado el último preso. Eso lo comunicó a su sobrina quien, ante los medios, opinó que los golpes en este caso no surten un efecto disuasivo "una guerra, una lucha popular no se ganan nada más con marchas y plantones... hay personas que tienen que dar su libertad o incluso su vida".[5] Peatones y mirones fueron levantados por agentes ministeriales y llevados en camionetas y camiones negros sin logotipos. Un par de gentes que en la calle hablaban por celular fueron acorraladas por tres policías con malla ciclónica y toletes, '¿con quién hablan?, ¡dénme el celular!', ordenó un policía. Ante la resistencia, el uniformado asestó un golpe a uno de ellos, y en seguida se los llevaron."[6] El profesor Jorge Luis Martínez fue detenido por la policía. Lo bajaron del vehículo y lo golpearon salvajemente. Quedó con el cuerpo y rostro inflamado, amoratado y con múltiples fracturas en el brazo. Tuvo que ser intervenido para que le colocaran clavos.[7]

Los detenidos, ya sometidos, fueron golpeados, vendados de los ojos, se les cortó el cabello y fueron trasladados a diferentes penales. Sylvia Hernández Salinas y Guadalupe Sobaja fueron detenidas lejos del lugar del enfrentamiento, por su aspecto de universitarias, fueron golpeadas y ultrajadas, sufrieron agresiones sexuales por parte de los policías. Belén Arley Hernández Juárez iba en el camión

[5] *La Jornada*, México, 21 de julio de 2007.

[6] "Tienes las manos con tierra, llévenselo", reportaje de Virgilio Sánchez, corresponsal de *Reforma*, 17 de julio de 2007.

[7] Reportaje de *La Jornada* del 19 de julio de 2007.

cuando los policías hicieron descender a todo el pasaje. A ella y a Isabel Martínez las detuvieron y obligaron a subir a un camión muy alto al que no podían subir. Belem relata que "a gritos me apuraron y empujaron, sentí una nalgada por lo que me enojé mientras que otros me decían 'órale mamacita', 'súbete cabrona', 'abre las piernas'"[8]. Fueron puestas en libertad el 27 de julio por la madrugada "por desvanecimiento de datos". De las personas que resultaron heridas dos de ellas fueron de gravedad: Raymundo Torres Velasco y Emeterio Merino Cruz Vásquez que presentó estallamiento de vísceras y fracturas múltiples en el cráneo.

El caso de Emeterio Merino Cruz Vásquez es paradigmático.[9] Hay una secuencia de fotografías en donde aparece claramente lo sucedido. En una primera toma Emeterio, ya detenido, es conducido ileso por un policía sin ofrecer resistencia. En la siguiente imagen estaba siendo agredido por la policía. En la tercera, Emeterio aparece en estado de coma. Fue detenido en las afueras del hotel Fortín Plaza. Un grupo de 6 policías lo recibió a patadas y puñetazos y lo derribó al piso. Se levantó y fue conducido al campamento que los agentes instalaron en el Auditorio Guelaguetza en el cerro de El Fortín. Seis horas después fue trasladado al Hospital de Especialidades con traumatismo craneoencefálico donde fue intervenido por más de cuatro horas. Su esposa, Fidela Lorenza Franco Barroso, maestra de preescolar, conoció el paradero de Emeterio después de más de 12 horas del incidente. "Lo golpearon brutalmente, le pegaron con todo. Físicamente está muy lastimado, la cara la tiene desfigurada de lo hinchada que está, además tiene golpes en todas partes del cuerpo."[10] Mes y medio después de la agresión Emeterio salió del hospital para seguir con terapia en su domicilio. Probablemente mu-

---

[8] Nota de Emir Olivares en *La Jornada* 29 de julio de 2007.

[9] "El mundo vio un hombre sano y luego en coma, pero no hay pruebas, de Octavio Vélez y Arturo Cano: Las gráficas de prensa no dejan lugar a dudas. Emeterio Merino Cruz Vásquez, simpatizante de la Asamblea Popular de los Pueblos de Oaxaca, se entregó a los policías y fue captado, sano y caminando, por los fotógrafos, el pasado día 16 de julio. Hoy se encuentra en estado de coma en el Hospital de Especialidades de Oaxaca", *La Jornada*, 25 de julio de 2007.

[10] *Reforma* del 18 de julio del 2007, donde aparecen las fotografías.

chas de sus lesiones sean irreversibles, tales como falta de recuperación completa de la conciencia, de movilidad de la mitad derecha del cuerpo, de respiración autónoma debido a una traqueotomía y de expresión ya que sólo balbucea sus ideas. Explica que muchos policías lo atacaron y le propinaron la golpiza en presencia del director de Seguridad Pública de la capital del estado, Aristeo López Martínez y del director de la Policía Ministerial, Daniel Camarena. El 15 de agosto, Florentín Meléndez, Presidente de la CIDH, emitió un llamado al gobierno de Oaxaca para que el caso de Emeterio sea investigado y se sancione a los responsables conforme a la ley. El 30 de agosto, la Procuraduría General de Justicia del Estado detuvo a cinco policías estatales y municipales[11] como presuntos responsables de la agresión a Emeterio Merino Cruz. Los mandos no han sido tocados.

También fueron detenidos por la policía Jesús Alfredo López García y César Grijalva, miembros del Comité de Liberación 25 de Noviembre. Dicho Comité fue formado por el pintor Francisco Toledo para lograr la excarcelación de los presos políticos. A César Grijalva, sicólogo, un policía le cercenó los tendones de la mano derecha con un pedazo de una botella de vidrio que había roto previamente. Jesús Alfredo, abogado, fue golpeado con toletes, kendos y puntapiés. Le provocaron una herida en la cabeza que requirió 10 puntadas. Lo tenían bañado en sangre gritándole: "ahi tienes, para que no sigas defendiendo a esos pinches *appos*". Se acercó a donde había estallado el conflicto y les había dicho "soy abogado, soy defensor de derechos humanos". La respuesta fue un severo golpe de tolete en la frente que le provocó una enorme herida. Lo golpearon además con varas de kendo, con sus escudos, a patadas y hasta con las piedras que tenían a mano. "Tirado en el piso todavía me seguían pateando", hasta que alguien gritó: "es suficiente". Lo subieron a una pick up sin placas donde fue golpeado frente a cámaras fotográficas y de video de medios de comunica-

[11] Alejandro Franklin Ortiz, Nemesio Vásquez Matus y Alfredo Luis Santos, agentes de la Policía del Municipio de la ciudad de Oaxaca; el policía preventivo del estado, Javier Díaz Miguel y el efectivo de la Policía Auxiliar, Bancaria, Industrial y Comercial, Eugenio Silva Santos, fueron remitidos al penal regional de Tanivet, en Tlacolula.

ción. Le espetaron: "Si eres abogado ¿para qué te metes con estos pinches desmadres?" "Tú debes ser rico, para qué defiendes a esos pinches mugrosos".[12]

Por la noche, terminado el enfrentamiento, las fuerzas federales y estatales, incluyendo al Ejército, realizaron patrullajes por las calles de la capital. La Procuraduría General de Justicia del Estado consignó 33 detenidos que fueron trasladados al penal de Tlacolula y puestos a disposición del juez quinto de lo penal que fijó una fianza de 2 millones 800 mil 446 pesos a cada uno. "Sólo tengo 200 pesos y los pueden tomar a cuenta" señaló un pariente de los encarcelados.[13] Mientras tanto, Ulises Ruiz hacía gala de su administración. Aplicaría, dijo, "todo el peso de la ley a los detenidos". "En todo el estado, al igual que en la ciudad capital, prevalece un ambiente de tranquilidad. No vamos a permitir que se violente el estado de derecho."[14] A su entender, lo sucedido era, como si no hubiera sucedido. Bastaba que la policía hubiera detenido a alguien para que fuera considerado culpable. El terrorismo de estado era su "ambiente de tranquilidad". Su sistema de represión y su aparato de justicia equivalían a su "estado de derecho".

El 18 de julio unos 3 mil "appistas" convocados a la "marcha de luto" se manifestaron en el centro de la ciudad –en silencio, vestidos de negro y pegando listones negros de luto en las paredes–, para denunciar la represión y exigir la libertad de sus compañeros, 13 de los cuales todavía no habían sido puestos a disposición del Ministerio Público.

La CNDH inició el expediente 2007/2955/4/Q de investigación de los hechos. La subsecretaria de Derechos Humanos del gobierno de Oaxaca, Rosario Villalobos, aceptó que "hubo una serie de eventos que podemos llamar uso excesivo de la fuerza" y prometió que se castigarían los abusos. Ulises Ruiz también prometió que se castigaría "a todo el que transgreda la ley, sea gente que provoca o

[12] Reportaje de Octavio Vélez Asencio, *La Jornada*, México, 4 de agosto de 2007.

[13] *Reforma*, 21 de julio de 2007

[14] "Garantiza Ulises Ruiz la Guelaguetza", reportaje del periódico *Reforma*, 18 de julio de 2007.

sean servidores públicos que hayan cometido arbitrariedades".[15] El 20 de julio la CIDH manifestó su profunda preocupación por los hechos sucedidos en Oaxaca, reiteró la obligación que tiene México de garantizar la seguridad de la población y asegurar el estado de derecho basados en los lineamientos internacionales "con pleno respeto a los derechos humanos".

La Guelaguetza oficial

La Guelaguetza oficial se realizaría el lunes 23 de julio. Conforme se acercaba la fecha, las acciones de hostigamiento del gobierno en contra de la APPO se incrementaron. Radio Plantón fue intervenida para que, al sintonizar la estación se escuchara una canción de heavy metal y, después sólo silencio; Nahú Rodríguez, locutor de la radio, recibió amenazas por teléfono. Otra estación comunitaria, Radio Disturbio, también sufrió interferencias y hostigamiento. Las comunicaciones por medio de internet también fueron saboteadas. Es el caso de www.oaxacalibre.org, oaxacaenpiedelucha.blogspot.com, mexico.indymedia.org/oaxaca.[16] La noche del sábado 21, la Unidad Policial de Operaciones Especiales (UPOE) detuvo a Dolores Judith Méndez Ramírez, Juan Velásquez Cruz, Antonio Hernández Castro, Faustino Hernández y Rode Velasco, integrantes de la APPO. Les robaron sus pertenencias. A Rode le robaron el dinero de sus dos quincenas. Los amenazaron para que se fueran de Oaxaca y los liberaron después de unas horas.

La APPO tomó la decisión de mantener el boicot a la Guelaguetza oficial y realizar dos marchas, una el domingo 22 a distancia prudente del cerro del Fortín, que se realizó sin incidentes, en la que participaron entre 3 mil y 5 mil manifestantes, y otra el lunes. Esa madrugada agentes estatales interceptaron 2 autobuses en los que iban miembros del CNH de la UNSM y de la CNTE en apoyo de la APPO. Les robaron 40 teléfonos celulares, los detuvieron sie-

[15] *Reforma*, 19 de julio de 2007.
[16] Reportaje de Tania Molina Ramírez: "Acoso y amenazas a difusoras independientes en Oaxaca", *La Jornada*, 2 de agosto de 2007.

te horas y los regresaron. Continuaron las detenciones arbitrarias. Los maestros Antonio García Sánchez, Arnulfo Martínez Ceque- da, Gloria Ibáñez Solís y Adolfo Sierra Fernández fueron deteni- dos y liberados en horas de la tarde. También fue detenido Manuel Coronel Martínez pero los manifestantes rodearon a sus captores que se identificaron como José Hernández Nicolás y Guillermo López Espinoza, militares del 98 BI. Ese día, la Guelaguetza oficial que se realizó en medio del cerco militar, sin pueblo y sin turismo, ante empleados de gobierno y de los equipos de campaña de los candidatos a diputados.

Los ocho días entre la Guelaguetza y el Segundo Lunes del Cerro, cuando esta festividad se repite, se mantuvo el clima de hostilidad. A la celebración oficial se le llamaba Guerraguetza. La Coordinadora de Mujeres Oaxaqueñas Primero de Agosto (COMO) denunció que, además de la agresión sexual de que fueron objeto dos de sus inte- grantes el pasado 16 de julio, sufrieron varios *levantones* en contra de mujeres en los que participaron policías ministeriales, municipales y federales que hostigaban a las detenidas y las amenazaron con afec- tar la integridad física de su familia si no dejaban de participar en la APPO.[17] Desde el viernes 27 comenzaron las marchas y plantones te- niendo como uno de sus propósitos el boicot a la celebración oficial que se realizó nuevamente en medio de un cerco militar, al igual que la anterior sin pueblo ni turismo, ante burócratas, mientras unos 10 mil manifestantes marchaban por la ciudad coreando "les guste o no les guste, les cuadre o no les cuadre, sin policía, Ulises Ruiz vale ma- dres, el auditorio lo llenaron, con puros acarreados".

Otras conmemoraciones que la APPO ha tenido son la de la Coor- dinadora de Mujeres Oaxaqueñas el 1° de agosto, con una marcha para recordar el aniversario del surgimiento de su organización y la toma del Canal 9 de la televisión local; el 22 de agosto la *Procesión de la justicia*, en memoria de Lorenzo San Pablo Cervantes, convocada por la APPO y Comunidades Eclesiales de Base (CEB) de la iglesia católica, encabezada por la esposa e hijos de la víctima, así como por viudas y familiares de los demás activistas asesinados durante el conflicto. La

---

[17] *La Jornada*, 26 de julio de 2007.

movilización provocó un amplio despliegue de agentes municipales, preventivos, auxiliares, bancarios, industriales y comerciales.

Las elecciones a diputados locales

Una vez que la Suprema Corte de Justicia de la Nación invalidó, el 9 de enero del 2007, las reformas electorales de Oaxaca que habían ampliado por un año el mandato de los diputados locales y de los ayuntamientos, además de aplazar las elecciones para estos cargos y se declaró inconstitucional la reforma de un gobernador interino por dos años, sin elección de por medio y que, en consecuencia, se deberían realizar elecciones en agosto y octubre del 2007.

La APPO dividió sus apuestas, algunos se inclinaron por una alianza con el PRD, partido que resultó beneficiado con el anterior voto de castigo en las elecciones federales del 2006; otros le apostaron a repetir el voto de castigo sin involucrarse en el procedimiento electoral y, otros más, a dejar el vacío electoral. Lo electoral no resultó satisfactorio para nadie. El pueblo quiere ya no sólo la salida del tirano, sino que se plantea nuevas formas de gobierno. El pueblo no quiere más imposición.

En la Asamblea Estatal de la Sección 22 el magisterio analizaba la posibilidad del voto de castigo. A mediados de mayo, quienes en la APPO le apostaban a ser considerados como candidatos del PRD entraron en pugna con la dirigencia estatal de ese partido. El 18 de mayo, algunos de los simpatizantes "appistas" excluidos de las candidaturas a diputaciones locales que postuló la Coalición Por el Bien de Todos, tomaron las oficinas de la dirigencia estatal de ese partido en protesta. Hubo quien pensó que las elecciones podrían servir para crear condiciones para la solución del conflicto. Si alguna vez existió o no esa posibilidad es materia de discusión. Por lo pronto el PRD la canceló ya. Para los comicios del 5 de agosto del 2007, que ponían a elección 42 diputados locales, la dirección del PRD en el estado registró una coalición electoral que excluía a Convergencia, formación política integrante del Frente Amplio Progresista con fuerza en Oaxaca; posteriormente, excluyeron de sus listas a connotados dirigentes sociales ligados a la APPO.

242

Hay un absoluto desencanto y hartazgo de la población con los partidos y el sistema electoral que es visto como un circo en el que los políticos entran en escena con el propósito de pasar a puestos de gobierno para utilizarlos en beneficio propio. Los partidos, en Oaxaca, cargan un lastre de falta de legitimidad. El pueblo no confía en ellos. El PRI ha sido siempre el partido hegemónico en el poder. Su dirigencia está asociada a los cacicazgos regionales. En el conflicto que protagonizó la APPO, el PRI aportó el sector combativo en contra del movimiento popular. Los priistas aportaron las bandas de delincuentes cuyas tropelías se le atribuyeron propagandísticamente a la APPO, y por las que ha sufrido persecución, cárcel y tortura. El PAN nunca ha sido un partido fuerte en Oaxaca y el PRD tampoco responde a los intereses populares en el estado. Aunque se benefició con el voto de castigo de las elecciones del 2006, no han sabido responder a las expectativas que se tenía de ellos. Sus candidatos en esta última elección, no emergieron de las luchas populares, ni se les conoce compromiso alguno con las causas de éstas; por el contrario, eran débiles, desconocidos e incluso algunos eran afines a Ulises Ruiz. Resulta extraño que prácticamente no hicieron campaña reflejando un posible compromiso previo pactado.

Ulises Ruiz le apostó al "voto duro" y a la disuasión. En la víspera de las elecciones, el 4 de agosto analistas de la APPO anticipaban que el abstencionismo de la población por las elecciones del día 5 será del 65%

El abstencionismo nos afecta porque los primeros que dejan de votar son quienes no tienen vinculación política. Los fieles al PRI siempre votan y ese desinterés podría traernos una derrota. A pesar del descontento que tenemos con el PRD, pues para ser candidatos tuvieron que negociar con Ulises Ruiz. "Estamos llamando a votar con ellos como voto de castigo, pero estamos en el dilema de votar por el que reprimió o por quien, a su conveniencia hace de cuenta que esa represión no existió."

Por contraposición "hay una campaña del voto del miedo para contrarrestar la del voto de castigo" señala Rolando González, coordinador de la Comisión de Derechos Humanos Ñuxicandi, de la región mixteca.[18] La confianza en lo electoral nunca ha sido grande en Oaxaca, pero la coyuntura ha vuelto importante este asunto.

La elección del 5 agosto de 2007 fue una elección de estado, el PRI ganó las 25 curules que estaban en disputa. Utilizó los recursos públicos sin fiscalización alguna. Recurrió a todo el bagaje de prácticas corruptas que distinguieron al PRI durante siete décadas. La compra del voto fue escandalosa. El voto del miedo, o no voto, venció al de castigo "cuando poca gente sale a las urnas, el voto duro del PRI se abulta" señala Miguel Ángel Granados Chapa.[19] Heliodoro Díaz, líder del PRI en el estado consideró que ese voto "representa un respaldo para la política y gobierno que ha implementado Ulises Ruiz". El PRI utilizó todas las maniobras posibles para provocar el abstencionismo mediante el miedo, para corromper la elección inyectando fondos públicos para asegurar el voto duro[20] y para alterar los resultados de la elección donde no fueran favorables. A las elecciones llegaron cinco aviones boing de la Fuerza Aérea con más de mil efectivos que, inmediatamente, se hicieron notar en retenes y patrullajes y que, además, contribuyeron a inhibir el voto. El amedrentamiento y la desconfianza hacia los partidos coadyuvaron a que la gente no participara en las casillas, a que no cuidara los votos, a que no vigilara las urnas y no fuera testigo de que se contaran bien las actas; a que no establecieran mecanismos para detectar y frenar posibles fraudes electrónicos; a que el ciudadano fuera un simple espectador pasivo que, ni siquiera, saliera a votar. El nivel de abstencionismo se calcula entre el 70 y 80% de los electores. Al no haber una organización que sirviera de vigilante activo y se movilizara para impedir el fraude, Ulises Ruiz hizo lo que es un experto en hacer, cometió un fraude descarado. La APPO no se movilizó como consecuencia del efecto del voto del miedo y de la persecución que se

[18] Reportaje de Daniela Rea, *Reforma* 5 de agosto de 2007.

[19] "Resultados Preliminares", Plaza Pública, *Reforma* 7 de agosto de 2007

[20] En Chalcatongo, Oaxaca, Guadalupe Ruiz, prima hermana del gobernador esperaba la carga de 10 mil láminas de zinc, 480 mil tubulares y 120 mil ganchos, con un costo aproximado de seis millones de pesos, para repartirlas entre mil familias del municipio. El tráiler, al parecer, fue secuestrado.

venía ejerciendo hacia el Consejo. Como se ha hecho público, Ulises Ruiz había preparado dar otro fuerte golpe en contra de la APPO, montando la provocación, la infiltración y el desenlace represivo del 16 de julio que evitó la articulación efectiva del voto de castigo. Así pues, la APPO, a diferencia de las elecciones del 2006, se mantuvo al margen del proceso electoral. No se organizó para motivar el voto, para cuidar las casillas y el conteo de los votos, para impedir el fraude electrónico ni los chanchullos conocidos de perogrullo. No estuvo siquiera unida en su posición. El resultado de la elección a diputados locales fue desastroso para el pueblo de Oaxaca.

La cuestión de los detenidos

El 30 de junio fue liberado César David Mateos Benítez, consejero de la APPO, siete meses después de su detención. El 9 de julio Flavio y Horacio Sosa Villavicencio ganaron otros dos amparos ya que ni el Gobierno Federal ni el de Oaxaca pudieron demostrar la "alta peligrosidad" de los detenidos, por lo que debían ser trasladados a Oaxaca. El 17 de agosto fueron llevados del penal de alta seguridad del Altiplano a la cárcel estatal de San Juan Bautista Cuicatlán, Oaxaca. Con los sucesos del 16 de julio, 33 personas fueron detenidas, consignadas y liberadas en el transcurso de los siguientes quince días "por falta de elementos para procesarlas".[21] A los quince días, el 13 de agosto, fueron giradas por los agentes del Ministerio Público del Estado diez nuevas órdenes de aprehensión,[22] con base en

---

[21] El 25 de julio fueron liberados 17 de ellos. Entre los detenidos que no fueron liberados estaban cinco profesores para los que la CIDH pidió al gobierno de Oaxaca medidas cautelares el 26 de julio para proteger su integridad física a solicitud del Comité de Liberación 25 de Noviembre y del Centro por la Justicia y el Derecho Internacional (Cejil). El 30 de julio fueron liberados los últimos 5 maestros acusados de participar en el enfrentamiento con policías estatales el 16 de julio. Ninguno pagó la fianza que les habían fijado en 2 800 446 pesos a cada uno.

[22] Órdenes de aprehensión en contra de Gustavo Adolfo López, Zenén Bravo Castellanos, Jorge Luis Círigo Vázquez, Domingo Cruz Salvador, Pedro Francisco García García, Gervasio García Martínez, Jesús Grijalva Mejía, Gilberto Hernández Santiago, Patricia Jiménez Alvarado, Cástulo López Pacheco, Juan López Sánchez, Orlando López, Jorge Luis Martínez Martínez y Macario Ótalo Padilla.

un parte informativo de la Policía Preventiva del Estado sobre los disturbios del 16 de julio del 2007, sin que aporten ninguna otra evidencia que su escrito. El 3 de septiembre de 2007, Monseñor Arturo Lona, el pintor Francisco Toledo y el sacerdote Francisco Wilfrido Mayrén Peláez expresaron su

> indignación por constatar la pérdida de respeto, reconocimiento y vigencia de los derechos elementales que todos debemos gozar y que a los hermanos Sosa los ha hecho sufrir y enfrentar irregularidades en su detención, procesos y estancia; primero, en un recinto carcelario inhumano y cruel que no sólo los aisló totalmente, sino que también atentó contra su propia integridad emocional y física y ahora, restringidos en las visitas y entrevistas a que todo procesado recluido tiene derecho. [Su] tristeza por ver a éstos jóvenes oaxaqueños estar en indefensión y recluidos por haber participado, al igual que miles de oaxaqueños, en un movimiento que buscó dar respuestas a la indigna e inhumana situación de pobreza, injusticia y olvido que padecen más de dos millones de hermanos nuestros en todo el territorio del Estado: podremos diferir de las formas de lucha, pero es innegable el compromiso ineludible que todos tenemos por cambiar el sufrimiento de tantos y darle una esperanza a la miscricordia y a la paz. [Y su] esperanza porque como lo reflejan las miradas de Flavio y Horacio, compartimos la luz de un Oaxaca mejor, no sólo por ellos y nosotros sino porque así lo dice y lo mandata nuestro pueblo insumiso. Así nos lo muestra la historia y la palabra divina que nos ilumina y guía con su pueblo bienaventurado con sed de justicia e igualdad.[23]

El 5 de marzo de 2008 salió libre David Venegas Reyes el Alebrije después de once meses de prisión. El 19 de abril del mismo año fue liberado Flavio Sosa del penal de Cuicatlán después de año y medio de haber sido detenido. En el caso de estos presos políticos, como en los cientos de casos anteriores, el gobierno del Estado no probó los cargos que les había imputado. En abril de 2008 permanecían privados de su libertad los siguientes presos políticos relacionados con el

---

[23] *No Podemos Callar lo que hemos visto y oído: Carta del pintor Francisco Toledo, de Monseñor Arturo Lona Reyes y del presbítero Francisco Wilfrido Mayrén Peláez.* Carta abierta. Lunes 3 de septiembre de 2007.

movimiento de la APPO: Pedro Castillo Aragón, Adán Mejía López, Miguel Ángel García, Miguel Juan Hilaria, Víctor Hugo Martínez Toledo, Roberto Cárdenas Rosas, Reynaldo Martínez Álvarez, Juliantino Martínez García, Homero Castro López, Constantino Castro López y Abraham Ramírez Vázquez.

Organismos de derechos humanos insisten en que el gobierno investigue de manera objetiva e imparcial las violaciones cometidas. Ante la flagrancia de violaciones a derechos humanos por parte del gobierno de Oaxaca, en contubernio con el Gobierno Federal; la ineptitud del Gobierno Federal para intervenir políticamente para la solución del problema, la tibieza de la CNDH y el aplazamiento para actuar por parte de las cámaras y la Suprema Corte de Justicia, han sido los organismos de la sociedad civil los que han servido de conciencia social respecto a las graves violaciones a los derechos humanos que se cometen en Oaxaca.

La presidenta de Amnistía Internacional, Irene Khan, presentó, el 31 de julio, su informe *Oaxaca, clamor por la justicia*, en donde se documentan las violaciones a derechos humanos por las que solicita que cese la impunidad. Ese día se reunió con Ulises Ruiz quien desestimó el informe, lo calificó de "parcial" afirmando que lo escribió gente de la APPO y a los testimonios los calificó de "acusaciones aventuradas y sin ningún fundamento". Irene Khan respondió que el informe es imparcial y lo que quedó en claro es que Ulises Ruiz no tiene voluntad política para hacer frente a las graves violaciones de derechos humanos registradas en ese estado, por lo que AI hizo un llamado urgente a la Suprema Corte de Justicia de la Nación para que investigara. Recordó que esta solicitud la ha hecho también la Comisión Internacional de Derechos Humanos (CIDH). Al secretario de Gobernación le pidió una investigación imparcial de cómo las autoridades estatales buscan resolver las acusaciones criminales y denuncias de violación a los derechos humanos. Gobernación, al igual que Ulises Ruiz, cuestionó las fuentes de información de AI. Rupert Knox, responsable de la investigación de AI en México le respondió: "Cuando el Estado dice 'no vemos las denuncias a nivel Oaxaca' es porque no quiere verlas; ahí están. Si no existe esa imparcialidad, igualdad en el trato, entonces el estado no está sirviendo a la población".[24] Irene Khan hizo un llamado al Gobierno Federal para que intervenga en el caso y resaltó la responsabilidad del gobierno de México en la protección de los derechos humanos. Señaló que Felipe Calderón reconoció que sí existe impunidad en el conflicto oaxaqueño y en la situación de las garantías fundamentales en otros estados del país, pero que le es difícil actuar e intervenir por el federalismo. "El gobierno no puede seguir escondiéndose detrás del federalismo para no tomar medidas severas en contra de la impunidad. Cuando las autoridades estatales fallan en hacer frente a ese cáncer, sobre todo al no sancionar las violaciones de derechos humanos, el Ejecutivo responde que no tiene competencia para actuar, o que se es respetuoso de la soberanía de los estados."[25] Khan agregó que el federalismo no debe ser pretexto para no intervenir en los problemas: "Lo que vemos es que están jugando a las escondidillas con el federalismo, los gobiernos federales y estatales se esconden unos detrás de otros, y esto proporciona un pretexto, por ello la garantía de los derechos humanos no puede ser una lotería que dependa de en qué estado vivan los mexicanos". Otro tema en el que también hizo énfasis fue el de la jurisdicción militar. Subrayó que cualquier abuso a las garantías ciudadanas cometido por elementos castrenses debe ser investigado por la justicia civil y no por la militar.

Por su parte, la delegación de la CIDH, encabezada por su presidente, Florentín Meléndez Padilla, señaló el 7 de agosto que existe preocupación por la situación en Oaxaca, donde impera desde hace un año "un estado de violencia" por el conflicto social y, al término de su visita manifestó su preocupación por la impunidad[26]

---

[24] Reportaje de Fabiola Martínez *La Jornada*, México, 3 de agosto de 2007

[25] *La Jornada*, México, 3 de agosto de 2007.

[26] Meléndez manifestó al gobierno mexicano "su profunda preocupación", "la falta de investigación en unos casos de violaciones a las garantías y la lentitud para iniciar las investigaciones en otros", por lo que urgió a que las autoridades de ambos niveles de gobierno, de acuerdo con su competencia, avancen con celeridad en dichas indagatorias, esclarezcan la verdad y finquen responsabilidades legales. Hay al menos dos personas desaparecidas, varios muertos, otros torturados y heridos de gravedad. En especial, Meléndez pidió esclarecer cuanto antes el paradero de Edmundo Reyes y Raymundo Rivera, "cuya desaparición fue denunciada públicamente y familiares de los afectados también lo denunciaron en mi visita a Oaxaca".

y urgió a los gobiernos Federal y de Oaxaca a investigar de manera objetiva e imparcial las violaciones a los derechos humanos cometidas en esa entidad entre junio y diciembre de 2006, y en julio de 2007, que incluyen "muertes violentas, ejecuciones extrajudiciales, torturas, brutalidad policial, uso desproporcionado de fuerza, detenciones masivas, incomunicación y aislamiento de detenidos, uso de francotiradores y gases lacrimógenos, agresiones a periodistas y llamados públicos a atacar a defensores de derechos humanos y líderes sociales". Es necesario que paguen reparación de daños a las víctimas, que los hechos no queden impunes, que "haya un mayor entendimiento, tolerancia y diálogo" con el movimiento magisterial y popular, y no se repita ningún hecho de violencia o algún abuso policiaco.

Human Rights Watch fue otra de las organizaciones internacionales que urgió a Ulises Ruiz, el 24 de julio, a sancionar el trato abusivo de la policía, a que sean suspendidos mientras son investigados por presuntos crímenes y a que se respeten irrestrictamente los derechos fundamentales de los detenidos. Jakob Kellenberg, presidente del Comité Internacional de la Cruz Roja también llegó a México el 6 de agosto del 2007 y visitó detenidos de Oaxaca y Atenco para seguir de cerca el trato que les daban. En el Foro sobre Democracia y Derechos Humanos en la Casa Lamm, analistas de derechos humanos destacaron la importancia de la lucha de la APPO como el movimiento social más importante del México contemporáneo. Carlos Monsiváis se refirió a Ulises Ruiz como "un déspota" al que se le ha permitido actuar "como le ha dado la gana y que gobierne impune a pesar de los asesinatos de 27 personas. Nosotros como ciudadanos no podemos aceptar esto."

Ante estos señalamientos de violación a los derechos humanos, Sebastián Lerdo de Tejada, vocero del PRI señaló que el Comité Ejecutivo Nacional de su partido no tiene evidencia de que se violen los derechos humanos en Oaxaca y ratifica su apoyo a Ulises Ruiz. La SEDENA emitió un comunicado en el que informa de acciones que realiza para crear en el personal del Ejército y Fuerza Aérea Mexicanos una cultura de respeto a los derechos humanos.

Procuraduría, jurado y tribunal popular

Dadas las condiciones de impunidad generalizada ante graves violaciones a los derechos humanos en México, el 3 de agosto de 2007, diversas organizaciones sociales acordaron la creación de tres instancias para analizar las presuntas violaciones a los derechos humanos en el país: una *procuraduría popular*, que se encargará de recopilar las pruebas y testimonios; un *jurado popular*, que analizará los elementos recabados, y un *tribunal popular*, que emitirá la resolución final contra los responsables. Los casos que estas instancias civiles atenderán de manera prioritaria son los de Oaxaca, San Salvador Atenco, Pasta de Conchos, Ciudad Juárez, Sicartsa y La Parota. La Procuraduría Popular Nacional quedó integrada por Ofelia Medina, Jesusa Rodríguez, Irasema Martínez, Mireya Rodríguez Corona, Patricia Pérez Acosta, José Enrique González Ruiz, Manuel Fuentes Muñiz, Fausto Trejo, Adrián Ramírez López y Jorge Ramos Avilés quienes, después de conocer testimonios y acusaciones, citaron a comparecer como presuntos responsables a Ulises Ruiz Ortiz, Francisco Ramírez Acuña, Guillermo Galván Galván, Eduardo Medina Mora, Felipe de Jesús Calderón Hinojosa, Enrique Peña Nieto y Vicente Fox Quesada los días 3 y 4 de agosto. El veredicto del jurado popular fue de que

existen preponderantes y suficientes, así como fuertes presunciones legales y humanas para procesar a Felipe Calderón, Ulises Ruiz y otros funcionarios y gobernadores por haber cometido violaciones a los derechos humanos y delitos de lesa humanidad, por lo que los funcionarios referidos serán "inhabilitados" moralmente para realizar acto o declaración en nombre de México y deberán responder a las acusaciones por delitos que diversos sectores ciudadanos han formulado ante la instancia popular.

Asesinatos en San Pedro Yosotatu y San Juan Copala

El conflicto se trasladó a todos los municipios del estado, en particular para intimidar a los maestros de la Sección 22 que, de manera desorganizada y dispersa, regresaban a sus comunidades a retomar el ciclo escolar. Han sido amenazados, intimidados y secuestrados. La presencia militar para disuadir y contener la organización de los pueblos se ha incrementado en las comunidades que brindaron mayor apoyo al movimiento, en las que hay mayor presencia de organizaciones sociales, en las comunidades indígenas con ayuntamientos populares. Es allí donde los retenes del ejército en carreteras y caminos interestatales se han incrementado, desplegando y posicionando sus fuerzas en escenarios de guerra civil y contrainsurgencia, para el control de la población. "Un ejemplo de ello lo constituye el caso de San Pedro Yosotatu, en la sierra mixteca, cuyos habitantes han denunciado la muerte de siete de sus miembros, el último de ellos el 24 de diciembre de 2007, y la desaparición de otros tres sin que las autoridades hayan emprendido ninguna acción al respecto pese a las denuncias y pruebas aportadas" (CCIODH, 15 de diciembre de 2008). El 24 de diciembre de 2007 fue asesinado el dirigente indígena Plácido López Castro y el 30 del mismo mes Rosalino Díaz, por policías municipales. El 7 de abril de 2008 fueron asesinadas Teresa Bautista Merino y Felícitas Martínez Sánchez, dos jovencitas, casi niñas, locutoras de la Radio Trique, *La Voz que Rompe el Silencio*, patrocinada por el Ayuntamiento Autónomo de San Juan Copala. A pesar de que la comunidad internacional se ha manifestado reiteradamente por el esclarecimiento de estos crímenes y de que existen indicios suficientes para encontrar a los culpables, permanecen impunes como crímenes de Estado.

Estrategia de la APPO y la unidad del movimiento

El Consejo de 200 representantes de la APPO mantiene la conducción del movimiento. Aunque no ha hecho un balance de su operación, todo parece indicar que la estructura horizontal ha sido exitosa; sin embargo, se han evidenciado pugnas internas, descalificaciones mutuas,[27] y han tenido resultados adversos en donde han actuado

[27] En el marco de acusaciones mutuas de que los líderes del magisterio están "arreglados" con el gobierno estatal, Zenén Bravo, miembro del FPR señaló que "la Sección 22 convocó al pueblo y luego lo dejó solo", mientras que Ezequiel Rosales, secretario de Organización de la Sección 22, señaló que el magisterio oaxaqueño es columna vertebral del movimiento popular. "El problema es que hemos enfrentado

de manera dividida, como es el caso de las elecciones a diputados estatales. A pesar de lo cual la APPO conserva su unidad interna. El proceso social los ha llevado a ligar las luchas políticas con la lucha legal y el movimiento de masas. Todas se articulan.

El movimiento popular debe dilucidar su estrategia a la luz de las nuevas condiciones por las que pasa. Aunque el número de presos políticos ha disminuido considerablemente, se siguen dando las detenciones arbitrarias y el uso excesivo de la fuerza. Las órdenes de aprehensión pesan como espada de Damocles para todo activista de la APPO que resulte "incómodo" para el régimen. Sin embargo, según Carlos Montemayor, "en este momento hay órdenes de aprehensión que no han sido giradas por jueces. Son únicamente instrucciones policiacas contra líderes de varias organizaciones sociales de Oaxaca".[28] Este movimiento le ha cambiado la vida a mucha gente. Muchos han tenido que abandonar sus trabajos, muchas mujeres han despertado a la vida pública incorporándose a las tareas de las asambleas populares.

Nos atrevimos a pensar

Sabemos que todos nosotros somos blanco para ser detenidos en cualquier momento, con orden o sin orden de aprehensión. (Testimonio 4, p. 186).

la relación con organizaciones que, sin base social, quieren montarse en la fuerza del magisterio. Ahora el magisterio ha retomado el timón, como debe ser, porque somos el grupo que le pone los números a las manifestaciones" (*La Jornada*, México, 25 de julio de 2007). El magisterio también se ha dividido. Los dirigentes de la Sección 22 han sido cuestionados por no haber convocado a las asambleas estatales, regionales y de sector. La Estatal debería haber sido convocada por Ezequiel Rosales, secretario de Organización, el 21 de julio del 2007 para analizar las condiciones del movimiento y trazar una estrategia común. Ante esta ausencia del mecanismo de consenso estatal, se ha propiciado una mayor autonomía en las instancias sindicales. La división que se dio con la nueva Sección 59, creada el 22 de diciembre de 2006, ha puesto a las bases a considerar a algunos de sus dirigentes como un mal necesario para estar en la legalidad.

[28] Carlos Montemayor, "El gobierno atrapado en la lógica de la guerra sucia", en *La Jornada*, México, 24 de julio de 2007.

La gente estaba consciente de que era pobre pero tenía una esperanza, un ánimo para enfrentar la vida, para seguir soportando la pobreza... Últimamente he visto que la gente es capaz de cualquier cosa por veinte pesos... que 30 ó 50 pesos son todos los ingresos que tienen para una semana de vida de dos, tres hijos (Testimonio 4, p. 186).

Ahora me siento muy desesperado porque me echaron a perder mi trabajo y mi familia, ya que tengo 5 niños y muy pequeños y están sufriendo mucho ya que somos familia de muy pocos recursos, apenas podemos sobrevivir al día, porque soy albañil y trabajo por día... me quitaron mis pertenencias, un teléfono celular, 1 500 de mi semana, mi cartera donde cargaba mi credencial de elector, tarjetas telefónicas y directorios que hasta ahora no me lo han entregado ya que ese dinero me sirve muchísimo en este momento (Testimonio 122, p. 198).

Desde una perspectiva psicosocial, las acciones ordenadas por las autoridades políticas tienen como objetivo el constituirse como *hechos ejemplarizantes*, en los que la brutalidad y la alta violencia queden en la memoria colectiva de la población durante años... que sea el miedo, la percepción constante de amenaza, la desconfianza y la apatía y la retracción en asuntos políticos los que pasen a formar el imaginario social de la ciudadanía de Oaxaca. El objetivo de los operativos no es restablecer el orden, sino ir mucho más allá y buscar una forma de paralización e inmovilización social, de romper el tejido social y fomentar el enfrentamiento y la desconfianza entre sectores de la población. A partir de una comunidad dividida y fragmentada y con problemas económicos, el control social es más sencillo (CCIODH, p. 187).

La estrategia con que se maneja la aleatoriedad en las detenciones, la arbitrariedad con la que mantienen los detenidos, las amenazas selectivas y el haber utilizado población civil en contra del movimiento genera efectos pretendidos en una estrategia de contrainsurgencia:

a] Inhibir la participación.

b] Generar desconfianza entre los propios participantes del movimiento.

c] Inducir al aislamiento.

d] Interiorizar sentimientos de culpa y privatización del daño en los afectados.

e] Minar formas de solidaridad entre vecinos (CCIODH, p. 184).

La población ha sido golpeada de manera inmisericorde. Conforme al diputado José Antonio Almazán: "quieren escarmentar al pueblo oaxaqueño" (2007, p. 14). Las nuevas circunstancias hacen que las cárceles estén llenas de presos políticos; los líderes salieron huyendo porque la policía anda a la caza de ellos, muchos sufren las consecuencias de falta de empleo, de mayor pauperización porque tienen a miembros de su familia en la cárcel, o han tenido que pagar fianzas con dinero prestado, o la familia ha tenido que separarse para afrontar la crisis con estrategias diferenciadas.

En Oaxaca, como ocurrió en San Salvador Atenco, aparecen familias monoparentales, ruptura económica, pérdidas de trabajo, niños que se han tenido que ir a vivir con los abuelos o tíos, disgregación y enfrentamientos dentro de la familia por diferencias ideológicas exacerbadas desde fuera [En cierto momento] la principal reivindicación del movimiento social pasará a ser lograr la liberación de los presos políticos [y la cancelación de las órdenes de aprehensión], perdiendo fuerza con ello las reivindicaciones originales (CCIODH, pp. 198 y 184).

Golpearon al movimiento donde más le dolía y menos lo esperaba. Todos estaban dispuestos al martirio pero pocos se imaginaron la desazón de la soledad y una caída a mayor pobreza por las causas que consideraron más nobles. No se imaginaron nunca la ruindad de medios y procedimientos que desde el poder se podrían aplicar en su contra y la utilización maquiavélica del poder.

El Testimonio 18 (p. 184) muestra desconcierto: "todos están saliendo bajo fianza y esa fianza está siendo pagada por el propio gobierno del estado... que es de Ulises Ruiz... Él mismo está haciendo este enredo, 'yo mismo te metí, yo mismo te saco'. Como dando a entender 'eres mío, tú estás en mi poder. Yo te meto, te saco y te vuelvo a meter cuando a mí se me dé mi gana'".

El tipo de operativos utilizados intentan impactar la vida social inhibiendo la participación en el movimiento, generando un impacto emocional y simbólico. Tienen por objetivo modificar los referentes que la lucha generó.

Todo esto me duele tanto. Y sé que hacer no sirve de nada... Si algún día se resuelve a hacer un movimiento... aquellos que se atrevan a hacerlo... puede pasar un caso como el que sucedió el 25 de noviembre de 2006, cuando se llevaron a tantísima gente y no sé dónde están. Yo ya no he visto sus caras en las marchas. Aquí tengo sus caras. Las tengo en mi mente y no las he vuelto a ver. No sé qué pasó con los muchachos, aquellos muchachos. ¡Cómo nos hablamos con esa ilusión de poder cambiar la vida de nuestros pueblos que ha sido tan arrastrada! Nos atrevimos a pensar ¿Qué podría ser, qué podía ser el cambio? Pero, desafortunadamente nunca terminó (Testimonio 107, p. 185).

Los efectos individuales y secuelas más significativos en las personas supervivientes se resumen en incertidumbre e inseguridad; desorientación; confusión; claustrofobia y angustia ante espacios cerrados; incredulidad ante los hechos e incapacidad para darles lógica y reaccionar; sensación de desbordamiento físico y psicológico; sensación de vulnerabilidad; estado de alerta permanente; sentimientos de culpa al no poder cuidar a familiares o no saber de ellos; indignación y rabia contenida; tendencia al aislamiento, incomunicación y alienación de los demás; miedo ante estímulos menores. El valor traumático de los hechos se deriva de la confluencia de un hecho real de daño físico y psíquico; la intensidad de la experiencia de horror y sensación de desbordamiento que conlleva; la percepción de indefensión y el intento de privación total de los mecanismos de control y resistencia de la persona; la omnipotencia/impunidad de quien lo ejerce; la denegación del acontecimiento desde afuera: "nadie sabe lo que te ocurre, nadie te va a creer". Las consecuencias en las personas entrevistadas que han pasado por situaciones de detenciones, traslados, torturas y prisión se manifiestan en rememoraciones traumáticas; ansiedad, insomnio, sensación de bloqueo, hiper activación constante; miedo" (CCIODH, pp. 195, 2007).

Hay también otro tipo de reacción. Conforme al testimonio que Edith Coca Soriano presentó al Jurado Popular,

cada vez que nos trataban de humillar nos fortalecían. Nos llenaban de mucho miedo, pero también de mucho coraje. Coraje al descubrir una a una las arbitrariedades en nuestras comunidades donde los

presidentes municipales roban a manos llenas... La mayoría no partici-
pábamos en el movimiento de la APPO, y nos detuvieron por error;
pero ahora nos unificamos, nos conocimos... Ahora estamos más unidos y organizados para conseguir nuestra liberación.

*Nada quedará al vacío. Nada quedará olvidado. Hay un lugar en el Universo
donde está registrada la memoria del tiempo. Ahí quedarán registradas mis palabras, porque no son palabras vacías, porque no son palabras huecas, porque estoy
hablando con humildad, porque estoy pidiendo justicia.*

BIBLIOGRAFÍA

Almazán González, José Antonio (coord.), *Defensa de los derechos humanos en Oaxaca*, Grupo Parlamentario del PRD en la LX Legislatura, México, 2007.

Amnistía Internacional, *Leyes sin justicia*, 2007 (http://web.amnesty.org/library/Index/ ESLAMR410022007).

Amnistía Internacional, *Oaxaca. Clamor por la justicia*, 2007b (http://www.amnesty.org/es/library/asset/AMR41/031/2007/es/dom-AMR410312007es.html).

Comisión Civil Internacional de Observación por los Derechos Humanos (CCIODH), *Informe sobre los hechos de Oaxaca. Quinta visita: del 16 de diciembre de 2006 al 20 de enero de 2007*, 2007 (http://cciodh.pangea.org).

Comisión Interamericana de Derechos Humanos (CIDH), *Informe sobre la situación de las defensoras y defensores de los derechos humanos en las Américas*, Secretaría General de la Organización de Estados Americanos, Washington, D. C., 2006.

Comisión Nacional de Derechos Humanos (CNDH), *Informe especial sobre los hechos sucedidos en la ciudad de Oaxaca del 2 de junio de 2006 al 31 de enero de 2007* (http://www. cndh.org.mx – Informe Especial Oaxaca 2007).

Hernández Ruiz, Samuel, "Insurgencia magisterial y violencia gubernamental en Oaxaca", en Vicente Cortés, Joel (coord.), *Educación, sindicalismo y gobernabilidad en Oaxaca*, Editorial del Magisterio, SNTE, s.l., 2006.

_____, *Los intereses que se esconden en la política del gobierno de Oaxaca*, ponencia del Comité de Defensa de los Derechos del Pueblo, 8 de marzo de 2007, México.

Jurado Popular, "Testimonios presentados al Jurado", 2007.

León-Portilla, Miguel, y Earl Shorris, *Antigua y nueva palabra. Antología de la literatura mesoamericana, desde los tiempos precolombinos hasta el presente*, México, Aguilar, 2004.

Martínez Vázquez, Víctor Raúl, "Movimiento magisterial y crisis política en Oaxaca", en Vicente Cortés, Joel (coord.), *Educación, sindicalismo y gobernabilidad en Oaxaca*, Editorial del Magisterio, SNTE, s.l., 2006.

_____, *Autoritarismo, movimiento popular y crisis política: Oaxaca 2006*, Oaxaca, Instituto de Investigaciones Sociológicas de la UABJO, 2007.

_____, *Cronología del conflicto en Oaxaca (2006)*, noviembre 2007b.

Naciones Unidas: Alto Comisionado para los Derechos Humanos (ACNUDH), *Diagnóstico sobre la situación de los derechos humanos en México*, México, Mundi Prensa, 2003.

Osorno, Diego Enrique, *Oaxaca sitiada. La primera insurrección del siglo XXI*, México, Grijalbo, 2007.

Red de Oaxaqueña de Derechos Humanos (RODH), *Situación de los derechos humanos en Oaxaca, VI Informe*, 2005

Saavedra Durao, Jorge Eduardo, *Organizaciones no gubernamentales para el desarrollo y actores sociales diferentes de las organizaciones populares*, curso taller, Río de Janeiro, 1987.

Santiago Rivera, Alfredo, y otros que forman parte del Colectivo de Abogados y Abogadas Víctimas y Representantes de Víctimas de Detenciones Arbitrarias, *Breve informe sobre la situación jurídica de las personas víctimas de represión y detenciones arbitrarias, tortura y otros tratos crueles inhumanos o degradantes, en el marco de la represión policial y judicial producto de los movimiento social a partir de mayo de 2006 en el estado de Oaxaca, México*, 9 de abril de 2007.

Sotelo Marbán, José, *El poder y las estrategias del movimiento popular. Gramsci, uno de sus intérpretes*, México, Praxis, 1988.

Sorroza Polo, Carlos, "Oaxaca: ¿conflicto político o crisis de sistema?", en Joel Vicente Cortés (coord.), *Educación, sindicalismo y gobernabilidad en Oaxaca*, Editorial del Magisterio, SNTE, s.l., 2006.

Varios Autores, *Voces de la valentía*, Oaxaca, Limedh y otros, 2006.

Vicente Cortés, Joel (coord.), *Educación, sindicalismo y gobernabilidad en Oaxaca*, Editorial del Magisterio, SNTE, s.l., 2006.

Testimonios numerados: Todos están tomados del libro de la Comisión Civil Internacional de Observación por los Derechos Humanos (CCIODH), *Informe sobre los hechos de Oaxaca. Quinta Visita: del 16 de diciembre de 2006 al 20 de enero de 2007*, Gráficas Luna, (http://cciodh.pangea.org) c/e cciodh@pangea.org, 2007.

VIDEOS

Cierra la calle, abre el camino, La APPO Vive y la Lucha Sigue
Compromiso cumplido / True to my pledge, La APPO Vive y la Lucha Sigue.
Oaxaca resiste. Todos santos, APPO
Pesadilla azul, La APPO Vive y la Lucha Sigue
Por la defensa de los derechos humanos. Construyendo el poder popular, CODEP
Venceremos!, La APPO Vive y la Lucha Sigue.

Fotocomposición: Logos Editores
Impresión: Litográfica Ingramex S.A. de C.V.
Centeno 162-1, Col. Granjas Esmeralda
México, D.F. 09810
25-X-2008

El debate sobre México en Ediciones Era

Armando Bartra
  Guerrero bronco. Campesinos, ciudadanos y guerrilleros
Armando Bartra (comp.)
  Crónicas del Sur. Utopías campesinas en Guerrero
David Brading
  Los orígenes del nacionalismo mexicano
Lázaro Cárdenas
  Ideario político
Laura Castellanos
  México armado. 1943-1981
Elvira Concheiro Bórquez
  El gran acuerdo. Gobierno y empresarios en la modernización salinista
Arnaldo Córdova
  La ideología de la Revolución Mexicana
  La formación del poder político en México
  La política de masas del cardenismo
Antonio Díaz Soto y Gama
  Historia del agrarismo en México
Christopher Domínguez Michael
  Vida de Fray Servando
EZLN: Documentos y comunicados
  Tomo 1: 1o. de enero / 8 de agosto de 1994
  Tomo 2: 15 de agosto de 1994 / 29 de septiembre de 1995
  Tomo 3: 2 de octubre de 1995 / 24 de enero de 1997
  Tomo 4: 1o. de febrero de 1997 / 2 de diciembre de 2000
  Tomo 5: 2 de diciembre de 2000 / 4 de abril de 2001
Antonio García de León
  *Resistencia y utopía. Quinientos años de historia de la provincia
    de Chiapas*
Adolfo Gilly
  La revolución interrumpida
  Chiapas: la razón ardiente. Ensayo sobre la rebelión del mundo encantado
  El cardenismo. Una utopía mexicana
  Felipe Ángeles en la Revolución

Pablo González Casanova
El Estado y los partidos políticos en México
La democracia en México
La universidad necesaria en el siglo XXI
Luis Fernando Granados Salinas
Sueñan las piedras. Alzamiento ocurrido en la ciudad de México,
14, 15 y 16 de septiembre de 1847
Héctor Guillén Romo
Orígenes de la crisis en México. 1940-1982
México frente a la mundialización neoliberal
Nora Hamilton
México. Los límites de la autonomía del Estado
Neil Harvey
La rebelión de Chiapas. La lucha por la tierra y la democracia
Luis Hernández Navarro y Ramón Vera Herrera (comps.)
Acuerdos de San Andrés
Salvador Hernández Padilla
El magonismo: Historia de una pasión libertaria
Carlos Illades
Las otras ideas. El primer socialismo en México, 1850-1935
Gilbert M. Joseph y Daniel Nugent (comps.)
Aspectos cotidianos de la formación del Estado
Friedrich Katz
De Díaz a Madero. Orígenes y estallido de la Revolución Mexicana
Pancho Villa (dos tomos)
La guerra secreta en México
Revuelta, rebelión y revolución
La servidumbre agraria en México en la época porfiriana
Nuevos ensayos mexicanos
Gilberto López y Rivas
Autonomías. Democracia o contrainsurgencia
Tzvi Medin
El minimato presidencial: historia política del maximato. 1928-1935
El sexenio alemanista
Eugenia Meyer (comp.)
John Kenneth Turner, periodista de México

Carlos Morera Camacho
  El capital financiero en México y la globalización
Francisco Pineda Gómez
  La irrupción zapatista. 1911
  La revolución del sur. 1912-1914
Nelson Reed
  La guerra de castas de Yucatán
María Rosas
  Plebeyas batallas. La huelga en la Universidad
  Tepoztlán: Crónica de desacatos y resistencia
Rhina Roux
  El príncipe mexicano. Subalternidad, historia y Estado
Guiomar Rovira
  Mujeres de maíz
  Zapatistas sin fronteras
John Tutino
  De la insurrección a la revolución en México
Jorge Volpi
  La guerra y las palabras. Una historia intelectual de 1994
  La imaginación y el poder. Una historia intelectual de 1968